HANS HAGAUER

ÜBERGÄNGE

ZU WIRTSCHAFT UND POLITIK MIT ALLEN

Hans Hagauer

Übergänge

zu Wirtschaft und Politik mit allen

Impressum

Medieninhaber und Herausgeber:
Dip.-Ing. Dr. Johann Hagauer, Graz

Gesamtgestaltung: Steinhuber Infodesign KG, Graz
8010 Graz / Österreich, Heinrichstraße 16

Foto-/Grafik-Nachweise siehe Seite 302

Verlag und Vervielfältigung:
Dieses Buch wird von myMorawa / Morawa Lesezirkel GmbH
hergestellt und vertrieben.

ISBN (Hardcover): 978-3-99093-694-8
ISBN (E-Book): 978-3-99093-695-5

Inhalt

KAPITEL 1

EINLEITUNG

Kooperation schafft Gewinner. Solidarität rechnet sich, glasklar und nachvollziehbar. Aber was wir berechnen, welche Größen wir optimieren und ob wir überhaupt optimieren, welches Modell wir verwenden und nach welcher Formel wir rechnen, ist Gegenstand von Politik, von Moral und von Werthaltung. Ob wir die Intelligenz der klügsten Köpfe dafür einsetzen, möglichst effizient zerstörerische Waffen zu entwickeln, fragwürdige Finanzprodukte zu entwickeln, oder ob wir unsere Fähigkeiten, unseren Willen und unseren Ehrgeiz darauf richten, wie man am klügsten die Energie der Sonne zum Vorteil aller nutzt: Das macht einen Unterschied! Ob wir danach streben, friedlich zusammenzuleben, ob wir Kooperation fördern oder gegenseitiges Beinstellen, auch das ist eine Frage der Politik, der Moral, der Werthaltung und des Wollens einer Gesellschaft.

Ein Anliegen dieses Buches ist es, komplexe Zusammenhänge auf dem Gebiet der Mathematik, der Wirtschaft, Politik, der Moral und des menschlichen Zusammenlebens so einfach wie möglich darzustellen und für viele Menschen lesbar zu machen, ohne allzu viel an Genauigkeit zu verlieren. Neben den Analysen und Fakten sollte der Blick auf die schon von vielen Menschen geforderten, konkreten, politischen Konsequenzen gerichtet werden, die sich aus den Analysen ergeben. Sie zielen auf eine Wirtschaft und eine Politik ab, die allen Menschen und der Natur zugutekommen und zu Kooperation und Gemeinwohl führen mögen.

Politik und Wirtschaft sind in den letzten 30 Jahren geprägt von neoliberalem Denken, von neoliberaler Geisteshaltung und einer Theorie, die stark etwa von August von Hayek oder Milton Friedman beeinflusst ist. Neoliberale Ideen werden in manchen Bereichen mehr, in anderen Ländern und Bereichen weniger umgesetzt. Neoliberales Denken hat sich quasi in die Mitte der Gesellschaft eingeschlichen, fällt nicht weiter auf und ist zur Selbstverständlichkeit geworden, hat aber seine reale Auswirkung im dörflichen Leben ebenso wie im Welthandel. Politiker und Denkfabriken präsentieren die Wirtschaft als Naturphänomen. Insbesondere Wirtschaftspolitik beansprucht für sich, sachbezogen, faktenbasiert und wertfrei zu sein. Fakten und glasklare Rechnungen ließen uns keine Wahl. Man müsse sich der Realität und den Sachzwängen widerstandslos ergeben. Im Neoliberalismus werden die Moral und Werthaltung hinter einem vermeintlich berechenbaren, alternativlosen Muss versteckt, das den Gestaltungswillen der Politik massiv einschränkt. Mit einem „Es darf nichts kosten!" etwa erübrigt sich jede Politik.

Dem Neoliberalismus möchte ich eine alternative Denkweise und Geisteshaltung gegenüberstellen: Kooperation, Solidarität und gegenseitiges Vertrauen. Diese Grundhaltung ist tausende Jahre alt, hat sich in verschiedenen Kulturkreisen weltweit bestens bewährt und ist in der Lage, nachvollziehbar und berechenbar dem Wohle aller zu dienen. Solidarische und kooperative Denkweise ist in letzter Zeit in unseren Breiten etwas in den Hintergrund verdrängt worden, ist aber in unserer Gesellschaft reichlich vorhanden, sodass ein Übergang von Neoliberalismus zu Kooperation und zu Solidarität keine spektakuläre Revolution erforderlich macht, sehr wohl aber eine kleine Revolution im eigenen Kopf.

Teil 0: *Neoliberalismus: Politik und Wirtschaft für wen?* Im ersten Teil möchte ich einige Stehsätze der neoliberalen Geisteshaltung hinterfragen und auf Plausibilität und Glaubwürdigkeit untersuchen, und wage den Versuch, kompliziertere wirtschaftliche und politische Zusammenhänge für meine reale und fiktive Tante Mizzi halbwegs verständlich darzulegen. Auf der Reise durch die Schlagwörter und Versprechen neoliberaler Politik trifft man auf ungezügelte Geschäftemacherei, auf einen schlanken Staat, auf leere Versprechen (in der Verwaltung seien 15 Milliarden einzusparen!?) und auf inhaltslose Leermeldungen, Leerformeln und Leerforderungen, wie etwa der Forderung nach mehr diffusem Wachstum und nach Deregulierung. Man weiß nicht, was wachsen soll und was schrumpfen. Man weiß nicht, welche Regeln von wem zu welchem Zweck abgeschafft oder doch verschärft werden sollen. Man trifft auf anmaßende Trittbrettfahrerei und Verantwortungslosigkeit. Neoliberalismus ernähre die Welt und bringe Wohlstand und Glück für alle. Mit dem Klimawandel, mit der Verelendung ganzer Landstriche, mit Ausbeutung und zerstörerischer Ungleichverteilung der Güter habe Neoliberalismus nichts zu tun. Maßnahmen zur Eindämmung der Zerstörung unserer Lebensgrundlagen gelten als Geschäftsstörung. Auch wenn Neoliberalismus nicht für alles Böse verantwortlich ist: Vergeblich sucht man nach einer Distanzierung von nicht zu duldenden Auswüchsen in der realen Wirtschaft, die zu Ausbeutung oder zu Landraub führen.

Auf der Wanderung durch neoliberale Schlagwörter trifft man auf destruktiven Wettbewerb, ungebremstes Wachstumsstreben, Neid, grenzenlose Gier und als Sparsamkeit getarnten Geiz. Man trifft aber auch auf Aussagen und Behauptungen, die jedweder wissenschaftlichen Grundlage entbehren. Sie halten keinerlei Faktencheck stand. Das Thema Pensionen ist in dieser Hinsicht besonders ergiebig. Schließlich geht es beim Thema Pensionen um gut ein Fünftel unserer Lebenszeit, es geht um tausende Milliarden Euro. Der österreichische Pensionskassenverband etwa verspricht abenteuerliche Renditen, die leider unter abenteuerlichen Berechnungsmethoden zustande gekommen sind. Von der versprochenen Rendite bleibt in den meisten Fällen leider nichts übrig, außer verschwendetes Steuergeld.

Der Teil $2/3 + 3,14159i$: *Kooperation: Imaginierte Politik mit allen* soll Hoffnung bringen. Es gibt etwas mehr als unendlich viele Möglichkeiten, wie man Wirtschaft und Politik betreiben kann, und wie wir unser Zusammenleben gestalten könnten. Neoliberalismus ist keineswegs alternativlos und schon gar nicht die beste aller Möglichkeiten. Ich möchte mich der Frage zuwenden, wie Zusammenarbeit entsteht. Was sind die Voraussetzungen für das Entstehen von so etwas wie Gemeinsinn? Welche gesetzlichen Maßnahmen fördern Wohlstand und friedliches Zusammenleben? Solche Fragen haben sich schon viele Menschen gestellt. Einer davon ist Robert Axelrod mit seinem Buch „The Evolution of Cooperation", das zu einem Standard in Ethik und Soziologie geworden ist. In der Analyse seines Kooperationsspieles hat Axelrod gezeigt, dass die Kooperation verweigernden Mitspieler zwar gegen jede einzelne kooperierende Spielerin gewinnen, aber trotzdem zu müden Gesamtverlierern werden. Ein vergleichbares Ergebnis ist uns bei der Fußballmeisterschaft nicht bekannt. Wenn ein

Verein alle Spiele gewinnt oder unentschieden spielt, wird er wohl Meister, nicht aber Absteiger. Axelrod hat gezeigt, dass eine kooperative Spielweise gegenüber einer neidvollen „Ich zuerst" Politik zum sicheren Gewinn führt, wenn nur genügend kooperative Spieler mitspielen. Dieses bemerkenswerte Ergebnis kann man mit den Grundregeln der Mathematik und Logik ohne weiteres berechnen und nachvollziehen und ist keineswegs irgendein Wunschtraum. Welches Spiel wir aber mit welchen Regeln spielen, ist Sache von Politik. Wollen wir Schachspielen oder Fußball? Wollen wir friedlich zusammenleben und einer Version eines kooperativen Spieles den Vorzug geben oder dem gegenseitigen Augenauskratzen, dem totalen Wettbewerb? Das liegt an uns.

Teil 1: *Kooperation: Reale Politik mit allen* ist der letzte Teil des Buches und handelt von der Umsetzung der Erkenntnisse über Kooperation in eine ganz konkrete Politik. Es wird eine Vision für die Gestaltung einer kooperativen Gesellschaft entwickelt und Überlegungen angestellt, welche konkreten Gesetzesmaßnahmen umgesetzt werden sollen und können, damit Kooperation richtig Schwung aufnimmt, und Wohlstand für alle gedeihen und ein friedliches Zusammenleben entstehen kann. Vieles kann eine Gesellschaft selber erledigen, vieles verlangt gute Zusammenarbeit mit den Nachbarn, etliches wird man auf globaler Ebene erledigen müssen. Freilich, die Schaffung des Weltfriedens und die Errichtung des Paradieses auf Erden dauern erfahrungsgemäß etwas länger. Und vieles ist weder vorhersehbar noch berechenbar und schon gar nicht planbar. Das soll uns aber nicht abhalten, das Mögliche zu versuchen. Vieles aber ist machbar und kann nach langen Verhandlungen positiv erledigt werden, wenn nur genügend Menschen guten Willens es wollen.

Eine der ersten und wichtigsten Maßnahmen ist sicherlich die Einstellung der steuerlichen Förderung von kapitalgedeckten Pensionssystemen. Das ist leicht umzusetzen, es bringt viel Geld in das Geldbörserl der Menschen und fördert das Vertrauen. Auch Lenkungssteuern und Lenkungszölle haben eine sehr kooperative Wirkung. Man müsste es halt machen und auch eine Partei gründen, die sich Kooperation zum Programm macht.

Die Komplexität der Materie erfordert eine spezielle Nummerierung der Teile des Buches. Die nicht ganzzahlige Nummerierung weist auf chaotische Strukturen hin, wie wir sie in der Finanzindustrie vorfinden. Chaotische Systeme weisen trotz ihres langfristig nicht vorhersagbaren, scheinbar irregulären Verhaltens bestimmte typische Ordnungsmuster auf. Diese Ordnungsmuster, Fraktale, haben eine nicht ganzzahlige Dimension. Sie sind gleichzeitig einfach und höchst komplex, schön, faszinierend, unberechenbar und spannend, wie eben menschliches Verhalten, Wirtschaft und Politik. Das Buch ist illustriert mit Bildern der Mandelbrotmenge, einem fraktalen Objekt mit nicht ganzzahliger Dimension und mit Bildern des Nationalparks Gesäuse und dem Gebiet der Grabneralm. Sie sollen zum Verweilen anregen, zum Vor- und Nachdenken. Einladungen zum Hineinhören in die Musik von Johann Sebastian Bach, Einladungen zum Spaziergang auf die Grabneralm und zum Anstimmen eines Jodlers mögen etwas Tempo aus unserm Leben nehmen.

Ich verwende häufig die weibliche Form von Wörtern. Die männliche Form ist mitgedacht.

Abbildung 1: Mandelbrotmenge

Abbildung 2: Samaniden-Mausoleum in Buchara, Usbekistan

Neoliberalismus: Politik und Wirtschaft für wen?

In der digitalen Welt beginnt man bei null zu zählen. Das mag etwas Verwirrung stiften, aber es ist einfach so. Ich folge bei der Nummerierung der Buchteile diesem Brauch. Die Null erscheint uns klein und nichtig. In Wirklichkeit ist die Null groß und mächtig. Die Null kann als Zahl einen sehr destruktiven und auch einen explosiven Charakter haben, wie eben Neoliberalismus. Multipliziert man eine beliebige Zahl mit null, dann kommt null heraus. Dividiert man durch null, dann explodiert der Wert des Ergebnisses. Diese Eigenschaft der Null finde ich sehr passend zur Beschreibung des Neoliberalismus.

Von den Indern stammt das dezimale Stellenwertsystem samt der Null. Mit dem Werk *Über das Rechnen mit indischen Ziffern* sorgte der geniale arabische Gelehrte Muhammad Al Choresmer für eine weite Verbreitung des Stellenwertsystems bis nach Europa. Muhammad stammt aus Choresmien, einem frühen Zentrum der Hochkultur am Unterlauf des Amudarija im heutigen Usbekistan. Er lehrte und forschte im 9. Jahrhundert nach Christus in Bagdad, einem der Zentren der damaligen Kultur. Die Wörter Algorithmus (Al Choresmer) und Algebra gehen auf diesen Gelehrten zurück. Choresmien war im 9. und 10. Jahrhundert Teil des muslimischen Samanidenreiches mit der Hauptstadt Buchara.

Kapitel 2

Neoliberalismus: Diktatur der Verantwortungslosigkeit?

Was ist Neoliberalismus?

Neoliberalismus ist eine Wohlstandsmaschine
Neoliberalismus schafft Arbeitsplätze
Neoliberalismus ist gesund
Neoliberalismus tut viel für Bildung
Neoliberalismus fördert den Fortschritt
Im Neoliberalismus gedeiht die Gleichberechtigung
Neoliberalismus ist der beste Verbündete der Freiheit
Neoliberalismus bringt Frieden
Neoliberalismus fördert Umweltschutz
Im Neoliberalismus florieren die Künste

Dieser Versuch, Neoliberalismus zu definieren und zu beschreiben hat meiner Tante Mizzi ein mildes Lächeln entlockt. Sie hat etwas von Blauäugigkeit und mangelndem Realitätssinn gemurmelt. Das machte mich sehr betroffen. Kleinlaut musste ich ihr irgendwie recht geben. Ich probier's andersrum.

Der Neoliberalismus ist eine unter Mainstream-Ökonomen weit verbreitete fundamentalistische Glaubensrichtung mit pseudowissenschaftlichem Anspruch. Der Glaube hat sich in den letzten dreißig Jahren seuchenartig über die ganze Welt ausgebreitet und dient hauptsächlich der Rechtfertigung ungerechter ökonomischer und sozialer Strukturen bis hin zur Verantwortungslosigkeit, Erpressung und Hass auf alle gewerkschaftlichen und staatlichen Einrichtungen. Die zerstörerische Kraft dieser ökonomischen Richtung kommt zurzeit auf der ganzen Welt zum Vorschein und führt zu sozialen Unruhen und Krieg und vielleicht zu einer Klimakatastrophe.

Frage nicht! Als diese nebulose Definition meiner Tante Mizzi zu Ohren gekommen ist, hat sie sich vor mir aufgepflanzt: Wozu haben wir dich studieren lassen? Von mir hätte sie sich was Gescheiteres erwartet. Und überhaupt! Das Böse stinke nicht nach Rinderfurz und für den Weltuntergang sind viele zuständig.

Für's Christentum charakteristisch sind Hexenverbrennung und Kreuzzüge, für den Islam ist der heilige Krieg und die Unterdrückung der Frauen typisch. Aber sind nicht auch sowas wie Nächstenliebe und Gastfreundschaft typisch für Christentum oder Islam? Was ist für den Neoliberalismus oder für den Kommunismus typisch? Nichts ist nur schwarz oder nur weiß. Extrempositionen liefern uns keine Antwort, sie können aber dazu ermutigen, viele Fragen zu stellen. Sie eignen sich bestens als provokante Einstiegsfrage in Debattiersendungen im Fernsehen. Sind Vermögenssteuern kommunistisch? Sind Arbeitslose faul? Man kann aber auch mit provokanten Aussagen eine angeregte Diskussion in Gang setzen: Neoliberalismus ernährt die Welt! Neoliberalismus führt direkt in die Klimakatastrophe! Neoliberalismus schafft Arbeitsplätze!

Solche Aussagen sind freilich verallgemeinernd und unwissenschaftlich, und doch gehören sie zu vielen Artikeln und Sendungen. Viele davon sind Totschlagargumente, die jeder Grundlage entbehren. Man kann sie gut in die Kategorie der Halbwahrheiten oder Halblügen einordnen. Es ist etwas Wahres dran und doch sind die Aussagen in dieser Allgemeinheit falsch. Bei der Definition des Neoliberalismus tut man sich besonders schwer. Es gibt keine gängige „Bibel", die präzise festhält, welche politische Maßnahme zu Neoliberalismus zählt und welche nicht. Im Christentum oder im Islam gab es Glaubenskriege, weil eine bestimmte Stelle der jeweiligen „Bibel" unterschiedlich ausgelegt wurde. Auch im Kommunismus existiert eine Art Bibel, das „Kapital" von Karl Marx. Stalinisten bekämpften die Trotzkisten. Beide stehen in krassem Gegensatz zu den Maoisten und alle berufen sich irgendwie auf das Werk von Karl Marx. Der Kommunismus hat einen realen Startpunkt in der Oktoberrevolution in Russland. Einen vergleichbaren Start gibt es für den Neoliberalismus nicht. Eine neoliberale „Bibel" fehlt, die uns helfen könnte, Neoliberalismus präziser zu fassen. Es gibt kein neoliberales Musterland, in das Politikinteressierte Exkursionen unternehmen können, um den Neoliberalismus hautnah zu studieren. Kein Staat nennt sich neoliberal. Irgendwie ist Neoliberalismus eine Art Sumpf, man bekommt keinen Boden unter den Füßen, es flutscht immer wieder weg. Manche meinen, dass mit dem Militärputsch in Chile 1973 das erste neoliberale Experiment begann. Und das gleich mit allem Drum und Dran: Abschaffung der widerlichen Demokratie, Ermordung, Vertreibung und Verfolgung tausender Menschen, Zerstörung des Sozialsystems, Privatisierung des Pensionssystems. Dann ging es mit Ronald Reagan und Margaret Thatcher Anfang der Achtzigerjahre erst richtig los. Aber war dies Neoliberalismus? Ein Einzelfall, ein Ausrutscher?

August von Hayek, Milton Friedman und andere haben theoretische Schriften verfasst und sich redlich bemüht, der damals gültigen wirtschaftlichen Strömung des Keynesianismus entgegenzuwirken. Das ist auch gelungen. Neoliberales Gedankengut ist langsam eingesickert und zur Normalität geworden. Es entfaltet in den letzten dreißig Jahren eine große Wirkung, meist nicht zum Wohl der Menschen. Dieses Gedankengut ist in der politischen Öffentlichkeit eher nicht Gegenstand von theoretischen Abhandlungen, sondern drückt sich sehr gut im wirtschaftspolitischen Alltag in einer geänderten Sprache aus. Steuern werden zur unerträglichen Last. Regeln des guten Zusammenlebens behindern die Wirtschaft und den Wohlstand. Es muss dereguliert werden. Gemeinsames solidarisches Handeln wird durch rücksichtslosen Wettbewerb ersetzt. Solidarität macht dem Wettbewerb Platz. Aus einem „Wir(tschaft) für alle" wird: „Geht's der Wirtschaft gut, geht's den Menschen gut." Neoliberale Denkfabriken fordern den Vorrang der Wirtschaft vor den Menschen. Der frühere ÖVP-Chef Josef Riegler warb noch in den 90er-Jahren für eine „Ökosoziale Marktwirtschaft". Das „Öko", das Soziale und das Freie an der Markwirtschaft sind in den Parteiprogrammen konservativer und marktliberaler Parteien mittlerweile abhandengekommen und durch andere Sprüche ersetzt worden.

Der frühere Parteichef des Teams Stronach, Frank Stronach, stellt unwidersprochen fest: *Wer das Gold hat, macht die Regeln.* Dieser Satz charakterisiert Neoliberalismus besonders gut. Politik müsse der Wirtschaft dienen und nicht umgekehrt. Die Wirtschaft ist Herr über die Politik. Neoliberalismus wird auch in den Regierungszentralen dieser Welt gut sichtbar. Tausende Lobbyisten und meist von Finanzkonzer-

Abbildung 3: Grabneralmgebiet

nen mit viel Kapital ausgestattete Denkfabriken erklären den Politikern, wie Politik zu machen sei. Nicht unabhängige Beamte beraten
Politiker, wie denn eine Finanzkrise zu bewältigen sei, sondern teuer
bezahlte „Experten" der Finanzindustrie. Man fragt also die Frösche,
wie man Teiche trockenlegt. Auf der Strecke bleiben die Anliegen von
uns gewöhnlichen Menschen.

Viele Aussagen, Behauptungen, Forderungen und Werbesprüche
neoliberaler Denkfabriken und wirtschaftsliberaler Parteien sind selt-
sam inhaltslos, mehrdeutig und indirekt. Sie enthalten Halbwahrheiten. Der wahre Teil rechtfertigt den Teil, der jeder Rationalität wi-
derspricht. Man fordert nicht etwa Wohlstand für alle, sondern Steuererleichterungen für eine bestimmte Interessensgruppe. In weiterer
Folge entstehe Wohlstand für alle, weil Berechnungen unter abenteuerlichen Annahmen es so ergeben hätten. Hohes Wachstum, Deregulierung oder Wettbewerbsfähigkeit sind typische Leerformeln und Leerforderungen. Man weiß nicht was wachsen und was schrumpfen soll.
Sollen mehr Flugzeuge über uns hinwegdonnern oder eine Schule errichtet werden? Man weiß nicht, welche Regeln abgeschafft oder welche Wettbewerbe denn stattfinden sollen. Jeder darf sich das von ihm

Gewünschte aussuchen. Jeder kann solchen Leerforderungen zustimmen. Ob sich der gewünschte Erfolg einstellt, ist jedoch eine andere Frage. Und was ein gewünschter Erfolg ist, hängt auch vom Standpunkt des Betrachters ab.

Nicht nur Neoliberalismus hat mehrere Seiten, sondern jedes Ding. Das weiß auch meine Tante Mizzi. An Hand des Grabnersteins hat sie mir diese Aussage plausibel erklärt. Der Grabnerstein liegt im östlichen Teil der Haller Mauern in den Ennstaler Alpen. Für mich ist der ganze Bereich der Grabneralm mit dem Grabnerstein, dem Natterriegel, dem Seeboden und dem Großboden quasi meine Heimat, eine einzige seelische Wohlfühloase. Der wunderschöne Blumenberg Grabnerstein zeigt nach Norden hin seine wilde, felsdurchsetzte und furchteinflößende Seite und Richtung Süden die sanfte Seite voller Blumen, die zum Liegen im Almgras einlädt. Mittlerweile bin ich zur Erkenntnis gelangt, dass für viele Dinge zwei Seiten gar nicht ausreichen. Menschliches Zusammenleben, die Wirtschaft, die Politik und der Grabnerstein sind vielseitig. Das trifft wahrscheinlich auch für den Wohlstand und den Neoliberalismus zu.

Neoliberales Gedankengut

Auch wenn ich Ihnen keine mathematisch präzise Definition des Kapitalismus der neoliberalen Art liefern kann, möchte ich doch versuchen, Neoliberalismus an Hand von gängigen Sprüchen und Stehsätzen in Wirtschaft und Politik zu charakterisieren. Holocaustleugnung, Rassismus, Bekämpfung von Meinungsfreiheit oder starker Mann sind Eigenschaften und Begriffe, die man in der Regel rechtem und rechtsextremem Gedankengut zuschreibt. Totaler Staat, der alles besser weiß, wird üblicherweise dem kommunistischen Gedankengut zugeordnet. Mitbestimmung, Solidarität, Meinungsfreiheit, Pressefreiheit und Menschenrechte gehören zum demokratischen Gedankengut. Ich möchte

Geschäftemacherei,
den schwachen Staat und
Verantwortungslosigkeit

als besonders wichtige Säulen von neoliberalem Gedankengut hervorheben. Denkweisen, Argumentationsketten, politischen und wirtschaftlichen Programmen, die in Richtung Geschäftemacherei, schwacher Staat oder Verantwortungslosigkeit gehen, möchte ich das Attribut neoliberal, oder tendenziell neoliberal verpassen.

Ungehinderte Geschäftemacherei ist in letzter Zeit zur kaum hinterfragten Selbstverständlichkeit geworden. Wir werden ständig aufgefordert, irgendetwas zu kaufen und zu konsumieren. Geschäftemacherei durchdringt alle Bereiche des gesellschaftlichen Lebens. Essen, Trinken, Gesundheit, Bildung, Sicherheit, Mobilität, das Wohnen, Information, Kultur oder Unterhaltung sind wertvoller, wenn mit ihnen ein gutes Geschäft zu machen ist. Gut ist mehr Handel, egal womit. Gut ist ein kapitalgedecktes Pensionssystem. Es bringt der Finanzindustrie Milliardenumsätze. Gut ist eine private Gesundheitsversorgung. Private Versicherungen machen ein Milliardengeschäft mit unserer Gesundheit. Gut ist private Mobilität. Die Versorgung von entlegenen Gebieten mit Mobilität ist defizitär und daher schlecht. Gut sind niedrige Steuern. Steuern reduzieren die Rendite. Sonn- und Feiertagsruhe tendieren zur Geschäftsstörung. Auch das private Leben soll sich der Wirtschaft und dem grenzenlosen Geschäft unterordnen. Beziehungs- und Kulturarbeit verlieren an Wert, wenn sie nicht der Maximierung von Gewinn dienen. Die Freude am Können und Wissen, oder das Schaffen von Kunst ist in neoliberalem Sinne eher wertlos. Allgemeinbildung ist zwecklos, wenn sie nicht der Geschäftätigkeit dient. Philosophie ist etwas für Träumer. In vielen Gebieten der Welt hat sich das Leben mehr oder weniger in Richtung vermehrter Geschäftemacherei verändert.

Ähnlich ist die Sachlage bei der eindringlichen Forderung nach einem schwachen Staat. Erstrebenswert sind im Sinn von schwachem Staat eine niedrige Staatsquote, weniger Steuern, wenig bis gar kein Einfluss von Gewerkschaften, mehr Wettbewerb, weniger Regeln. Wer das Gold hat, macht die Regeln. Ronald Reagan und Margaret Thatcher haben diese Denkweise richtig in Schwung gebracht. Mit „READ MY LIPS: NO NEW TAXES" warb Reagan für seine Präsidentschaft. Steuern als das Böse an sich zu bezeichnen wurde salonfähig. Eine der ersten Taten von Margaret Thatcher war die Zerschlagung der Gewerkschaften, worauf sie noch lange stolz war. Um das Jahr 1979 herum vollzog sich eine entscheidende Weichenstellung hin zu weniger Staat, von einer Politik, die in unseren Breiten noch soziale Umstände berücksichtigte, zur totalen Geschäftemacherei und zu Wut auf alles Gemeinsame und auf den Staat.

Eine weitere Säule des Neoliberalismus ist Verantwortungslosigkeit, die sich besonders gegenüber Mensch und Umwelt äußert. Die Erhaltung unserer Lebensgrundlagen ist nicht Ziel neoliberalen Wirtschaftens, Umweltauflagen stören tendenziell das Geschäft, Menschen sind eine Ressource, die man braucht, Arbeit in Würde eine Nebensache. Politik ist nicht eine Sache von Werthaltung und von politischem Willen einer Gesellschaft, sondern ein alternativloses Muss, das man errechnen kann und somit auch weiter keiner Rechenschaft und Begründung bedarf.

Neoliberalismus ist also persönliche, politische oder wirtschaftliche Denkweise in Richtung Geschäftemacherei, schwacher Staat und Verantwortungslosigkeit. Es gibt etwas mehr als unendlich viele Arten des Neoliberalismus. Wohl kein Staat, keine Partei, kein Politiker, kein Unternehmen und auch keine Person wird sich zu totalem Neoliberalismus bekennen. Neoliberalismus existiert in unseren Köpfen, in den Parteien, im Staat immer nur in einem mehr oder weniger hohen Ausmaß. Neoliberales Gedankengut sickerte in den letzten 30 Jahren in unsere Gehirne und in das politische und wirtschaftliche Leben ein und wird mehr und mehr zur Alltäglichkeit.

Neoliberales Gedankengut lässt sich bei Wahlen schwer verkaufen. Meine Tante Mizzi ist keinesfalls überzeugt, dass es ihr gut geht, wenn der Staat schwach ist und sie nur eine winzige Pension erhält. Sie kann es nicht glauben, dass es zu ihrem Nutzen sei, wenn Flugzeuge steuerfrei ihre Luft verpesten. Sie glaubt auch nicht, dass es alternativlos sei, die Banken mit Milliarden zu retten und ihr das Krankenhaus vor der Nase zuzusperren. Neoliberalismus braucht gutes Marketing, hat aber schlechte Argumente. Neoliberalismus muss irgendwie erklären, dass verantwortungsloses Handeln allen zugutekomme, dass ein schwacher Staat uns zu freien Bürgern mache und dass rücksichtsloses Gewinnstreben Wohlstand für alle bringe. Hier beginnt Desinformation und Propaganda. An dieser Stelle treten unbewiesene Behauptungen, fragwürdige Berechnungen und eine abenteuerliche Logik zutage. Beweise für Behauptungen, dass Neoliberalismus Frieden, Freiheit und Wohlstand schaffen, sind nicht zu finden. Unbegrenztes Wachstum ist halt nicht möglich, gnadenloser Wettbewerb führt nicht zu Wohlstand für alle.

Viele Menschen, Politiker und Unternehmen handeln höchst verantwortungsvoll gegenüber Mensch und Umwelt und streben danach, dass es allen gut geht. Sie leisten wertvolle Beiträge für den Staat und für uns alle. Andere wieder handeln verantwortungslos.

Die Schöpfung

Gehen wir weit in die Geschichte der Menschheit zurück in die Weite des Alten Testaments, das für die drei monotheistischen Religionen Judentum, Christentum und Islam eine besondere Bedeutung hat. Wie hat alles angefangen? Im Schöpfungsbericht heißt es, dass Gott Himmel und Erde schuf, Licht machte, das trockene Land, die Meere und alles Mögliche und schließlich Menschen und Tiere in 6 Tagen hervorgebracht hat. Am siebenten Tag ruhte er. Dann heißt es noch „Und macht euch die Erde untertan!" Nach neuerer wissenschaftlicher Erkenntnis ist gemeint „Und passt mir auf die Erde gut auf!" Keine Angst, ich gleite nicht in die Gefilde der Religionen ab, ich bleibe bei der Wirtschaft, bei den Menschen und ihren Anliegen. Drei von etwas mehr als unendlich vielen möglichen Interpretationen des Schöpfungsberichtes möchte ich besonders hervorheben. Sie könnten für einen einzigen Text unterschiedlicher nicht sein.

Joseph Haydns Schöpfung

In seiner Komposition „Die Schöpfung" beschreibt Joseph Haydn unter anderem den Übergang vom Tohuwabohu, von der Ursuppe und von der Finsternis zu Licht und Ordnung. Und es ward Licht! Gleißendes Licht. Das rechtfertigt den Einsatz aller Stimmen, des ganzen Orchesters, von Pauken und Trompeten. Und all das in strahlendem C-Dur und im Fortissimo. Liiiiiiiicht! Übergänge können schön sein. Auch von der Ursuppe zur heutigen Zeit.

Verantwortung

Wir haben die Verantwortung für die Erde und für alles drum herum. Kritische Bibelausleger, Exegeten, versuchen Texte vor dem Hintergrund jener Zeit zu verstehen, in der die Texte entstanden sind, nicht aber von den heutigen Moralvorstellungen und dem heutigen Wissen und aus heutiger Sicht. Damals stellte man sich vor, dass alles voll von diversen Göttern sei. Da wären der Wurzelgott, der Göttervater, die Sonnengöttin, die Göttin der Meere, die Göttin des Orangensaftes und vielleicht der Gott der Unterwelt, je nach Weltgegend. Und viele andere Göttinnen mehr. Alle diese Göttinnen wollen verehrt werden. Der Wurzelgott mag es gar nicht, wenn durch einen Pflug sein Penis gestreift wird, der Göttervater möchte nicht, dass wir den Olymp erklimmen. Die Sonnengöttin will niemanden in ihre Nähe lassen. Man muss sich durch viele Opfer die Gunst der Göttinnen erwerben.

Und dann das: Der Schöpfungsbericht! Es gibt sie gar nicht, all die Götter, höchstens eine Göttin, die im abstrakten Ort Himmel wohnt. Welch eine Befreiung! Revolution! Kein Stein bleibt auf dem anderen. Es war sicher nicht Apollo, der dem Achilles den Giftpfeil in die Ferse rammte, sondern vielleicht ein Stallknecht. Es war nicht Pallas Athene, die dem Laokoon und seinen Söhnen die Riesenschlangen schickte. Vielleicht war es eine Vorläuferorganisation der CIA, die ein Killerkommando zwecks Beseitigung von unliebsamen Personen nach Troja entsandte. Es gibt ihn nicht, den Wurzelgott. Wir können getrost die Erde umackern, Bäume pflanzen, den Olymp besteigen und brauchen nicht die besten Stücke eines Rindes zu verbrennen und so irgendeiner Göttin opfern. Keine Göttin mischt sich ein. Kein Krieg wurde je von einer Göttin oder einem Gott angezettelt, keine Atombombe gezündet, keine Kathedrale errichtet, kein wunderbares Kunstwerk geschaffen.

All das ist Menschenwerk und wir müssen dafür geradestehen und Verantwortung übernehmen. Im Schöpfungsbericht folgt ein sehr kluger Ratschlag: „Und passt mir auf die Erde gut auf!“ Man muss ja nicht aus religiösen Gründen diesen Ratschlag befolgen. Es gibt ausreichende wirtschaftliche und egoistische Gründe, auf die Erde gut aufzupassen. Auch der reine Überlebensdrang ist hinreichend Grund für verantwortungsvolles Handeln. Wir können die Erde und unsere Lebensgrundlagen vernichten oder sie erhalten, es liegt an uns. Wir sollten uns nicht von der großen Verantwortung erdrücken lassen, es darf auch Spaß machen, die klügsten Köpfe darauf anzusetzen, Methoden herauszufinden, wie man klug wirtschaftet, in Frieden miteinander lebt und auf die Erde gut aufpassen kann.

Verantwortungslosigkeit

Die verantwortungslose Auslegung des Schöpfungsberichtes ist die weitaus mächtigste und dominiert das heutige Weltgeschehen. Nach dieser Lesart gibt es höchstens eine Göttin und die mischt sich sicher nicht ein. Soweit so gut. Wir befreien durch Deregulierung die Erde von allen Regeln des guten Zusammenlebens und machen uns die Erde, die Menschen und was sonst noch herumschwärmt, untertan. Wir pressen aus der Erde und den Menschen das Letzte heraus und scheren uns einen Teufel, was morgen ist. Wir machen heute Profit, koste es, was es wolle. Wir kümmern uns nicht um Demokratie und um das, was Menschen wollen. Wir sind niemandem verantwortlich: die Diktatur der Antwort- und Verantwortungslosigkeit also!

Die Auslegung eines alten Textes in Richtung Verantwortungslosigkeit erinnert stark an neoliberale Mainstreamökonomie und stellt einen Rückschritt ins vorbiblische Zeitalter der Mythologie dar. Neue Götter tauchen auf. Sie heißen nicht mehr Zeus und Jupiter, Pallas Athene oder Venus oder einfach Wurzelgott. Sie haben jetzt eher abstrakte Namen wie Wirtschaftswachstum, Gier, schlanker Staat, Markt, Privatisierung, Wettbewerb, Steueroase, Deregulierung oder Investorenschutz. Die Hohenpriester dieser Glaubensrichtung – Finanzhaie genannt oder auch Investoren – haben Tempel aus Glas gebaut in Frankfurt, in New York, in Singapur oder in der Londoner City. Sie fordern ständig Opfer von uns. Nein, keine Kälber müssen geschlachtet werden und keine Lämmer. Sie wollen unser Geld, immer mehr davon. Sie wollen unsere Zukunft in Form von Pensionsfonds, sie wollen Herrscher über unsere Gesundheit und unsere Bildung sein, sie wollen einen immer höheren Anteil am Ertrag unserer Arbeit.

Es wird jetzt Zeit, etwas ins Detail zu gehen und das vorherrschende Wirtschaftssystem, den Neoliberalismus vom Standpunkt Verantwortung-Verantwortungslosigkeit näher zu beleuchten und besser zu verstehen.

Die Trittbrettfahrerei

Trittbrettfahrerei ist eine spezielle Form von Verantwortungslosig-keit. Man nimmt positiv notierte Ereignisse fälschlicherweise für sich in Anspruch. Ein Sieg hat viele Väter, die Niederlage ist ein Waisen-kind. Zahlreiche Debatten, Aufsätze und Reden über Kapitalismus, Globalisierung, über politische und wirtschaftliche Zusammenhänge enden oft mit dem Totschlagargument: Der Kapitalismus insbesonde-re in seiner neoliberalen Art, ernährt die Welt, bringt Frieden und Wohlstand überall und ist für alle Errungenschaften der Menschheit verantwortlich. Ohne Kapitalismus der neoliberalen Art gäbe es das al-les nicht und wir müssten noch immer in der Wildnis leben. Ja, tat-sächlich können heutzutage viel mehr Menschen ernährt werden als noch vor hundert Jahren, und so manchem von uns geht es hervorra-gend gut. Und das alles, weil es den Kapitalismus der neoliberalen Art gibt, diesen Wunderwuzzi, der alles vollbracht hat?

Wie so oft, ist das Spannendste in den Lobeshymnen auf den Kapi-talismus der neoliberalen Art nicht enthalten. Wie hat er denn das nur gemacht, der Teufelskerl? Vergeblich suchen Sie nach einem kausalen Zusammenhang zwischen dem Kapitalismus und all den aufgezähl-ten Wohltaten, die er verursacht haben soll. Kein wissenschaftlicher Beweis, keine objektive Studie. Nichts! Sehr verwunderlich ist so et-was für uns erfahrene Skeptiker auch wieder nicht. Stellen Sie sich ei-nen Wissenschaftler vor, der behauptet, dass wir in Not und Elend le-ben würden, wenn es den Kapitalismus nicht gegeben hätte. Jede Per-son kann solche Behauptungen aufstellen, aber auch das Gegenteil be-haupten. Weder das eine noch das andere ist beweisbar. Diese Dinge gehören in den Bereich des Voodoo-Zaubers, der Handleserei und Astrologie, aber nicht zur Wissenschaft.

In der Mathematik ist es üblich, sehr, sehr präzise zu definieren, wo-von man spricht. Das täte auch der Mainstreamwirtschaftswissen-schaft gut. Von welchem Kapitalismus ist die Rede? Vom englischen Kapitalismus des Jahres 1871? Vom sizilianischen Kapitalismus nach Art der Cosa Nostra? Ist eine Vermögenssteuer kommunistisch, neoli-beral, buddhistisch oder gar islamistisch? Hat die Vermögenssteuer zum Wohlstand beigetragen? Ist der Paragraf 17 der österreichischen Gewerbeordnung, der vielleicht auch einen Einfluss auf die Wirtschaft hat, konservativ, sozialdemokratisch oder gar neoliberal? Solange derartige Fragen nicht geklärt sind, entpuppen sich generalisierende Behauptungen wie „Kapitalismus ist eine Wohlstandsmaschine" als blanker Unsinn und unverantwortliche Propaganda. So wie es keinen Algorithmus gibt, der uns alle Integrale löst, gibt es auch keinen generellen Ismus, der uns lehrt, wie wir zu wirtschaften haben. Auch wenn wir beweisen könnten, dass der Kapitalismus irgendeiner Art besser als der Absolutismus, der Merkantilismus, der Kommunismus oder ein anderer Ismus ist, sagt das noch lange nicht, dass wir die Suche nach guten Regeln für ein gedeihliches Zusammenleben aufgeben sollten. Aus den etwas mehr als unendlich vielen Wirtschaftssystemen das beste System gefunden zu haben, würde ein großes Wunder bedeuten. Vielleicht gibt es gar kein bestes System. Vielleicht hätte ein gutes System von gestern heute katastrophale Auswirkungen.

Der Tropfen, der das Fass zum Überlaufen bringt

In ernsthaften wissenschaftlichen Kreisen glaubt man heutzutage nicht mehr so recht an einen monokausalen Zusammenhang. Man meint, dass viele Faktoren zusammenspielen müssen, damit eine Gesellschaft sich so oder anders entwickelt. So kann auch die nicht ausgelebte Pubertät eines mächtigen Präsidenten entscheidend sein, ob wir in Frieden weiterleben oder nicht. Wer hat welchen Beitrag dazu geleistet, dass wir in Wohlstand leben, dass wir gut bezahlte Arbeitsplätze und dass wir Zugang zu Bildung haben? „Ich war es" tönt es von neoliberaler Seite arrogant und wirklichkeitsfern. Diese Arroganz ist vergleichbar mit der Arroganz des letzten Tropfens, der sich brüstet, das Fass zum Überlaufen gebracht zu haben. Wohl alle Tropfen im Fass mögen für ihren Beitrag gewürdigt werden, den sie gleichermaßen geleistet haben. Der letzte Tropfen war nicht besser als alle anderen. Für die Tatsache, dass er vielleicht der Auslöser des Überlaufens des Fasses war, möge er einen warmen Händedruck erhalten, mehr nicht. Vielleicht war der Tropfen, der behauptet der letzte gewesen zu sein, gar nicht der letzte. Vielleicht war es auch eine Taube, die ein Batzerl fallen hat lassen.

Dass die ehemalige österreichische Regierung für sich beansprucht, die Balkanroute geschlossen zu haben, ist Ausdruck einer politischen Trittbrettfahrerei, nicht aber von klugem, politischem Handeln. Niemand kann so etwas behaupten. Aber auch an kleinen Dingen kann man die Trittbrettfahrerei gut erkennen. Das Shopping-Center Seiersberg bei Graz brüstet sich zum Beispiel, 2.100 Arbeitsplätze geschaffen zu haben. Wie viele Arbeitsplätze das Shopping-Center vernichtet hat, wird nicht berichtet. Es ist kaum anzunehmen, dass durch die Errichtung von Shopping-Centern langfristige Arbeitsplätze entstehen. Allgemein bekannt ist das Greißlersterben in entlegenen Gebieten. Zwischen dem Greißlersterben und der Errichtung von Shopping-Centern gibt es wohl auch einen interessanten kausalen Zusammenhang. Dass man nur von der Schaffung von Arbeitsplätzen spricht, nicht aber von deren Vernichtung, ist verständlich, aber verlogen.

Besonders gut kann man Neoliberalismus an Hand der Geschichte von Amazon und seines Gründers Jeff Bezos beschreiben und erklären. Bezos ist alles Staatliche ein Dorn im Auge. Gewerkschaften verachtet er. Grundlage des Geschäfts von Amazon ist eine Trittbrettfahrerei in höchstem Ausmaß. Amazon benutzt mehr oder minder gratis die von den Staaten errichteten Datenleitungen, die Straßen und Autobahnen. Amazon benutzt die Beratungsleistungen von lokalen Betrieben, die sehr wohl hohe Steuern zu zahlen haben. Amazon benutzt die gute Nachbarschaft, die die Pakete entgegennimmt und die Arbeit der schlecht bezahlten Paketauslieferer. Amazon benutzt unsere Geduld, all den Lärm, den Gestank und die Abgase zu ertragen und die Klimakatastrophe hinzunehmen und überlässt uns gerne, die hohen Umweltkosten zu finanzieren.

Neoliberalismus schmückt sich mit fremden Federn. Das heißt natürlich nicht, dass in neoliberalen Ländern keine vernünftige Entwicklung stattgefunden hätte. Das auch nicht. Fordern auch Sie in Hinkunft Beweise für Aussagen wie „Neoliberalismus ist eine Wohlstandsmaschine".

Die Verantwortungslosigkeit

So sehr der Kapitalismus der neoliberalen Art die Mutterschaft für alles Gute für sich in Anspruch nimmt, so heftig lehnt er die Verantwortung für jegliches Versagen ab. Vielleicht ist es Ihnen auch schon so ergangen. Die Rede ist von der unglaublichen Verwüstung, die Fracking anrichtet, *... aber der Kapitalismus fördert den Fortschritt.* Die Rede ist von Landraub, den europäische Konzerne zu verantworten hätten, *... aber Neoliberalismus ernährt die Welt.* Die Rede ist von Kinderarbeit und gnadenloser Ausbeutung, *... aber der Kapitalismus der neoliberalen Art schafft Arbeitsplätze.* Das beendet meist erfolgreich jegliche Debatte. Es sei denn, Sie holen tief Luft und erklären dem Gegenüber, dass derartige Behauptungen glatter Unsinn sind.

Die des Kommunismus nicht verdächtige Frankfurter Allgemeine schreibt am 22.12.2013 im Zuge der Bankenkrise:

„Die linken Kritiker behalten recht: Gewinne privatisieren, Verluste sozialisieren – so lautet das skandalöse Geschäftsmodell der Banken. Mit diesem Modell haben sie die Welt an den Rand des Abgrunds gebracht. Sie täten es heute wieder: Banken sind verantwortlich dafür, dass der Ruf der Marktwirtschaft tief in Misskredit kam."

Die Finanzkrise hat das von linker Seite schon lange kritisierte neoliberale Prinzip „Gewinne privatisieren, Verluste sozialisieren" sogar für konservativste Kreise sichtbar gemacht. Die Steuerzahler mussten viele Milliarden zahlen für einen Schaden, den sie nicht verschuldet haben. Auf der anderen Seite konnten sich bestbezahlte Banker, wie der Erste Bank Chef, Andreas Treichl, kurz nach der Finanzkrise nicht entschließen, auf die gesamten Boni zu verzichten, obwohl seine Bank gerade massive Verluste in Ost- und Südeuropa zu verantworten gehabt hätte. Egal, was passiert, Boni kassieren ist das zugrundeliegende Prinzip. Man könnte es Verantwortungslosigkeit nennen. Mit dem hochgelobten Leistungsprinzip hat das nichts zu tun.

Mit dem Hypo-Skandal haben wir ein ganz besonders beeindruckendes Beispiel für Verantwortungslosigkeit. Der Schaden betrug viele Milliarden Euro – und niemand war's. Die Milliarden sind einfach so verschwunden, niemand hat's bemerkt. Erfahrungsgemäß verdunstet jedoch das Geld ja nicht von selber. Und der damals zuständige Bundeskanzler Schüssel, der etwa mit Einführung der Gruppenbesteuerung die Banken geradezu aufgefordert hat, im Ausland Schulden zu machen, schwieg antwort- und verantwortungslos.

Der BUWOG-Verkauf ist ein weiteres Beispiel von höchster Verantwortungslosigkeit, die die Grenze zu Veruntreuung wohl schon überschritten hat. Die Schüssel-Grasser-Regierung hat 60.000 Wohnungen zu einem Preis von etwas mehr als 900 Millionen verkauft, also eigentlich verschenkt. Neunhundert Millionen klingt ja wirklich nach sehr, sehr viel Geld, das die damalige schwarz-blaue Regierung für uns Steuerzahler herausgeholt hat. Wenn man aber ein bisschen dividiert, ergibt sich ein ganz anderes Bild: Ein Kaufpreis von aufgerundeten 16.000 Euro pro Wohnung darf zurecht als besonderes Schnäppchen für die Käufer (Raiffeisen, Immofinanz) bezeichnet werden. In einem zivilisierten Staat würde das De-facto-Verschenken von Staatseigentum an gute Freunde wohl als Verbrechen der Veruntreuung gerichtlich verfolgt werden. In Österreich kann man offensichtlich legal Staatseigentum praktisch verschenken. Ob Korruption vorliegt, ob also Geld an Grasser zurückgeflossen ist, ist noch immer Gegenstand von Gerichtsverhandlungen. Korruption lässt sich aber schwer nachweisen. Schmiergeld lässt man sich schließlich nicht aufs Gehaltskonto überweisen.

Jedenfalls hat bald nach dem Verkauf einer der Käufer – der mittlerweile gerichtlich verurteilte damalige Chef der Immofinanz, Karl Petrikovics – voll Stolz damit geprahlt, dass dem Immofinanz durch den BUWOG-Kauf ein Gewinn von 1,2 Milliarden Euro erwachsen sei. Und das für einen Anteil von ca. 20.000 Wohnungen, einem Drittel der verkauften Wohnungen. Rechnen Sie mit mir von einem Drittel auf alle „verschenkten" Wohnungen hoch, dann sind das insgesamt 3 Milliarden, die uns Steuerzahlern entgangen sind. Das ist ziemlich viel. Aus meiner Sicht liegt Veruntreuung im Milliardenausmaß vor, die die Regierung Schüssel-Grasser zu verantworten hätte. Ein Gericht möge diese Vermutung prüfen. Schon meine Tante Mizzi hat damals gesagt, sie würde so viele Wohnungen um diesen Preis nie verkaufen oder, andersrum, sofort mehrere solcher Wohnungen nehmen, sie brauche kein Gutachten der Lehman Brothers, einer Firma, die mittlerweile sehr bekannt ist als Mit-Auslöser einer veritablen Wirtschafts- und Finanzkrise.

So dramatisch es ist, dass in Österreich Milliarden in den Sand gesetzt wurden, so putzig und klein nehmen sich diese vielen verschwundenen Milliarden im Vergleich zur großen weiten Welt aus. In der Finanzkrise 2007/2008 verschwanden tausende Milliarden – und niemand war's. Millionen von Menschen von South Dakota bis Griechenland, Südamerika bis Südostasien haben es zu spüren bekommen. Schicksal?

Noch immer gibt es weltweit Kinderarbeit und katastrophale Arbeitsbedingungen. Große Landstriche sind verwüstet, Urwälder werden gerodet, Menschen vertrieben, das Wasser von skrupellosen Konzernen den Menschen abgegraben, Land geraubt, die Luft verpestet. Und niemand ist verantwortlich. Ich vermute, dass es weder Zeus noch Hera und auch kein Kräutergott und auch nicht das Schicksal war. Es ist das Werk von verantwortungslosen Menschen, die in den Konzernzentralen sitzen. Mit ihrer unglaublichen Macht können sie die Politik kaufen und erfolgreich verhindern, dass Gesetze entstehen, die der grenzenlosen Gier Grenzen setzen und intelligente Regeln des Zusammenlebens zum Wohl aller beschließen.

Mein Realteil, Tante Mizzi, hat mich an dieser Stelle erfolgreich gestoppt. Ich sei unglaubwürdig und inkonsequent. Nicht einmal zehn Buchseiten vorher hätte ich noch vollmundig behauptet, dass es viele Ursachen für all das Gute und Schöne gebe und für all die Katastrophen und das Böse ist nur der Kapitalismus der neoliberalen Art verantwortlich. Sowas gehe schon gar nicht, hat sie gemeint. Nur widerwillig konnte ich mich zu einer Korrektur entschließen. Also gut. Für das Böse, inklusive der Achse des Bösen sind ganz sicher nicht die Götter, nicht die Erdgeister und auch nicht der liebe Gott verantwortlich. Manches mag so was wie ein Schicksal angerichtet haben. Aber das meiste ist selber gemacht. Auch von uns ganz gewöhnlichen Menschen.

Gegenüber der Umwelt, dem Klima und den Ressourcen der Erde zeigt sich die Verantwortungslosigkeit am deutlichsten. Die Umwelt ist frei verfügbares Gut, das bis zur Neige billig ausgebeutet werden muss. Atomkraftwerke sind der Inbegriff der Verantwortungslosigkeit gegenüber der Umwelt, gegenüber der jetzigen Generation von

Menschen und gegenüber der zukünftigen Generation. Nehmen Sie als Beispiel das britische Projekt zum Bau einer Atomanlage in Hinkley Point. Zunächst ist zu sagen, dass die gesamte auf die Erdoberfläche auftreffende Energiemenge mehr als fünftausend Mal größer ist als der Energiebedarf der Menschheit. Es ist erwiesen, dass durch große Investitionen, Forschung und Entwicklung unser gesamter Energiebedarf durch direkte Sonnenenergie gedeckt werden kann. Stattdessen werden Milliardensummen in den Bau etwa von Hinkley Point mit EU Geldern investiert. Milliarden werden gebunden. Da der Bau ohne Subvention in höchstem Maße defizitär wäre, garantiert die britische Regierung den Betreibern für den in Hinkley Point produzierten Strom für 35 Jahre einen festen Abnahmepreis, der etwa doppelt so hoch ist wie der derzeitige Marktpreis. Das milliardenschwere Projekt wird unter anderem von diversen Pensionsfonds finanziert. Während die heutige Generation von Investoren und Finanzhaien Boni und Gewinne einstreift, muss die Zukunftsgeneration teuren Atomstrom kaufen, statt selber intelligente Energie zu produzieren. Sie muss sich um den langfristig strahlenden Atommüll kümmern, statt sich Gedanken zu machen über intelligentes Wirtschaften. Sie muss schon früh Geld in Pensionsfonds stecken und sich selbst zwingen, den Atomstrom zu kaufen, damit die Papiere des Pensionsfonds nicht wertlos werden. Verantwortungsloser geht es fast nicht mehr. Mutterhedi hat immer gesagt, man solle ein Haus so verlassen, wie man es anzutreffen wünscht. Derartige Grundsätze sind hier der Gier zum Opfer gefallen.

Nicht nur die Briten mit Hinkley Point ragen in punkto Verantwortungslosigkeit hervor. Unsere OMV bemüht sich mit anderen Konzernen, den Briten in punkto Verantwortungslosigkeit nachzueifern. Sie steckt Milliarden in den Bau einer Erdgasleitung von Sibirien nach Europa. Milliarden an Investitionskapital werden für eine veraltete Energieform gebunden. Diese Milliarden zwingen uns und die Nachfolgegenerationen auf Jahrzehnte hinaus, mit veralteter Energietechnik unsere Umwelt massiv zu zerstören. Auf der anderen Seite fehlt genau dieses Kapital, um intelligent die direkte Sonneneinstrahlung zu nutzen.

Befragt, ob denn nicht der Bau der 3. Startbahn auf dem Flughafen Schwechat im Widerspruch zu den Klimazielen sei, antwortete die ehemalige österreichische Ministerin für Nachhaltigkeit, dass der Bau der 3. Startbahn keineswegs im Widerspruch zu den Klimazielen sei. Wenn wir sie nicht bauen, dann wird eben in der Slowakei eine weitere Startbahn errichtet und das Gesamtflugverkehrsaufkommen bleibt gleich. Wir sind Zeugen eines vorbildlichen Herumgeschiebes von Verantwortung. Der schlanke Staat möge sich nicht in die Geschäftemacherei einmischen. Die wirtschaftliche Vernunft zwinge uns alternativlos zu dieser Handlungsweise. Wir haben keine Wahl. Besser kann man Geschäftemacherei und Verantwortungslosigkeit nicht ausdrücken.

Die Verantwortung

Der Westen, also wir, haben nicht nur all die Zerstörung der Umwelt, die Kriege, den Hass, die Gier, den Neid, die Ausbeutung zu einem gewissen Teil zu verantworten, sondern auch die Schaffung von wunderbaren Kunstschätzen, die großartigen Erfindungen, die Schaffung von Wohlstand für viele und die vielen gelungenen Beziehungen untereinander und zu anderen Menschen. Dabei sind wir sicher nicht allein. Viele andere Menschen und Völker haben in der Vergangenheit Großartiges geleistet und tragen jetzt zu vielen gelungenen Werken und Beziehungen bei. Es bietet sich an, Krieg und Zerstörung gemeinsam zurückzudrängen und Friede und gedeihliches Zusammenleben zu fördern. Ich kann es leider nicht beweisen, möchte Ihnen aber trotzdem meine Überzeugung unterjubeln: Demokratie ist am ehesten eine Wohlstandsmaschine. Wenn viele Menschen inklusive meiner Tante Mizzi ihre Meinung frei äußern können und sich frei von Angst und Unterdrückung in einem gut ausgebauten Rechtsstaat Gedanken machen können, wie man gut zusammenleben kann und wie man für alle und mit allen eine gedeihliche Wirtschaft und Politik anstrebt, dann kann sich Wohlstand und Friede für alle entwickeln. Das endgültig beste System wird es nicht geben, aber Demokratie ist fehlertolerant und kann sich weiterentwickeln.

Abbildung 4: Der schöne Rand der Mandelbrotmenge

Adam Smith, Urvater der Volkswirtschaft

Um den Neoliberalismus besser verstehen zu können, wandern wir
von den Zeiten des Alten Testaments in die Zeit der Aufklärung. Neben den Größen in Philosophie, Wissenschaft und Kunst begegnen
wir den Vätern des Kapitalismus und der Volkswirtschaftslehre:
Adam Smith und David Ricardo. Adam Smith und David Ricardo haben die Welt des Merkantilismus, des absoluten Herrschens, der Willkür von gewissenlosen Potentaten in den Knochen gehabt. Willkürliche Strafzölle und massive Einschränkungen des wirtschaftlichen
Handelns von Seiten der Fürsten, Könige und Potentaten haben den
Wohlstand aller mehr als nur gebremst. Not, Elend und Hunger für
die Masse der Menschen waren für alle deutlich sichtbar. Vielleicht haben sie gewusst, dass etwa so manche englische, niederländische oder
deutsche Hansestadt erblüht ist. Sie haben eine großzügige Handels-
freiheit genossen. Vielleicht haben sie auch von den Siebenbürger
Sachsen erfahren, die zwecks Abwehr von Völkern aus dem Osten in
Siebenbürgen angesiedelt wurden. Ihre großen wirtschaftlichen Frei-

heiten haben sie genutzt, um regen Handel etwa mit den Osmanen zu betreiben, offensichtlich zum eigenen Vorteil und dem der Handelspartner. Vielleicht haben sie auch von den sagenumwobenen blühenden Städten an der Seidenstraße gehört, von Samarkand und Buchara, von Peschawar und Kaschgar, von Teheran und Aleppo.

Durch genaue Analyse und Beobachtung ist Adam Smith zum Schluss gekommen, dass es günstiger sei, wenn sich viele Menschen Gedanken machen, wie Wohlstand entsteht. Es sei sehr ratsam, wenn viele Menschen in Freiheit ihren Ideen folgen, freien Handel treiben und ihr eigenes Wohl und das der anderen anstreben. Nicht der Herrscher und Potentat allein bestimmen, was gut und recht ist, sondern alle nach ihren Fähigkeiten. So wie man den alttestamentlichen Schöpfungsbericht als einen Befreiungsversuch von den Berg- und Wurzelgöttern und von finsteren Dämonen verstehen kann, ist auch Smiths Werk ein Versuch, die Wirtschaft aus den Zwängen des Absolutismus und der Willkür von Potentaten zu befreien und den Menschen Verantwortung für ihr eigenes Wohl zu überlassen. Als ein Mann der Praxis hat uns Adam Smith einen konkreten Vorschlag hinterlassen. Jeder möge frei und egoistisch sein eigenes Wohl unter Bedachtnahme des allgemeinen Wohls anstreben, dann stelle sich Wohlstand für alle ein, automatisch sozusagen, meinte er. Private Unternehmen und freie Märkte mögen zum Wohl der Allgemeinheit ihren Beitrag leisten.

Die Werke Adam Smiths entspringen der unglaublichen Aufbruchsstimmung der damaligen Zeit der Hochblüte der Aufklärung. Da hat Alexander von Humboldt Mittelamerika vermessen, Karl Friedrich Gauß lieferte die nötigen Formeln. Nach Immanuel Kant meinte man, man könne alles wissen und müsse nichts mehr glauben, Laplace hat den Laplace'schen Geist aus der Flasche gelassen, eine Art Weltmaschine, die alles berechnet, die Zukunft wie die Vergangenheit. Der Laplace'sche Geist ist verschwunden. Vom Streben nach dem eigenen Wohl, vom Egoismus unter Bedachtnahme des Gemeinwohls ist nur noch Egoismus übriggeblieben, wenn man die Artikel neoliberaler Denkfabriken studiert. Die Sozialpflicht des Eigentums und das Agieren von privaten Unternehmen und der sogenannten Märkte zum Wohl aller rückt in den theoretischen Schriften des Neoliberalismus weit in den Hintergrund. Es bleibt die Maximierung des eigenen

Profits. Das heißt nun keinesfalls, dass private Unternehmen nicht verantwortungsvoll gegenüber dem Gemeinwohl handeln. Es gibt viele Unternehmen, die große Verantwortung gegenüber dem Wohl der Mitarbeiterinnen und dem Gemeinwohl übernehmen, aber verantwortungsvolles Handeln ist in den modernen Zeiten der Globalisierung sozusagen außer Programm, freiwillig und ein bisschen naiv.

Von Adam Smith dürfen wir bleibend behalten, dass es in der Wirtschaft besonders wichtig ist, die Bedürfnisse und Wünsche ALLER Menschen in die wirtschaftlichen Überlegungen einzubeziehen, nicht nur die der Könige, der Kaiser, Finanzhaie und Wirtschaftskapitäne. Was wir aus den Werken von Adam Smith herauslesen, ist unsere Entscheidung. Wollen wir die Aufforderung zu Gier und Egoismus herauslesen wie es im Neoliberalismus geschieht oder die Aufforderung zu intelligentem, gemeinsamem, wirtschaftlichem und menschlichem Handeln zum Wohle aller?

David Ricardo, der Vater des Außenhandels

Der Handel zwischen zwei Ländern kann für beide Länder vorteilhaft sein, wenn jedes Land diejenigen Güter erzeugt, bei denen es über einen komparativen Vorteil verfügt. Mit der Theorie des komparativen Vorteils ist David Ricardo in allen Lehrbüchern der Wirtschaft und des Handels an sehr prominenter Stelle vertreten. Sie wird sowohl in der WTO als auch praktisch in allen sogenannten Freihandelsverträgen als „Beweis" für die Sinnhaftigkeit von Handel im Gegensatz zu Abschottung angeführt. Die Arbeiten von David Ricardo gelten heute noch als Grundlage der Sinnhaftigkeit von (internationaler) Arbeitsteilung.

David Ricardo erläutert am Beginn des 19. Jahrhunderts seine Theorie des komparativen Vorteils am Beispiel des Handels mit Wein und Tuch zwischen Portugal und England. Angenommen, zwischen beiden Ländern gibt es keine Arbeitsteilung und keinen Handel. Dann stellen beide Länder beide Produkte her. England benötigt für die Produktion von 1.000 Rollen Tuch 100 Arbeiterinnen und für die Herstellung von 1.000 Fässern Wein 120 Arbeiterinnen. Portugal dagegen kommt mit 90 Arbeiterinnen für 1.000 Rollen Tuch und 80 Arbeiterinnen für 1.000 Fässer Wein aus. Insgesamt produzieren beide Länder zusammen 2.000 Rollen Tuch und 2.000 Fässer Wein. Portugal beschäftigt für die Herstellung von 1.000 Rollen Tuch und 1.000 Fässern Wein insgesamt 170 Arbeiterinnen, England 220. Schult man nun die portugiesischen Tucharbeiterinnen auf Weinanbau und die englischen Arbeiterinnen auf Tuchherstellung um, dann werden in Summe 170*1.000/80 = 2.125 Fässer Wein in Portugal und 220*1.000/100 = 2.200 Rollen Tuch in England erzeugt. Bei gleichem Aufwand werden mehr Tuch und mehr Wein produziert. Von der Umstellung und vom Warenhandel können beide Länder profitieren. Eine klare Gewinn-Gewinn-Situation.

Vereinfacht ausgedrückt besagt Ricardos Modell: Wenn jeder das macht, was er am besten kann, dann wird in Summe am meisten produziert. Es lässt sich auch auf lokale Gegebenheiten übertragen. Es gibt mehr Brot und Schuhe, wenn der Bäcker Brot für sich und den Schuster backt und der Schuster Schuhe für sich und den Bäcker erzeugt. Und dies auch, wenn der Schuster nicht nur besser im Schuhmachen, sondern auch im Brotbacken besser ist. Das Modell besagt, dass Arbeitsteilung und Handel für beide Partner von Vorteil sein können gegenüber der Devise: „Wir machen alles selber!" David Ricardo gebührt größter Respekt für seine Erkenntnisse, die er in einer Welt des absoluten Mangels an Gütern und riesiger englischer Zollschranken gewonnen hat.

Aus heutiger, etwas überheblicher Sicht hat die Theorie David Ricardos mehrere Schwächen. Das liegt nicht daran, dass David Ricardo etwa nicht clever genug war, sondern daran, dass sich die Zeiten eben ändern. Was vor 200 Jahren eine geniale Idee gewesen sein mag, ist heute vielleicht nutzloser Anachronismus. Dass Ricardo die Weltformel des Handels und der Wirtschaft nicht gefunden hat, müssen wir ihm gnädig nachsehen: Es gibt keine solche Formel, die allzeit und in jeder Gesellschaft gültig ist. Nach 200 Jahren hat sich die Wirtschaftswelt merklich geändert und viele neue Erkenntnisse und Probleme sind hinzugekommen. Die Übertragbarkeit von Ricardos Formel ist in dieser Allgemeinheit nicht mehr gegeben. „Jeder macht, was er am besten kann" ist zur Leerformel degeneriert.

David Ricardo hat ein Optimierungsproblem gelöst. Wie wir alle wissen, schwirren bei derartigen Problemen Gleichungen, abhängige und unabhängige Variablen, gemessene und angenommene Konstanten und allerlei Nebenbedingungen herum. Unter all den vielen Gleichungen, Fragen, Einschränkungen und Nebenbedingungen hat er sich entschieden, die Menge der hergestellten Produkte zu maximieren, was auf Grund des damaligen Mangels verständlich ist. Heutzutage jedoch geht es darum, wer produzieren darf und wer zusperren muss. Eine Maximierung der Gütermenge ist in der heutigen Situation völlig absurd. Wie regelt der Markt den Preis bei Überfluss? David Ricardo hat solche Zeiten nie erlebt, er konnte nicht ahnen, dass wir zu viele Äpfel pflücken, einen Butterberg haben und zu viele Autos bauen und zu viele Arbeitskräfte haben. Wer soll die Äpfel pflücken und wer soll sie verfaulen lassen, ist heute die Frage. Auch hat David Ricardo etwa die Transportkosten völlig unberücksichtigt gelassen. Schon damals hätte eine Berücksichtigung der Transport- und Umstellungskosten seine Berechnungen empfindlich durcheinandergewirbelt. Der gigantische und meist sinnlose Gütertransport ist mittlerweile zu einem zentralen Thema der Menschheit und der Umwelt geworden.

Ricardos Modell suggeriert eine übergeordnete Instanz, die die nicht kritisierbare Macht hat, festzulegen nach welchen Variablen optimiert wird, wie und was gemessen wird, welche Nebenbedingungen gelten sollen und wer sein Produktionsverhalten gefälligst zu ändern hätte. Wer sagt aber der portugiesischen Tuchproduzentin, dass sie jetzt gefälligst Wein zu produzieren habe? Wer baut denn die besten Staubsauger? Und wie wird das gemessen? Die übergeordnete Instanz existiert nicht, wir werden uns selber um Antworten bemühen müssen. Produziert jenes Unternehmen besser, das erpresserische Schandlöhne bezahlt und den Müll ins Meer kippt? Oder produziert jenes Unternehmen besser, das ressourcenschonend seine Produkte erzeugt und menschenwürdige Bedingungen bietet? Ist von Kindern geschürftes Gold besser? Muss überhaupt optimiert werden?

Cristina P. aus Portugal produziert im Sommer Wein und im Winter Tuch. Sie liebt beides und erklärt standhaft, dass sie genug habe und glücklich sei. Außerdem erfreut sie ihre Mitmenschen mit ihrem Fado-Gesang. Beim Tuchmachen fallen ihr immer die besten Lieder ein. Die Anregung, zur Gänze auf Weinproduktion umzustellen quittiert sie mit dem Stinkefinger. Ich will damit sagen, dass es unter gewis-

sen Umständen für alle günstiger ist, bei der Produktion lokale Gegebenheiten und individuelle Bedürfnisse zu berücksichtigen. Das hat
nichts mit Abschottung zu tun.

Ricardos Modell ist statisch. Es berücksichtigt nicht, dass Menschen lernfähig sind. Heutzutage weiß man, dass die Weitergabe von
Wissen, von Information, von Rezepten und Bauanleitungen zu großartigen Fortschritten im Sinne des Wohles für alle geführt hat. Die
Menschheit ist nicht mehr damit beschäftigt, ständig das Rad neu zu
erfinden, sondern wendet sich interessanteren Fragestellungen zu.
Die Lehrerin gibt das Wissen an die Schülerin weiter, die Lehrherrin
zeigt dem Lehrmädchen, wie man eine Torte bäckt und dann zaubert
das Lehrmädchen köstlichere Leckereien hervor. Wir haben allen
Grund uns zu freuen und zählen es zum Fortschritt, wenn die Schülerin schönere Geschichten schreibt als der Lehrer und das Lehrmädchen köstlichere Torten bäckt als der Lehrmeister. Nach der Theorie
von Ricardo ist es festgeschrieben und errechenbar, wer was besser
kann. Von anderen zu lernen kommt in seinem Modell nicht vor. Portugal kann besser Wein und Tuch produzieren. Und aus! Über dieses
vermeintliche Defizit des Modells sollten wir uns aber auch nicht zu
sehr wundern. Ewas zu lernen braucht Zeit, kostet viel Kapital und
hält von der Arbeit ab. Und wenn jemand knapp vor dem Verhungern
steht, bleibt keine Zeit, nicht vorhandene Bücher über den Ackerbau
zu studieren. Wenn die Strohhütte brennt, sollte man sich nicht über
die Planung von Fluchtwegen Gedanken machen, sondern rennen
und retten, was zu retten ist, und dies möglichst schnell. Jahrtausende
lang war es für unsere Vorfahren überlebenswichtig, möglichst viele
Güter zu produzieren und alle Kräfte darauf zu fokussieren. Noch meine Eltern und meine Geschwister haben ab Mai „Schulbefreiung" erhalten, damit sie bei der Ernte helfen konnten und damit die Menge
an geerntetem Heu zu maximieren. Lernen kann man später.

Seit einem halben Jahrhundert ändern sich die Verhältnisse konti-
nuierlich. Der Bauer erhält eine Prämie, wenn er seinen Acker brach
liegen lässt. Lebensmittel landen im Meer. Die OPEC versucht verzweifelt, die Ölförderung zu drosseln. Maximierung der Produktion
ist kein allgemein gültiges Ziel mehr. Lernen dagegen gilt in manchen
Kreisen als wichtige Investition in die Zukunft und hat gewiss zu viel
mehr Wohlstand geführt. Völker lernen voneinander, wie man Autos

und Kühlschränke baut, wie man in den Weltraum fliegt und Atombomben baut. Völker lernen voneinander, wie man Äcker bestellt und Erdbeerjoghurt produziert, wie man Geige spielt und Lieder singt. Um heute 1.000 Rollen Tuch zu produzieren braucht es in England nicht mehr 100 Arbeiterinnen, wie damals zu Ricardos Zeit. Wahrscheinlich um die 10 herum sind reichlich genug. Und diesen „Produktivitätsgewinn", wie man so schön sagt, verdanken wir nicht dem schrankenlosen Handel und der schrankenlosen Spazierfahrt der Güter, sondern der schrankenlosen Weitergabe von Wissen, der unglaublichen Kreativität, dem Forschergeist und Neugier vieler Menschen. Wissen, Bauanleitungen, Rezepte und Algorithmen kann man in einem Affentempo um die Welt herumschicken, ohne dass nennenswerte Transportkosten anfallen.

Nur in den Schriftstücken neoliberaler Denkfabriken und in den Parteiprogrammen wirtschaftsliberaler Parteien sind diese epochalen Veränderungen offensichtlich nicht angekommen. Es sollen möglichst viele (nicht benötigte) Produkte erzeugt werden, wird gefordert. Die Bildung möge billig sein, um Kapital zu sparen. Ricardos längst veraltete Formel gilt als aktuelles Heiligtum in der Ökonomie und im Handel und muss als (Schein)-Argument für die sogenannten Freihandelsverträge herhalten. In all diesen Zwangshandelsverträgen à la TTIP, CETA, NAFTA etc. ist der Investorenschutz und die Beschränkung der Wissensweitergabe in Form eines katastrophalen Patent- und Urheberrechtes der bei weitem wichtigste Teil der Verträge.

David Ricardo verdanken wir, dass es wichtig ist, die Gegebenheiten genau zu beobachten und zu studieren und daraus gut durchdachte Schlüsse zu ziehen. Willkürliche Strafzölle und absolutistische Wirtschaftspolitik schaden dem eigenen Wohl und dem Wohl aller Menschen. Kooperation und gemeinsames Lernen und Streben nach Neuem und Unbekanntem können unser Zusammenleben und unser Glück fördern.

Der Marktfundamentalismus

Aus dem biblischen Schöpfungsbericht kann man herauslesen, dass man Verantwortung zu übernehmen hat für sein Tun, für sein eigenes Wohl, für das Wohl der anderen, für das Gemeinwohl und für die Umwelt. Man kann aber auch herauslesen, dass man Kreuzzüge veranstalten müsse gegen all jene, die an gar keinen Gott, an zu viele Götter oder an den falschen Gott glauben. Man kann auch herauslesen, dass der liebe Gott vor ca. 3.000 Jahren die Welt wie wir sie kennen in exakt 6 Tagen erschaffen hat und die Evolutionstheorie eine Fälschung sei. Die beiden letzten Möglichkeiten werden häufig unter christlichem Fundamentalismus eingeordnet und haben zu Mord, Totschlag, Krieg und ungesunden Aberglauben geführt. Man kann aus dem Koran herauslesen, dass man den vierzigsten Teil seines Gewinnes an Arme abzuliefern hat und dass man Fremde gastfreundlich bewirtet. Ich weiß die Gastfreundschaft in moslemischen Ländern sehr zu schätzen. Man kann auch aus dem Koran herauslesen, dass man gegen Ungläubige in den Krieg ziehen und sich bei Bedarf selber in die Luft sprengen müsse, um als Märtyrer im Jenseits ewiges Glück zu erfahren. Tödlicher islamischer Fundamentalismus!

Man kann aus den Werken von Adam Smith und David Ricardo herauslesen, dass es klug sei, die jeweiligen Verhältnisse in einem Land genau zu analysieren und daraus kluge Schlüsse zu ziehen. Man kann herauslesen, dass man die Verantwortung für das politische, das soziale und wirtschaftliche Handeln nicht absolutistischen Herrschern, kleinen oder großen Diktatoren oder totalitären Staatsgebilden überlässt, sondern dass jede und jeder nach ihrem Vermögen selber Verantwortung übernimmt. Jede möge nach dem eigenen Wohl streben, ohne dabei das Wohl der anderen aus dem Auge zu verlieren. Man kann aus diesen Werken herauslesen, dass es klug ist miteinander friedlich zu kooperieren, Handel zu betreiben und Arbeit und Güter gerecht aufzuteilen. Dann kann die unsichtbare Hand Wirkung zum Wohl aller entfalten.

Man kann andererseits aus den Werken von Adam Smith und David Ricardo herauslesen, dass wir irgendwelche ökonomischen Kenngrößen optimieren müssen, dass wir rücksichtslos Güter durch die Weltgegenden schicken sollen. Wir können herauslesen, dass wir den jeweils anderen als zu vernichtenden Konkurrenten zu betrachten haben. Wir können herauslesen, dass wir so wichtige Entscheidungen wie Lohn- und Preisbildung und eine Verteilung der Güter und Reichtümer dieser Welt gefälligst irgendwelchen Mächten in den

Finanzzentralen zu überlassen hätten. In all diesen Fällen kann man mit gutem Recht von irrationalem Marktfundamentalismus sprechen, der dabei ist, die Grundlagen unserer materiellen Existenz zu zerstören und zu heftigen sozialen Unruhen führt. Auch noch im 21. Jahrhundert werden die Preise auf den Aktienmärkten nach den Regeln von David Ricardo bestimmt. Es wird jener Preis festgelegt, der den Umsatz maximiert. Dieses Festhalten an völlig veralteten Regeln hat mehr mit anachronistischem Fundamentalismus und islamischem Staat zu tun als mit wohl durchdachtem, rationalem Handeln. Die Folgen sind vergleichbar mit religiösem Fanatismus.

Sie haben sicherlich bemerkt, dass ich rein subjektiv auf jegliche Art von Fundamentalismus eher schlecht zu sprechen bin. Das soll nun sicher nicht heißen, dass wir die Weisheiten in alten Büchern vergessen sollen. Man findet in den Schriften der Ilias, des Gilgamesch Epos, des Alten und Neuen Testaments, des Korans, des Adam Smith und David Ricardo, des Karl Marx, Keynes oder gar des August Friedrich Hayek und von wem auch immer, viele bedenkenswerte Weisheiten. Aber wie man heutzutage zusammenlebt, wie man Preise und Löhne bildet, wie man Wirtschaft gestaltet und einen Staat mit vielen Millionen Einwohnern organisiert, werden wir uns im Bewusstsein der Geschichte wohl selber überlegen müssen. Einen islamischen Gottesstaat wie in Syrien oder einen christlichen Gottesstaat errichten zu wollen, wie ihn etwa fundamentalistische Kreise in den USA anstreben, ist tödlicher Anachronismus, genauso wie eine Wirtschaft nach der „Theorie" des David Ricardo oder eines Karl Marx oder eines August Friedrich Hayek auszurichten.

Ich möchte ein bisschen Werbung dafür machen, dass wir die Gestaltung unseres Zusammenlebens nicht den Spekulanten oder den Göttern auf dem Olymp überlassen. Ein Gemeinwesen, das sich zur Zivilisation zählt, möge sich in einem langen demokratischen Prozess sehr gut überlegen, wie es zu Regeln und Gesetzen kommt, die ein friedliches und solidarisches Zusammenleben ermöglichen und hervorbringen. Eine allgemein gültige Formel ist nicht zu erwarten.

KAPITEL 3

DIE VERSTECKTE MORAL

There Is No Alternative

Margaret Thatcher verwendete diesen Slogan, um ihre Wirtschafts- und Gesellschaftspolitik zu legitimieren. Sie meinte, dass Sozialismus keinerlei Alternative zu Kapitalismus und Neoliberalismus sei. Der Philosoph Francis Fukuyama sah nach dem Zerfall der Sowjetunion das Ende der Geschichte gekommen, nach der das liberale, marktwirtschaftliche Modell keine historischen Herausforderungen mehr zu erwarten habe. Nach Thatcher und Fukuyama können wir, überspitzt ausgedrückt, getrost das Erreichte genießen, ein paar kleine Fehler des Systems korrigieren und uns zur Ruhe setzen: Wir haben das richtige System bereits gefunden. Das TINA-Prinzip (there is no alternative) charakterisiert ausgezeichnet den Neoliberalismus. Die Aussage des Slogans ist schlicht und ergreifend in dieser Allgemeinheit falsch, wenn man sie auf menschliches Handeln, auf Wirtschaft und Politik bezieht, Fake News also. Es gibt nicht nur ein System, sondern etwas mehr als unendlich viele Möglichkeiten, wie Menschen ihr Zusammenleben, die Wirtschaft und die Politik gestalten können. Etliche davon wurden ausprobiert, viele Systeme wurden gedacht und nicht erprobt, etwas mehr als unendlich viele wurden nicht einmal noch gedacht. Statt dem Ende der Geschichte wartet viel Denkarbeit auf uns.

Der Slogan suggeriert eine Weltformel, die uns alles berechnet. Es suggeriert ein deterministisches Weltbild. Rationales Handeln bedeutet demnach, dass wir uns gefälligst diesem System widerspruchslos unterzuordnen haben. Der Spruch erinnert an den Laplace'schen Geist, der in der Blütezeit der Aufklärung aus der Flasche gelassen wurde. Wenn wir nur alles genau vermessen und die richtige Formel gefunden haben, dann können wir alles berechnen. Nach vor und zurück. Das Ende der Naturwissenschaften ist nahe. Das glaubten tatsächlich viele ernsthafte Wissenschaftler des 19. Jahrhunderts. Heute wissen wir, dass wir mehr Realitätssinn entwickeln sollten, statt von

Weltmaschinen, von Alternativlosigkeit und dem Ende der Geschichte zu träumen. Wir wissen, dass wir nichts wissen im Vergleich dazu, was es an Wissenswertem gibt. Wir wissen, dass wir nur sehr beschränkt genau messen können. Gemäß der Heisenbergschen Unschärferelation können wir nicht den Aufenthaltsort und den Impuls eines Teilchens gleichzeitig messen. Wir können nicht berechnen, ob ein Wassertropfen in der Nähe des Malojapasses im Schweizer Engadin ins Mittelmeer, in die Nordsee oder ins Schwarze Meer gelangt. Wir können das Wetter nicht verlässlich mehr als drei Tage vorhersagen, weil wir den Flügelschlag des Schmetterlings in Texas in unser Modell einbeziehen müssten. Schon nach wenigen Rechnungsschritten ist die Information unserer ungenauen Messung im Chaos verschwunden. Alan Turing zeigte, dass fast alle Funktionen unberechenbar sind. Kurt Gödel bewies, dass kein logisches System gleichzeitig vollständig und widerspruchsfrei ist. Und wenn schon der Aufenthaltsort eines Eichenblattes, das man in Gesäuseeingang in die Enns wirft, nach etlichen Minuten nicht berechenbar ist, dann erst recht nicht das Verhalten von Potentaten, Wirtschaftskapitänen, von Finanzhaien und von uns gewöhnlichen Menschen.

Wir wissen heute, dass Wirtschaft keine Naturwissenschaft ist. Wirtschaft und Politik lassen sich nicht beschreiben wie der freie Fall einer Kugel. Wir wissen nicht, ob es ein bestes Wirtschaftssystem überhaupt gibt, geschweige denn, dass jemand ein solches gefunden hat. Wirtschaft ist unberechenbares Verhalten von Menschen. Jeden Tag müssen wir sorgsam überlegen, wie wir verantwortungsvoll unser wirtschaftliches Handeln gestalten wollen. Keine Formel, kein Algorithmus und auch keine unsichtbare Hand sind in Sicht, die uns sagen, wie wir miteinander umgehen sollten. Das müssen wir selber erledigen. Ein rein technokratisches Weltbild ist für die große Vielfalt zu eng.

Das TINA-Prinzip drückt in seiner ursprünglichen Bedeutung auch aus, dass Sozialismus und Kommunismus keine Alternative zu Neoliberalismus und Kapitalismus sind. Da es nach diesem Prinzip sonst nichts gibt auf dieser Welt, bleibt die Alternativlosigkeit. Versuchen Sie einmal in einer netten Runde provokativ eine höhere Vermögenssteuer zu fordern. Ich wage zu behaupten, dass Sie binnen kurzer Zeit aufgefordert werden, dem Stalinismus abzuschwören. Vermögenssteuern sind kommunistisch, Kommunismus ist böse und keine Alternative zu Neoliberalismus. Und etwas anderes existiert nicht. Das ist die sehr schlichte Argumentationskette des TINA-Prinzips. Ich möchte die Behauptung in den Raum stellen, dass Vermögenssteuern Teil von etwas mehr als unendlich vielen politischen und wirtschaftlichen Systemen sind, die weder mit Kommunismus noch mit Neoliberalismus etwas zu tun haben und möglicherweise zu allgemeinem Wohlstand führen.

Abbildung 5: There is no alternative ... nur nach oben geht's alternativlos weiter

There is no alternative schaltet die Politik aus und versteckt die Moral hinter der alternativlosen Notwendigkeit. Wenn es keine Alternative gibt, dann braucht es keine Moral, es braucht kein gut und böse, kein nützlich oder schädlich, es braucht kein gewissenhaftes Abwiegen von Für und Wider. Es reichen vermeintliche Rationalität und geradliniger Pragmatismus. Alles andere sei kindliche Frömmelei und nutzlose Träumerei. Greta Thunberg etwa wird von neoliberaler Seite gerne als unbedarftes Mädchen verspottet, das keine Ahnung vom richtigen wirtschaftlichen Leben hat. Wenn es keine Alternative gibt, braucht es auch keine Politik. Wozu aber dann sich in die Politik einmischen, wozu wählen, wozu Demokratie, wozu ein Parlament? Wenn es nur darum geht, das einzig Richtige herauszufinden und umzusetzen, dann ist es geschickter, politische Entscheidungen einem cleveren Algorithmus zu überlassen. Dann ist es auch geschickter, die Durchsetzung des einzig Richtigen einem richtig starken Mann zu überlassen, der auch das Unangenehme für uns erledigt. Das TINA-Prinzip ist demokratiefeindlich, es entmutigt die Menschen wählen zu gehen (weil's eh nix bringt) und ebnet den Weg für vermeintlich starke Männer. Das TINA-Prinzip rechtfertigt Verantwortungslosigkeit. Wenn es nur eine Möglichkeit gibt, kann man sich jede Rechtfertigung ersparen. Bei mehreren Alternativen fordern demokratische Systeme eine Verantwortung. Sollte ich nicht doch das Fragezeichen im vorigen Kapitel durch Rufzeichen ersetzen? Neoliberalismus: Die Diktatur der Verantwortungslosigkeit!

Das TINA-Prinzip ist tief in unseren politischen Alltag eingedrungen: Wir müssen die Steuern senken. Wir müssen uns der Globalisierung stellen. Wir müssen die Löhne senken, um den Standort zu erhalten! Wir müssen die Politik nach den ökonomischen Gegebenheiten ausrichten! Wir müssen der Wirtschaft den Vorrang in unserem Leben geben! Wir haben keine Wahl. Solche Sätze und Aussagen finden sich sinngemäß in Parteiprogrammen wirtschaftsliberaler Parteien und in den Pamphleten neoliberaler Denkfabriken zu Hauf. Politik nach dem TINA-Prinzip kommt wie der Blitzschlag des Zeus über uns.

Und doch ist es eine Frage der Moral, ob wir die Wurstsemmel besteuern oder das Kerosin, ob wir Kapital in Atomkraftwerke stecken oder in die Nutzung der direkten Sonnenbestrahlung. Es ist eine Frage der Moral, ob wir entscheiden, ob jenes Unternehmen das bessere ist, das schlechte Löhne zahlt und dafür mehr Profit „erarbeitet". Oder ist jenes Unternehmen das bessere, das ein Produkt am ressourcen-schonendsten erzeugt und gute Löhne bietet? Ist jenes Restaurant das bessere, das die köstlicheren Speisen bereitet oder jenes, das den höheren Profit erwirtschaftet? Kein Algorithmus liefert uns auf derartige Fragen eine Antwort.

Auch Verbote sind eine Form der Alternativlosigkeit und bringen die Moral zum Vorschein. Es ist verboten, Vermögen zu besteuern! Es ist verboten, neue Steuern einzuführen. Es ist verboten, die Finanzwelt zu regulieren. Es ist verboten, Spekulation einzudämmen. Bei solchen Verboten geht es nicht mehr um ein Gemüselaibchen oder um ein Fleischlaibchen, sondern um tausende Milliarden Euro. Dass dabei Moral und Werthaltung dahintersteckt, ist nicht das Problem, sondern dass sie versteckt wird hinter vermeintlicher Alternativlosigkeit und hinter „Berechnungen", die jeder Grundlage entbehren.

Wir können der Moral nicht mit billiger Alternativlosigkeit entkommen. Nicht einmal die Wissenschaft, inklusive der Mathematik, kommt ohne Moral aus. Welchen von den etwas mehr als unendlich vielen schwierigen Fragen wir uns zuwenden und welche Fragen wir beiseite schieben, ist eine Frage der Moral. Freilich, die Ergebnisse der Wissenschaft sollen für jedermann nachvollziehbar und wiederholbar sein. Gut geprüfte Ergebnisse von vertrauenswürdigen Wissenschaftlern können wir regungslos, mit Bedauern oder mit Freude zur Kenntnis nehmen. Zahlen, Berechnungen und Theoreme sind wertfrei und objektiv, solange wir sie nicht in die Realität übertragen. Solange bleiben sie ein Spiel, wie Schach oder Backgammon. Und doch müssen wir uns irgendwann entscheiden, welches Spiel wir spielen und welche Rätsel wir zu lösen versuchen. Und wir werden die Ergebnisse, Formeln und Zahlen mit der Realität in Beziehung bringen müssen. Und da trieft es dann nur so von Moral, offen oder versteckt. Wir können das Bruttosozialprodukt messen oder das Glück. Wir können erforschen, wie man Öl in der Tiefe der Meere findet, oder wie man geschickt Sonnenenergie direkt nutzt. Wir können die klügsten Menschen darauf ansetzen Frieden zu schaffen oder Atombomben zu bauen. Wir können die Reichen besteuern oder den Armen was wegnehmen. In einer Demokratie dürfen wir Rechenschaft für die Entscheidungen fordern, wir sollten uns nicht mit dem Hinweis auf Sachzwänge zufriedengeben. Die Offenlegung der Moral und der ethischen und ideologischen Grundsätze könnte für viel Klarheit sorgen. Versteckte Moral führt zu Scheingefechten und Verwirrung.

Politik für alle und mit allen

Der Mensch ist ein „Zoon politikon", ein soziales, auf Gemeinschaft angelegtes und Gemeinschaft bildendes Lebewesen, meinte schon Aristoteles. Politik ist eine Sache, die die Allgemeinheit, das Wohl aller, kurz das Gemeinwohl betrifft. Politiker sind demnach Personen, die alle ihre Intelligenz, ihre Fantasie, ihr Können und ihre Tatkraft aufwenden sollten, um vernünftige Regeln für das Zusammenleben aufzustellen, die bewirken, dass es allen Menschen innerhalb und außerhalb einer Gemeinschaft halbwegs gut geht. Wir suchen nach einer freien Politik jenseits von vermeintlichen Sachzwängen. Politik ist nicht berechenbar und vorhersehbar, sondern eine Entscheidung einer Hausgemeinschaft, eines Dorfes, einer Region, eines Staates, eines ganzen Kontinentes. Und diese Entscheidung sollte von den betroffenen Menschen gefällt werden, am allerbesten in einem demokratischen Prozess. Diese Entscheidungsmacht sollten wir uns von niemandem wegverhandeln lassen.

Politik ist Sache aller Menschen. So wertvoll die Beiträge von Philosophen, von Sozialwissenschaftlern, von Soziologen und Politikwissenschaftlern, von Wissenschaftlern allgemein, von Politikern, Künstlern und Intellektuellen auch sein mögen, so glaubwürdig es auch sein mag, Politik für alle machen zu wollen, erscheint es mir noch wichtiger, Politik zusammen mit allen zu gestalten. Diese „Politik für alle" hat mittlerweile schon einen ziemlichen moralischen Drall und klingt in vielen Ohren besserwisserisch, überheblich und weltfremd, so gut es auch gemeint sein mag. Soziologen und Politikwissenschaftler sprechen davon, dass in letzter Zeit sich das „Volk" ausgeschlossen und unverstanden fühlt und dass die Hilferufe des „Volkes" nicht mehr gehört werden. Das nicht gehörte Volk wendet sich von der etablierten Politik ab und oft mangels Alternative dem meist rechten und neoliberalen Populismus zu. Vielleicht versuchen wir einmal, den Menschen zuzuhören und MIT ihnen Politik zu machen.

Jetzt ist es Zeit, die Hauptperson dieses Buches vorzustellen: Meine Tante Mizzi, kurz Mizzitant genannt. Sie steht im Zentrum der Betrachtung und der Überlegungen. Es geht um sie und ihresgleichen. Es geht nicht um Wettbewerb, um Bruttosozialprodukt, nicht um Standortvorteil, um Gewinnmaximierung, nicht um Flexibilisierung und Sachzwänge. Nichts von alledem. Es geht um das Wohl meiner Tante Mizzi und um ihresgleichen. Um das Wohl von uns Menschen. Tante Mizzi hat es wirklich gegeben, sie ist längst verstorben. Sie haben hoffentlich nichts dagegen, wenn ich sie wiederbelebe. Sie spielt in meiner komplexen Welt den Realteil. Sie darf die Rolle der weiblichen Ansprechperson und des gewöhnlichen Volkes spielen. Sie darf in abgeschwächter Form auch moralisieren und ihre Moral einbringen. Sie soll auch ein wenig mitmachen und mitreden. Man kann sie auch fragen bevor man etwas für sie macht.

Tante Mizzi hat mich schon immer beeindruckt. Sie hat uns Kindern immer köstliche Süßigkeiten mitgebracht und viel erzählt. Als Nazis sie aufgefordert haben, doch mit „Heil Hitler" zu grüßen, hat sie gemeint: „Bei uns heißt das noch immer 'Griaß Gott!'". Sehen sie, da schleicht sich schon das erste Mal Moral herein. Eine leise Belehrung an uns selber gerichtet und an andere. Mizzitant war ja wirklich eine flotte Frau. Man sagt, sie sei in Trieben einfach mit ihrem Mann mit ins Wirtshaus gegangen. Damals war das noch gar nicht üblich, schließlich war gemäß den damaligen Moralvorstellungen der richtige Platz für Frauen zu Hause am Herd und nicht im Wirtshaus. Aber sie hat sich von den Männern nicht unterkriegen lassen. Gegen das Busengrapschen hat der erhobene rechte Zeigefinger jedenfalls gereicht.

Ein zweiter Spruch mit moralischem Anstrich zieht sich ebenfalls wie ein roter Faden durch das ganze Buch. „So behandelt man keine Menschen nicht, nicht einmal ein Vieh!" Der Spruch ist logisch gesehen etwas problematisch. Und für eine Gesetzgebung in einem modernen Staat ist der Inhalt zu unpräzise und mehrdeutig, da müssten Juristen noch ordentlich daran arbeiten, damit klar wird, was gemeint ist. Ich will den Satz trotzdem zum Satz des Buches machen, weil ich ja den Zusammenhang kenne. Muttahedi hat diesen Satz gesagt, als sie von Vertreibungen, Vergasungen und millionenfachen Ermordungen der Juden durch die Nazis gehört hat. Auch Vataferd hat mit den Russentreibern (so haben die wirklich geheißen) geschimpft: „So behandelt man keine Menschen nicht", als sie die ausgemergelten russischen Gefangenen mit Peitschen und Stöcken geschlagen haben, um sie besser zum Bau der Seilbahn von Weißwasser nach Weissenbach zu motivieren. Vataferd muss diesen Spruch so bestimmt und eindringlich ausgesprochen haben, dass die Russentreiber übersehen haben, dass der armselige Tross von russischen Kriegsgefangenen einen Umweg durch die Speiskammer gemacht hat, um etwas Magermilch zu trinken. Die Russen waren dankbar, bei den Nazis waren solche Umwege gar nicht gern gesehen.

Wie man Menschen behandelt und was sich so alles gehört, ist eine zentrale Frage der Moral, der Politik und der Wirtschaft.

Abbildung 6: Wandern – was sonst?

Kapitel 4

Der Markt regelt alles

Geht's der Wirtschaft gut, geht's den Menschen gut

Dieser Slogan der Wirtschaftskammer Österreich charakterisiert perfekt den Neoliberalismus. Der Spruch ist vom Standpunkt des Marketings perfekt. Er suggeriert einen kausalen Zusammenhang zwischen dem Wohlergehen von Wirtschaft und Menschen. Er enthält eine Forderung an die Politik, in erster Linie solche Maßnahmen zu treffen, die bewirken, dass es der Wirtschaft gut geht. Der Slogan enthält vom Standpunkt der Aussagenlogik eine wahre Aussage, aber auch eine falsche, er gehört also in die Kategorie der Halbwahrheiten oder Halblügen.

Der wahre Teil der Aussage bezieht sich auf einen großen Teil der Realwirtschaft. Der Biobauer sorgt in mühsamer Kleinarbeit dafür, dass wir mit gesunden Lebensmitteln versorgt werden. Viele Kleinhändler sorgen in vielen Arbeitsstunden dafür, uns Güter des täglichen Bedarfs zur Verfügung zu stellen. Die Köchin des Restaurants bereitet für uns mit viel Liebe die köstlichsten Speisen zu. Die Unternehmerin scheut keine Mühe, Arbeitsplätze zu erhalten, damit für viele Menschen Arbeit in Würde und ein gutes Einkommen erhalten bleibt. Wenn es diesem Teil der Wirtschaft gut geht, dann auch den Menschen. Das Wohlergehen von Mensch und Wirtschaft ist im Einklang und es ist müßig zu diskutieren, wem es in erster Linie gut gehen möge. Der Wohlstand, der nach dem Krieg in unseren Breiten entstanden ist, baut auf diesen Einklang auf. Die Sozialpartnerschaft hat in Österreich ganz gewiss einen wertvollen Beitrag geliefert. Wirtschaft und Menschen geht es gut.

Die Welt ist aber auch böse und schlecht. Besonders im Bereich der Finanzwirtschaft gerät das Wohlergehen von Mensch und Finanzwirtschaft in krassen Widerspruch. Der Spekulant jubelt, wenn die Grundstücks- und Immobilienpreise in die Höhe schnellen. Viele Menschen können sich das Wohnen in Städten nicht mehr leisten. Die Transportwirtschaft jubelt, wenn tausende Laster beladen mit Produkten, die wir gar nicht brauchen oder besser lokal herstellen könnten, über den Brenner donnern. Den Menschen geht es schlecht. Sie müssen die verpestete Luft atmen, können auch in kleinen Orten, wohin die Laster ausweichen, nicht mehr über die Straße gehen und müssen mit dem Klimawandel zurechtkommen. Die Investoren und die Atomindustrie jubeln, wenn neue Atomkraftwerke entstehen. Der teure Atomstrom sichert ihnen eine respektable Rendite. Den Menschen geht es schlecht. Sie müssen den teuren Atomstrom kaufen und tausende Jahre auf den strahlenden Müll aufpassen. Wenn es also einem gewissen Teil der Wirtschaft gutgeht, dann geht es den Menschen schlecht. Die Botschaft der Wirtschaftskammer wird zur Falschaussage, Fake News also. Halbwahrheit.

Auch der andere Fall ist möglich, denkbar und kann in der Realität geschehen. Wenn es den Menschen gut geht, dann kann es der Wirtschaft schlecht gehen. Man denke etwa an die Energiebereitstellung. Schon jetzt ist es zum Teil möglich, die direkte Energie der Sonne zu nutzen, um den Energiebedarf gleichsam vom eigenen Dach aus zu decken. Solarzellen leisten jetzt schon einen wertvollen Beitrag und man darf mit gutem Grund erwarten, dass die Forschung in dieser Hinsicht große Fortschritte machen wird. Dann geht es den Menschen gut. Die Stromrechnung wird niedrig, Stromautobahnen werden überflüssig, keine Gasleitungen müssen von Sibirien zu uns verlegt werden und die Öltanker müssen nicht mehr die Meere verschmutzen und aus Kohlebergwerken werden Museen. Dann geht es aber der Wirtschaft schlecht. Die Stromrechnung wird niedrig, Stromautobahnen werden überflüssig, keine Gasleitungen müssen von Sibirien zu uns verlegt werden und die Öltanker müssen nicht mehr die Meere verschmutzen und aus Kohlebergwerken werden Museen. Die Renditen für die Energieproduzenten werden negativ. Freilich, auch so manchen Menschen geht es dann schlecht. Sie verlieren den Job. Fortschritt ist nun einmal so. Um Menschen mit der nötigen Energie zu versorgen, sind im Fall der Verwendung der direkten Sonnenenergie weniger Arbeitsschritte und viel weniger Mühe notwendig.

Oder denken Sie an den klimaschädigenden Verkehr. Wenn es gelingt, einen Investor zu überzeugen, in Hamburg eine Erdäpfelwaschmaschine aufzustellen, dann müssen nicht mehr die Erdäpfel von

Hamburg nach Mailand transportiert werden und die gewaschenen Erdäpfel zurück. Dann wäscht man in Hamburg die Erdäpfel, erzeugt dort die Pommes und isst sie dort auch. Viele Menschen in transitgeplagten Gegenden können aufatmen. Es geht ihnen und dem Klima besser. Wenn es gelingt die Transportpreise so zu gestalten, dass es günstiger ist, einen fast autonom fahrenden Güterzug mit 100 Waggons von Berlin nach Wien zu schicken, statt 100 LKWs mit 100 Fahrern, dann sind die Güter transportiert worden und die Straßen entlastet, und wieder geht es den Menschen und der Umwelt besser. Aber leider geht es dann den Transportunternehmen, also einem gewissen Teil der Wirtschaft, schlechter.

Die Politik ist gefragt, eine Entscheidung zu treffen, wenn das Wohl der Menschen im Widerspruch zum Wohl der Wirtschaft steht. Die Politik ist gefragt, den sprichwörtlichen Kohlearbeiterinnen Arbeit in Würde zu verschaffen und die weniger gewordene Arbeit gut zu verteilen, auch in Form von Arbeitszeitsenkung. Um eine Energiewende herbeizuführen braucht es mutige Politiker, einen starken Willen und viel Kapital. Ganz einfach ist das gewiss nicht. Praktisch bei jeder Regierungsbildung stellen Lobbyisten der Finanzindustrie die Forderung, dass es zuerst der (Finanz-)Wirtschaft gut gehen möge und erst in zweiter Linie den Menschen. Brüssel ist voll von Finanzlobbyisten und sie haben nicht den Auftrag, für das Wohl der Menschen zu sorgen. Geht's der Wirtschaft gut, dann werden wir schon sehen.

Deregulierung

Weg mit den Regeln! Regeln behindern die Wirtschaft, sie sind der Bremsklotz für den Fortschritt, behindern unsere Freiheit und vermindern oder zerstören den Profit und unser aller Wohlergehen. So tönt es von rechtsliberaler Seite. Auf der anderen Seite ist jede Zivilisation dadurch gekennzeichnet, dass sie sich Regeln für ein gedeihliches Zusammenleben gibt, an die sich alle halten mögen. Die Forderung nach Deregulierung kommt einer Forderung nach Einführung des Faustrechtes, des Rechtes des Stärkeren gleich. Wer Regeln vorgibt, hat Macht. Die Forderung nach Deregulierung ist nichts anderes als die Forderung, dass wir Menschen und demokratisch legitimierte Staaten die Macht an Konzerne und an die Finanzindustrie abgeben mögen. Die Demokratie soll entmachtet werden. Der Staat möge schwach sein. Der schwache Staat ist eine Kernforderung des Neoliberalismus.

Österreich hatte ein Ministerium für Verfassung, Reformen, Deregulierung und Justiz. Eine staatliche Institution zur Entmachtung des demokratischen Staates? Die erste Großtat des Ministers für die Nichtregulierung war die Abschaffung der Nichtgesetze, also jener Gesetze, die schon Jahrzehnte irgendwo schlummern und die niemandem aufgefallen sind. Vielleicht ist das eine gewisse seelische Befriedigung. Zumindest kommt der Minister nicht auf andere blödere Ideen. Eine spürbare Verbesserung der Lebensbedingungen in unserem Land ist bis jetzt noch nicht beobachtet worden. Mehr Klarheit bei den nicht benötigten Gesetzen? Aber wozu? Psychohygiene? Auch meine Tante Mizzi hat nach der Pensionierung ihren Keller zusammengeräumt. Sie wirkte danach richtiggehend erleichtert.

Die Forderung nach Deregulierung ist genial und ein Musterbeispiel für türkisen und blauen Populismus. Solange man nicht sagt, welche Regeln abgeschafft werden sollen, darf sich jeder jene Regeln zum Abschaffen aussuchen, die ihn besonders stören. Davon gibt es genug. Alle sind dafür. Zuallererst wurde das Rauchverbot abgeschafft. Dies haben sich aber nicht alle unter Deregulierung vorgestellt.

Schauen wir uns die Wirkung von ideologisch unverdächtigen Verkehrsampeln an. Schaltet man in einer Großstadt unvorbereitet alle Ampeln aus, erwartet man zurecht, dass der Verkehr zusammenbrechen wird. Ampeln verflüssigen den Verkehr und das im Sinne ziemlich aller Menschen. Leider nicht immer. Stellen Sie sich eine Ampel auf dem Buchauer Sattel vor, dort wo man zum Parkplatz der Grabneralm abbiegt. Hier von einer sinnvollen Regelung mittels Ampel zu sprechen, wäre ein Hohn, Schikane trifft eher zu. Auf dem Buchauer Sattel reicht die subjektive, örtliche Sicht des Verkehrsteilnehmers, um selbstverantwortet auf die Bundesstraße zu gelangen. In vielen Städten werden am späten Abend Ampeln abgeschaltet: Die lokale Sicht reicht. Hindert eine Ampelregelung den Verkehr oder verflüssigt sie ihn? „Kummt drauf an!" ist wohl die korrekte Antwort. Einem Autofahrer, der zur Stoßzeit in der Stadt vor einer roten Ampel steht, zu erklären, dass Ampelregelungen nichts als Schikanen sind, ist Populismus der übelsten Art.

Schon das Wort Deregulierung ist ein Musterbeispiel für perfekte Propaganda, für Desinformation und für die Verhöhnung der Menschen. Es gibt keine Nichtregel. Auch eine Nichtregel ist eine Regel. Wenn wir alle Verkehrsregeln abschaffen, heißt das wohl, dass wir die Regel einführen: Jeder fährt, wie er will. Auch nach dieser Regel entsteht eine Art Verkehrsfluss. Für wen diese Regel günstig ist und für wen nicht, ist eine andere Frage. Panzer und große Autos fahren in der Mitte einer Straße. Kein Nachrangschild hindert einen LKW, jederzeit über eine Kreuzung zu donnern. Der Stärkere hat Recht. Wird jemand überfahren, kann man nicht zum Richter gehen, es braucht keinen Staatsanwalt, kein Rechtssystem, keinen Rechtsstaat. Jeder hat Recht: Der Verunglückte und auch der mit 100 Sachen durch den Ort Rasende. Niemand hat eine Regel verletzt.

Der Brexit ist ein hervorragendes Beispiel dafür, dass die Nichtregel, also der ungeordnete Brexit, wie beim Ausschalten aller Verkehrsampeln zu vorhersehbarem Chaos führt. Ein Grenzübertritt einer Person oder einer Ware von der EU nach Großbritannien oder zurück ist auf jeden Fall regelkonform mit der Nichtregel. Auffassungsunterschiede zwischen den beiden Nichtvertragspartnern zur Interpretation der Nichtregel sind vorhersehbar eingetreten. Da hilft kein Backstopp.

Aufgabe einer Gesellschaft ist es keineswegs, alles zu regulieren oder gar nichts. Was meine Tante Mizzi zum Frühstück isst, muss nicht reguliert werden. Eine Gesellschaft möge viel Aufwand betreiben, um die richtigen Regeln zum Wohle aller Menschen zu finden. Das ist gewiss eine sehr komplexe Aufgabe für uns Menschen, insbesondere für unsere Politiker. Ganz besondere Aufmerksamkeit verdient dabei die Regelung der chaotischen, der reißenden und Wohlstand vernichtenden Geldströme. Derzeit ist das Kapitalverkehrsaufkommen viel zu hoch, es verstopft den Wohlstandsfluss. Kapitalverkehrsregeln einzuführen ist gar nicht schwer. Während Autofahrer bei roten Ampeln in Wut ausbrechen, ist es dem Kapital herzlich egal, ob und wie es reguliert wird. Zunächst wird man die Leerfahrten des Kapitals minimieren müssen. Riesige Mengen Geld oder Finanzprodukte zu kaufen und in der nächsten Nanosekunde wieder zu verkaufen, ist im Sinne des Allgemeinwohls absolut sinnlos. Spekulationen mit Währungen und lebenswichtigen Gütern, die einen großen Teil des Kapitalflusses ausmachen, sollten in jeder Zivilisation als Betrug strafrechtlich verfolgt werden. Unter vielen weiteren Möglichkeiten zur Zivilisierung des Geldflusses ist die Einführung einer Geldverkehrsabgabe zu nennen. Die Tobin-Steuer oder die Finanztransaktionssteuer hat den sympathischen Charme, dass kleine Geldströme praktisch nicht betroffen sind, schädliche reißende Kapitalströme jedoch gezähmt werden können. Das dann in friedlichen Bächen fließende Kapital kann zur Bewässerung unserer Wirtschaft als Investitionskapital verwendet werden. Wohin jeder einzelne sein persönliches Geldbächlein lenkt, bedarf keiner Regelung. Hier genügt die lokale Sicht. Und wo meine Tante Mizzi morgen essen geht, geht nun wirklich niemanden was an.

Wer macht die Regeln?

Klar, der Markt regelt alles! So ist das! Also doch eine Regulierung von neoliberaler Seite. In diesem Fall kommt es offenbar darauf an, wer die Regeln festsetzt und wer die Macht hat. Ein gewisser Herr Markt also möge kluge Regeln finden. Aber mit welchem Ziel? Was soll herauskommen? Die Aussage mag ja stimmen. Wenn man den Herrn Markt alles regeln lässt, dann regelt Herr Markt eben alles. Irgendetwas kommt ganz bestimmt heraus. Man sollte allerdings im Auge behalten, dass das, was die Regeln des Herrn Marktes bewirken, nicht immer im Sinne von uns oder dem Gemeinwohl ist. Ich schlage vor, dem Markt diese Verantwortung zu entziehen. Wir Menschen sollten demokratisch gut organisiert die Verantwortung für intelligente Regeln für unser Zusammenleben übernehmen. Der Spruch „Der Markt regelt alles" deutet auf die Diktatur der Verantwortungslosigkeit hin. Wenn was schiefgeht – ich war's nicht, es war der Markt. Der Spruch heißt wohl auch: „Hey Leute, Staat oder Gewerkschaften, mischt euch nicht ein. Regeln schaffen ist unsere Angelegenheit".

Regeln für unsere Lebenszeit

Die durchschnittliche Lebenserwartung ist in unseren Breiten bei mehr als 80 Jahren oder bei etwa 30.000 Tagen. Bei so viel Lebenszeit kann man schnell den Überblick verlieren. Wir brauchen eine übersichtlichere Einteilung für unser Leben, wir brauchen Regeln dafür, wann wir arbeiten, wann wir miteinander feiern, wann wir rasten, wann wir uns den Freundinnen widmen, wann wir gemeinsam Urlaub machen. Ohne Regeln kommen wir nie zusammen, wir rennen aneinander vorbei. Schon früh haben kluge Menschen versucht, Kalender zu schaffen, um eine grobe Einteilung unseres Lebens zu erhalten. Jahr, Monat und Tag bilden seit damals eine naturgegebene, errechenbare Regelung unserer Lebenszeit. Die Erde braucht einen Tag, um sich um die eigenen Achse zu drehen, der Mond an die 29 Tage für eine Umkreisung der Erde, und die Erde benötigt 365 Tage und ein bisschen was für die Reise um die Sonne herum. Diese natürliche Einteilung unserer Lebenszeit müssen wir nicht verantworten, sie ist quasi vorgegeben. Es bedarf einer genauen Messung und einer Vereinbarung unter Menschen, ob wir uns eher nach dem Mond oder nach der Sonne richten wollen. Für unser ausdifferenziertes Leben ist diese Einteilung leider etwas zu grob. Wir brauchen eine selber gemachte feinere Einteilung in Minuten, Stunden und Wochen, um zu einem passablen Rhythmus für unser Leben zu kommen.

Im biblischen Schöpfungsbericht geht es nebenbei auch um eine von Menschen gemachte Wocheneinteilung. Es wird nahegelegt, dass sechs Tage zu arbeiten und einen Tag zu ruhen für uns Menschen einen vernünftigen Rhythmus ergeben. Praktisch alle Kulturen haben einen von Menschen geschaffenen Wochenrhythmus von sieben Tagen. Die Einteilung hat sich bewährt. Es bleibt Zeit für gemeinsame Arbeit, für gemeinsame Freizeit, für einen Familienausflug, für gemeinsames Feiern und für gemeinsame Ausübung von Religion.

Seit Ausbruch des Neoliberalismus ist die Wochenregelung heftigsten Angriffen ausgesetzt. Unser Rhythmus müsse sich der Geschäftemacherei unterordnen. Es soll keinen Unterschied ausmachen, ob gerade Sonntag ist oder Mittwoch. Der Markt verlange das und die Globalisierung sowieso. Maschinen brauchen keine Wochenendruhe. Wir können uns den Luxus von stillstehenden Maschinen und auf die

Berge wandernden Familien nicht mehr leisten. Wenn wir uns nicht nach diesen universalen Kräften richten, die vergleichbar mit der Erdumdrehung sind, droht uns der wirtschaftliche und soziale Untergang. Die Freiheit der Menschen müsse sich der Produktivität der Maschinen und der Globalisierung unterordnen. Es sei ökonomisch höchst unvernünftig, sich Naturgewalten zu widersetzen. Dass wir sogar unsere Zeit der Geschäftemacherei unterordnen müssten ist bereits tief in unser Bewusstsein eingedrungen.

Die türkis-blaue Regierung ist dieser Naturgewalt sehr rasch gewichen. Sie hat ein neues Gesetz zur „Flexibilisierung" der Arbeitszeit durchgeboxt, bei dem die Mitbestimmung von Betriebsrat und der betroffenen Menschen stark eingeschränkt wird. Die Regierung mache nur das, was ohnehin Faktum sei. Schließlich können wir gewöhnlichen Menschen auch nicht mitbestimmen, wie lange die Erde benötigt, um sich einmal um die eigene Achse zu drehen. Das Gesetz hat eine ausgesprochene Schieflage. Flexibilität, also Biegsamkeit wird nur einseitig von den Arbeitnehmerinnen verlangt. Sie müssen praktisch jederzeit bereit sein, 12 Stunden pro Tag und 60 Stunden in der Woche zu arbeiten. Wann die Arbeitnehmerin den eins zu eins Zeitausgleich beanspruchen darf, ist nicht geregelt. „Und morgen bleibe ich daheim, Herr Chef! Seien Sie doch flexibel!" ist nicht im Gesetz verankert. Auch ein derartiges Gesetz ginge an der Realität vorbei. In gut funktionierenden Unternehmen werden Dienstpläne im Einvernehmen ausgehandelt, ob es sich um eine Viertagewoche handelt oder um einen Wochenenddienstplan. Dienstzeiten sollten für beide Seiten so gut wie möglich planbar sein. Für Unvorhersehbares braucht es beiderseitige Flexibilität. Das neue Gesetz zielt auf eine Schwächung der Mitbestimmung ab, einem der wesentlichen Ziele neoliberaler Wirtschaftspolitik.

Eine Gesellschaft, die sich der Zivilisation und dem Wohl aller verpflichtet fühlt, muss Anreize setzen, dass Menschen gemeinsam feiern, rasten und Kulturarbeit leisten können. Es braucht Anreize, dass die Menschen die Freiheit erhalten, ihre eigene Zeit zu regeln. Es könnte die Industrie anspornen, die Reißnägel nicht am Sonntag zu produzieren. Notwendige Überstunden und Wochenendarbeit etwa in der Gastronomie sollen gut entlohnt werden, einerseits durch ein höheres Gehalt, andererseits durch eine steuerliche Entlastung der Arbeit. Der Staat möge stattdessen das Kapital einladen, einen höheren Beitrag für das Gemeinwohl zu erbringen. Menschen, die gerne am Sonntag zum Essen ausgehen, sind sicherlich bereit, fürs Schnitzerl am Sonntag einen höheren Preis zu zahlen, damit der Wirt nicht zusperren muss und der Kellnerin trotzdem einen respektablen Sonntagszuschlag ausbezahlen kann. Wenn schon am Wochenende und in der Nacht gearbeitet werden soll, dann soll sich das auch in der Geldbörse der Arbeitenden inklusive dem Wirten auswirken. Aber solche Regelungen müssen wir alle, also der Staat für alle treffen und nicht in individuellen Verhandlungen mit schlechter Verhandlungsposition für die Arbeitnehmer. Dann können die Wirte einen fairen Wettkampf austragen, wer denn die köstlicheren Speisen von gut bezahlten Mitarbeiterinnen zubereiten kann.

Der freie Markt

Ich kann der freien Marktwirtschaft viele positive Seiten abgewinnen. Die Bäuerin auf dem Kaiser-Josef-Platz schätzt Angebot und Nachfrage ab und setzt den Preis fest. „Nehmen'S das Randstückerl auch noch. Ich geb's Ihnen billiger". Diese Preisfestsetzung macht sie aus freien Stücken und unaufgefordert. Kein Vierjahresplan, kein Staat, nur sie allein, zum eigenen Wohl und für mein Wohl. Und wenn sie aus freiem Willen beschließt, im nächsten Jahr weniger Erdäpfel anzubauen und dafür mehr Gurken, weil sie die Erdäpfel nicht mehr loskriegt, finde ich die freie Marktwirtschaft total in Ordnung. Wenn die Blumenfrau beschließt, ihren Blumenstrauß teurer zu verkaufen, weil ihrer viel schöner ist als der der Nachbarin – freie Marktwirtschaft pur! Wenn der Autobauer sein Auto heuer teurer verkauft und das Restaurant sein Mittagsmenü heute verschenkt – nur zu. Hier scheint der Markt im Sinne aller zu funktionieren. Käufer und Verkäufer handeln unabhängig voneinander und ohne Zwang. Der potenzielle Käufer kann das Angebot annehmen oder ablehnen, ohne Gefahr zu laufen, zu verhungern. Freier Markt also. Die Blumenstraußverkäuferin meint: *Unter 20 geht gar nichts*, der potenzielle Käufer kauft dann doch lieber die Papierblumen. Sie seien auch schön und halten länger, insbesondere, wenn man sie von Zeit zu Zeit abstaubt. Wir halten fest:

Der Markt regelt genau nichts, die Blumenverkäuferin, die Bäuerin, die Autohändlerin bestimmen den Preis. Die Käuferin beschließt zu kaufen oder es eben sein zu lassen. Alles ganz frei. Ich muss gestehen, ich bin ein totaler Fan der freien Marktwirtschaft. Aber wirklich nur der ganz, ganz freien Marktwirtschaft, wo jeder Beteiligte, der Produzent wie der Konsument, der Käufer wie der Verkäufer, der Arbeiter wie der Unternehmer aus freien Stücken handeln. Ohne Zwang und Erpressung werden Preise gebildet und Löhne ausgehandelt. Jeder darf nein sagen, ohne unterzugehen oder zu verhungern. So weit so gut, aber leider ist das nur ein kleiner Teil des Marktgeschehens.

Erpressung und Zwang

Auf dem nicht mehr ganz so freien Markt regieren Zwang, Erpressung, schamloses Ausnützen von Notsituationen, chaotische Preisverläufe und Faustrecht. Zwang führt zu Erpressung oder halt zu einer Handlungsweise, die in jedem zivilisierten Staatswesen als Tatbestand der Erpressung strafrechtlich zu verfolgen wäre. In neoliberal dominierten Ländern gilt diese Art von Erpressung noch als besonders ökonomisch kluge und legale Handlungsweise. Im Zuge der Finanzkrise ist es in den USA zu zehntausenden Zwangsversteigerungen gekommen. Die Betroffenen haben inzwischen Quartier unter den Brücken bezogen. Es wird berichtet, dass so manches ersteigerte Objekt mit hohem Gewinn weiterverkauft wurde.

In „Die Zeit" vom 24.3.2016 lesen wir, dass ein gewisser Herr Martin Shkreli mit seiner Firma „Turing" die Rechte an einem 60 Jahre alten Medikament namens Daraprim kaufte. Dann hob Shkreli den Preis des Mittels praktisch über Nacht von 13,50 Dollar auf 750 Dollar pro Pille an – um obszöne 5.500 Prozent. Käufer des Medikaments haben leider keine Wahl. Sie müssen kaufen oder halt sterben.

Käufer von Treibstoff oder Heizmaterial sind nicht wirklich frei. Sie haben die Wahl, zu Hause zu bleiben und zu frieren oder sehr unfreiwillig den höheren Energiepreis zu zahlen. Der „freie" Energiemarkt regelt die Preise immer so, dass ein fetter Gewinn für den Energiekonzern übrigbleibt. Glauben Sie an den freien Energiemarkt?

Wegen des hohen Angebots an Arbeitskräften regelt der Arbeitsmarkt die Löhne nach unten. Menschen in einigen US-Geflügelkonzernen müssen Windeln tragen, um die Produktivität zu steigern. Die Arbeiterinnen haben die Wahl, halb zu verhungern oder die prekären Arbeitsverhältnisse zu akzeptieren. Von freiem Markt kann hier nicht die Rede sein. Ausbeutung und Erpressung wären zutreffendere Ausdrücke. Die zurzeit äußerst beliebte Erhöhung des Pensionsantrittsalters schwemmt ältere Menschen auf den sehr unfreien Arbeitsmarkt. Die Preise für Arbeit fallen weiter. Menschen haben die Wahl, eine Karriere als Sozialhilfeempfänger zu starten oder unter prekären Arbeitsbedingungen eine Arbeit anzunehmen. Wo ist er, der freie Arbeitsmarkt? Die türkis-blaue Regierung drängte Arbeitssuchende massiv, jede noch so unmenschliche und entwürdigende Arbeit anzunehmen. Wie schön wäre doch ein freier Arbeitsmarkt!

Auch beim Wohnen kommt der Interessenskonflikt deutlich hervor. Während die Eigentümer von Zinshäusern, Grundstücken oder Anlegerwohnungen nach hohen Preisen für Miete und Verkauf streben und keinesfalls verkaufen oder vermieten müssen, weil sie üblicherweise über einen gut gefütterten Geldpolster verfügen, müssen alle Leute irgendwo wohnen, wenn sie nicht unter der Brücke landen wollen. Wir haben es mit einer klassischen Erpressungs- und Zwangssituation zu tun. Ein Nichteingreifen des Staates müsste in jeder Zivilisation als strafbare Beihilfe zu Erpressung und Legitimierung des Faustrechts gelten. Eine fortschrittliche, also progressive Grund- und Immobiliensteuer könnte Spekulation eindämmen und somit eine preisdämpfende Wirkung entfalten und das Gemeinwohl befähigen, hinreichend Kapital in den Wohnbau und in die Sanierung von Wohnungen zu investieren. Tante Mizzi und die kleinen Haus- und Wohnungsbesitzer wären von einer solchen Steuer nicht betroffen. Wer aber viel Grund und (leerstehende) Immobilien besitzt, ist eingeladen, einen hohen Betrag dem Allgemeinwohl zur Verfügung zu stellen. Dass Anlageberater zum Kauf von Grundstücken und Immobilien raten und Großanleger, wie Renten- und Immobilienfonds, den Menschen vor der Nase Wohnraum wegkaufen, sollte der Vergangenheit angehören. Eine progressive Grund- und Immobiliensteuer reduziert die Motivation, Grundstücke als Anlagegegenstand zu verwenden und Immobilien als Anlage zu bauen und führt zu weniger Nachfrage nach Immobilien und auch zu niedrigeren Preisen. Der Staat kann mit den Mehreinnahmen einer solchen Steuer einerseits Sozialwohnungen bauen und andererseits andere Steuern senken, sodass den jungen Menschen mehr Geld im Sackerl bleibt und sie so motiviert sind, selber ein Haus zu bauen oder eine (nun billigere) Wohnung zu kaufen oder zu renovieren. Statt mit (auch leerstehenden) Immobilien zu spekulieren werden Häuser gebaut, um darin zu wohnen. Das ist Motivation genug, Wohnungen zu bauen und Häuser zu renovieren.

KAPITEL 5

PREISBILDUNG – WUNDERFORMEL ODER CHAOS

Preisbildung als Naturschauspiel

Preisbildung ist einer der zentralen Hebel in Wirtschaft und Politik. Preisbildung ist Machtsache. Wer Preise und Löhne bilden kann, hat's gut.

WER legt WELCHE Preise WIE und zu WELCHEM Zweck fest?

Diese Frage sollte in der Öffentlichkeit im Zentrum stehen. Soll der Staat, die Gewerkschaft, soll die Umwelt ein Mitspracherecht bei der Bildung von Preisen und Löhnen haben? Wie lange soll ein Preis gelten? Sollen Preise niedrig oder hoch sein? Je nach Standpunkt werden die Antworten unterschiedlich ausfallen. Berechnen Sie die Preise vom Standpunkt des Käufers oder des Verkäufers? Sind Sie Gehaltsempfänger oder Gehaltszahler? Eine Generalformel ist nicht zu erwarten. Ein ehrliches und offenes Ringen um einen gesellschaftlichen Konsens und eine erpressungsfreie Preisbildung wären wünschenswert.

Es lohnt sich, die neoliberalen Positionen näher zu betrachten, zu analysieren und sie vielleicht sogar zu verstehen. Betrachten wir also Preisbildung im Hinblick auf Geschäftemacherei, auf einen schwachen Staat und auf Verantwortungslosigkeit. Aus dieser Sicht ist der Preisbildungsprozess sehr einfach. Der Staat, also wir alle, und die Umwelt mögen sich nicht in diesen sensiblen Prozess einmischen. Das stört die Geschäftemacherei gehörig. Preisbildung ist nach dieser Sichtweise eine Art Naturschauspiel, dem wir tatenlos zusehen können. Ein Ereignis, das wir beschreiben und bestaunen können wie die Narzissen auf dem Grabnerstein. Preise werden von gottgleichen Wesen auf uns herabgeschleudert. Diese Sichtweise ist in den letzten dreißig Jahren zur Selbstverständlichkeit geworden und in unsere Gehirne eingedrungen. Ich möchte bescheiden darauf hinweisen, dass diese Blickrichtung nicht die einzige ist. Ich bin überzeugt, dass es etwas mehr als unendlich viele andere Sichtweisen gibt. So manche davon könnten uns motivieren, den reinen Beobachtungsstandpunkt zu verlassen und gestalterisch in den Preisbildungsprozess zum Zwecke der Maximierung des Wohlstandes für alle einzugreifen.

Preisbildung und Markt als Naturschauspiel darzustellen, ist eine außerordentliche Meisterleistung neoliberaler Propaganda. Man könne wertfrei und objektiv das Verhalten von Preisen und Märkten studieren. Man versuche sie zu verstehen und in geeignete Formeln zu kleiden, um vielleicht sogar Prognosen errechnen zu können. Ganz analog der Physik, die uns wertfreie und objektive Formeln liefert zur Berechnung der Bahnen der Gestirne oder des freien Falles eines Fußballs. Vermutlich stammt die Vorstellung aus dem Beginn des 18. Jahrhunderts, als man noch optimistisch an den Laplace'schen Dämon glaubte, an eine Formel, mit Hilfe derer man alles berechnen könne, sogar das Verhalten von Menschen. Heutzutage ist man klüger. Man weiß, dass dies nicht möglich ist: Leider oder Gott sei Dank.

Die Preisbildungsweltformel

Auch wenn kein gültiger Algorithmus für die Preisbildung zu erwarten ist, der Mensch sucht nach Ordnung, Struktur und halbwegs vorhersehbarem menschlichem Verhalten, auch bei der Preisbildung. Wir kommen auf die Altmeister der Volkswirtschaft zurück, auf Adam Smith und David Ricardo. In Wikipedia ist zu lesen:

Versuche, zu bestimmen, wie Angebot und Nachfrage zusammenhängen, nehmen ihren Ursprung im Buch „Der Wohlstand der Nationen" von Adam Smith, das erstmals 1776 veröffentlicht wurde. In diesem Buch ging Smith davon aus, dass die Nachfrage zwar vom Preis des Gutes abhänge, jedoch umgekehrt keine Beeinflussung des Preises von der Nachfrage existiere. David Ricardo veröffentlichte 1817 das Buch „Principles of Political Economy and Taxation", in dem die erste Idee eines ökonomischen Modells vorgeschlagen wurde. In ihm legte er die Grundgedanken der Annahmen dar, die zur Bildung der Theorie des Gleichgewichtspreises führten.

Die Theorie des Gleichgewichtspreises wurde später weiterentwickelt, die Grundidee blieb erhalten. Im Modell zur Bildung von Preisen sind Angebot und die Nachfrage besonders wichtige Faktoren. Die neuen Preise hängen von den alten Preisen, von den alten Angeboten und von den alten Nachfragen ab. Eine vereinfachte Formel für die Zeitreihe könnte prinzipiell so aussehen:

$$P_n = f(A_a, N_a, P_a)$$

Also, der neue Preis ist eine Funktion des alten Angebots, der alten Nachfrage und des alten Preises, wobei f irgendeine Formel ist. Gesucht ist der optimale Preis, bei dem Angebot und Nachfrage im Gleichgewicht sind.

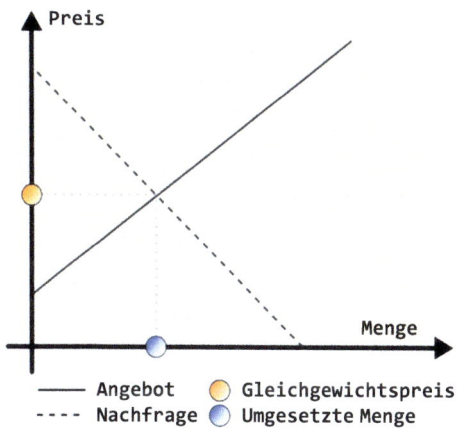

Abbildung 7: Wie entsteht der vermeintlich optimale Preis?

Jede Studentin der Wirtschaftswissenschaften muss diese Optimierungsaufgabe im Schlafe lösen können. Der „richtige" Preis ist jener, der den Markt „leerräumt", wo alles verkauft wird und jede Nachfrage zufriedengestellt wird. Damit das System samt Lösung „freundlich" und lösbar bleibt, muss man allerdings annehmen, dass der Kreis der gegenseitigen Abhängigkeiten durchbrochen wird, dass etwa der Preis nicht von der Nachfrage abhängt. Solche Annahmen sind allerdings völlig unrealistisch.

Die Möglichkeiten für zirkuläre Abhängigkeiten sind groß. Neue Preise können Änderungen bei Angebot und Nachfrage bewirken. Angebot und Nachfrage sind vom Preis abhängig. Möglicherweise sind Nachfrage und Angebot voneinander abhängig. Der Anbieter ist eventuell gar nicht frei, sondern muss verkaufen. Oder aber der Käufer ist gezwungen zu kaufen. Das führt zu gegenseitigen nichtlinearen Abhängigkeiten. Gibt es aber gegenseitige Abhängigkeit, dann hat man es mit einem nichtlinearen Gleichungssystem zu tun. Wie man aus der Chaostheorie weiß, ist Nichtlinearität die Keimzelle von chaotischem Verhalten. Wie immer obige Formel ausgestaltet ist, derartige Zeitreihen zeigen chaotisches Verhalten, wie es auf den Finanzmärkten zu beobachten ist.

Abbildung 8: Chaos am Aktienmarkt

Preise, die im Bereich von Nanosekunden sich ändern und oszillieren, sind Zeichen von Chaos, nicht aber Signale von Vernunft im Sinne des Gemeinwohls. Das chaotische Verhalten der Aktienkurse, der Wechselkurse und der Kurse irgendwelcher Finanzprodukte können Sie täglich verfolgen. Sie haben absolut nichts mit den realen Werten eines realen Unternehmens zu tun. Sie haben nichts zu tun mit dem Angebot an Erdäpfeln und dem Hunger der Menschen. Weder der

Hunger noch das Angebot von Erdäpfeln ändern sich sprunghaft. Auch der Wert eines Unternehmens ändert sich nicht im Nanosekundentakt, so schnell kann niemand eine ernsthafte Bewertung von Unternehmen vornehmen. Wir sind bei der Normalität in der Finanzwelt angekommen, beim Chaos. Auf der einen Seite schnellen die Preise für gewisse Finanzprodukte in die Höhe, auf der anderen Seite oszillieren die Preise für Arbeit, also die Löhne, und die Preise von kleinen Produzenten irgendwo um den Nullpunkt.

Adam Smith und David Ricardo haben sicher nichts von Chaostheorie gewusst und dass oft schon sehr kleine Änderungen und Abhängigkeiten zu unvorhersehbarem Chaos führen können. Wahrscheinlich sind sie auf einen Bauernmarkt gegangen, wie dem auf dem Kaiser-Josef-Platz in Graz, und haben dort Preise, Angebot und Nachfrage beobachtet, die unabhängig voneinander sind und freundliches Verhalten zeigen. Smith und Ricardo konnten nicht ahnen, dass heutzutage Preisbildung, Angebot und Nachfrage ineinander verwoben und verwurstelt sind, und der wirklich freie und unabhängige Markt nur mehr im Randbereich der Wirtschaft existiert. Ein Großinvestor kauft eine ganze Ernte auf. Er ist Anbieter, Nachfrager und Preisbildner zugleich. Marktversagen! Der Anbieter pumpt Milliarden ins Marketing, damit wir um teures Geld seine wertlose Ware kaufen, die sonst niemanden interessieren würde. Der Anbieter drängt uns zum Kauf. Schon wieder Marktversagen.

Am Beginn der Industrialisierung lebend waren Smith und Ricardo Zeugen von beginnendem Wohlstand für wenige und von unglaublichem Elend und von tödlichem Mangel für die Massen. Sie lebten in einer Zeit, in der Potentaten eigenmächtig Preise festsetzten. Es gebührt den beiden größter Respekt, die Macht der Potentaten und den Glauben der Menschen an die totale Autarkie ein wenig erschüttert zu haben. Sie haben damit wichtige Beiträge zum Fortschritt der Menschheit geliefert. Gewiss analysierten Smith und Ricardo mit scharfem Verstand die Welt, in der sie lebten. In diesem Kontext ist es nicht verwunderlich, dass sie Angebot, Nachfrage und Preisbildung als Naturphänomene betrachteten, die es zu studieren galt. Es ist ihnen nicht zu verdenken, dass sie, von Elend umgeben, das Ziel verfolgten, den Handelsumfang und die gehandelte Menge der Produkte zu maximieren. Dieses Bestreben kommt in der Theorie des Gleichgewichtspreises

Abbildung 9: Das natürliche Gleichgewicht

zum Ausdruck. Noch heute ist diese Theorie das Non-Plus-Ultra des Wirtschaftslebens.

Hier beginnt der Marktfundamentalismus. Statt diese „Theorie" des Gleichgewichtspreises als interessantes historisches Phänomen ins Museum zu stellen und so zu würdigen, wird noch immer reale Wirtschaftspolitik nach diesem 200 Jahre alten Modell gemacht.

Niedrigere Preise, wozu?

Vom Standpunkt der neoliberalen Geschäftemacherei sind niedrige Preise für Verbrauchsgüter und für Arbeit gut, während hohe Preise bei Anlagegütern erstrebenswert sind. Wie geht es Ihnen mit den niedrigen Preisen? Freuen Sie sich oder wird Ihnen bange? Freuen Sie sich über Preisverfall oder über eine Wertsteigerung? Ich habe mich auch noch nicht entschieden. Im Dienstleistungsbereich verfliegt die Freude über niedrige Preise sehr rasch. Wenn etwa meine Friseurin ganz schlecht verdient, kann sie nicht mehr ins Kaffeehaus gehen, die Kellnerin wird gekündigt, weil das Geschäft nachlässt und die Kellnerin kann sich jetzt mein Buch nicht mehr leisten. Fachleute nennen derartige Phänomene Abwärtsspirale. In letzter Zeit haben wir Derartiges in Griechenland und in Ost- und Südeuropa erste Reihe fußfrei beobachten dürfen. Unsere Finanzminister und Börsenhaie haben das nicht verstanden oder nicht verstehen wollen. Sie haben ständig von Hausaufgaben gesprochen, die andere zu erledigen hätten. Jetzt gibt es viel mehr junge Griechen, Portugiesen oder Rumänen in ganz Europa, dafür weniger in Griechenland, Portugal oder Rumänien. Ich plädiere für gut bezahlte Kellnerinnen, Friseure, Krankenpfleger und Lehrerinnen usw. Ihre Dienstleistungen dürfen ruhig mehr kosten. Da kann man nicht einmal mit Abwanderung drohen. Ich zweifle sehr, dass unsere Friseure und Altenpflegerinnen ihre „Produktion" nach Ungarn oder Kasachstan auslagern wollen.

Ganz anders wird in einer Bertelsmann Studie argumentiert. Dort führen niedrige Preise durch eine Art Zauberei fern von wissenschaftlicher und rational nachvollziehbarer Argumentation zu mehr Wachstum und mehr Beschäftigung.

The increase in export demand triggered by the reduction of trade costs leads to more hiring by companies, which directly causes the unemployment rate to fall. At the same time, this causes consumption of goods to rise domestically, based on the higher number of people working, which again causes more demand for imports from other TTIP member countries. These positive spillover effects in the general equilibrium with consideration for trade intertwining between countries reinforce the pure reduction of trade costs.

Das wahre und einzige ökonomische Perpetuum Mobile erster Art. Mit diesem Modell – sicher das allermodernste –, kann man exakt 181.092 zusätzliche Arbeitsplätze für das Jahr 2027 für Deutschland vorhersehen, wie etwa in der Studie berechnet wird. Also, weil wegen niedriger Handelshemmnisse die Gurken billiger werden, stellt die Softwarefirma „ProgrammierNix" zusätzliches Personal ein, wodurch die Arbeitslosigkeit sinkt. Dieses zusätzliche Personal konsumiert jetzt ebenfalls Gurken, aber auch Hamburger aus anderen Staaten, wodurch die Handelskosten sich wieder reduzieren, dann kommt wieder zusätzliches Personal, welches noch mehr Gurken isst, … Alles klar? Falls Sie es nicht verstanden haben, Gratulation. Sie haben es doch verstanden. Es geht um ökonomischen Voodoo-Zauber.

Preisbildung als politischer Wille

Ich möchte Sie wahrscheinlich überflüssigerwiese davon überzeugen, dass Wirtschaft im Allgemeinen und Preisbildung im Besonderen ausschließlich menschliches Verhalten sind. Ich bin zu dieser Überzeugung gelangt, weil trotz intensiver Recherchen mir noch kein einziger Fall untergekommen ist, wo etwa Preise oder Löhne vom Himmel gefallen wären, wie der warme Mai-Regen auf die Wiese. Jeder Preis, jedes ökonomische Handeln ist von Menschen zu verantworten. Und wir alle sollten uns diese Verantwortung nicht von neoliberaler Seite wegverhandeln lassen. Das heißt nun nicht, dass sich Menschen nicht Regeln und Algorithmen schaffen, nach denen die Preise gebildet werden.

Bei den Teppichhändlern an der Seidenstraße in Samarkand etwa war es üblich, dass man sich stundenlang im wunderschönen Basar bei Tee und Wasserpfeife unterhalten hat. Und wie es denn so gehe in Ägypten, in China oder Persien und ob in Indien auch Seide produziert werde. Samarkand hat geblüht, obwohl die Preisbildung so lange gedauert hat. Oder die Marktfrau am Kaiser-Josef-Platz. Sie hat es sich zur Regel gemacht, dass sie das Randstückerl billiger gibt, wenn es schon spät ist. Wie der Teppichhändler in Samarkand optimiert die Marktfrau nicht den Preis, sondern ihr Wohlbefinden. In Zeiten von absoluter Herrschaft haben Feudalherren, die kleinen und großen Diktatoren, die Könige, Kaiser, die Bischöfe und Päpste sich an die Regel „Ich bestimme und basta!" gehalten.

Welche Werthaltung, welche Ethik- oder Moralvorstellungen wir heute unserem Preisbildungsprozess zugrunde legen, sollten wir uns in einer demokratischen Gesellschaft gut überlegen. Ricardos Modell, gemäß dem der Umsatz maximiert werden soll, liefert keine vernünftige Handlungsanweisung. Ich möchte ein bisschen Werbung dafür machen, dass in einem demokratischen Prozess alle Betroffenen am Preisbildungsprozess teilnehmen können, und somit Macht haben. Ziel sollte es sein, dass die erzielten Preise und Löhne den Arbeits-

und Ressourcenaufwand abbilden. Preise und Löhne sollen allen Beteiligten ein würdiges Leben ermöglichen und alle dazu anregen, mit menschlichen und materiellen Ressourcen intelligent umzugehen.

WER bildet Preise?

Wir sind bei der zentralen Frage angelangt. Es geht um Macht. Preisbildung ist Machtsache! Nachdem die Macht vom Volke ausgeht, möchte ich Sie überzeugen, dass Preisbildung Sache des Volkes ist. Wir ganz gewöhnlichen Menschen, meine Tante Mizzi, all die Freunde, die Grabneralmwanderer, der Bürgermeister, ja sogar unsere demokratisch gewählten Vertreter, die Gewerkschaften und Konsumentenschützer, die Umwelt, der Staat und seine Organe, die Unternehmer und Wirtschaftstreibenden: All diese Leute mögen sich voll Eifer am Preis- und Lohnbildungsprozess beteiligen, wenn sie betroffen sind.

Leider reicht oft die lokale Sicht nicht, um Preise intelligent bilden zu können. Manche Preise sollten auf privater, manche auf Gemeindeebene gebildet werden, wieder andere im Bundesland, in der Republik, in der EU, auf der Weltebene. Das kann man sich ja in aller Ruhe ausschnapsen. Wie Devisenkurse gebildet werden, das sollte Sache der beiden betroffenen Länder sein, das sollte man nicht den Spekulanten überlassen. Gesellschaften mögen weise Menschen beauftragen, in guten Verhandlungen Wechselkurse festlegen und diese auch verantworten. Wieviel es kostet, mit stinkenden LKWs die Luft zu verpesten und Lärm zu verbreiten, kann leider meine Tante Mizzi auch nicht bestimmen. Aber die Gesellschaft und der Staat, also wir alle, sollten uns lenkende Preise einfallen lassen. Unerwünschtes Handeln soll teuer sein, wünschenswertes Handeln möge belohnt werden.

Alle an der Erzeugung eines Produktes Beteiligten, inklusive der Umwelt mögen gut bezahlt werden. Stellvertretend für die Umwelt kassiert der Staat einen Anteil am Produkt. In langen Verhandlungen auf Augenhöhe kommt sicher ein vertretbarer Preis zustande. Die Entlohnung für das Kapital kann man in einer Zivilgesellschaft auf 0% Rendite fixieren. Bei dieser Kapitalschwemme ist das absolut kein Problem. Man müsste allerdings Spekulation und Derivatehandel so gestalten, dass sie ein sicheres Verlustgeschäft sind, um das Kapital in reale Investitionen mit 0% Rendite locken zu können.

Eine der zentralen Forderungen des Kapitalismus und des Kapitalismus der neoliberalen Art ist es, dass sich der Staat nicht in die Preisbildung einmischen sollte, weil eine Einmischung den Wohlstand und überhaupt die ganze Wirtschaft eines Landes störe oder zerstöre. Ganz gewiss ist es nicht ratsam, wenn ein Staat, ein großer oder kleiner Diktator, ein absoluter Herrscher, wie etwa Ludwig XIV. willkürlich Preise festsetzen. Ein Gemeinwesen kann aber gar nicht nicht in die Preisbildung eingreifen. Ob ein Staat Arbeit hoch besteuert oder niedrig, ob der Staat ein Produkt oder eine Dienstleistung hoch besteuert oder niedrig, oder gar keine Steuer einhebt oder vielleicht sogar mit öffentlichen Geldern subventioniert: Alles ist ein massiver Eingriff des Staates in die Preisbildung. Die Nichtbesteuerung von Kerosin, die Nichtbesteuerung von Finanzprodukten, die Nichtbesteuerung von Internetkonzernen, die Nichtbesteuerung von Produkten, die unter unmenschlichen Bedingungen hergestellt werden, sind gleichfalls massive Eingriffe des Staates in die Preisbildung. Entscheidend ist, ob ein Staat demokratisch legitimiert ist und wie der Eingriff erfolgt. Ökologische Besteuerung ist ein Gebot der Stunde, damit eine begründete Aussicht bestehen kann, dass die Menschheit überlebt.

Ein fairer Preis- und Lohnbildungsprozess

Im Preis- und Lohnbildungsprozess sitzen sich üblicherweise zwei Interessensgruppen gegenüber: Der Verkäufer und der Käufer, der Produzent und der Konsument, der Lohnempfänger und der Unternehmer, der Unternehmer und der Investor, der Staat und der Steuerzahler. Gemäß neoliberaler Glaubenslehre befinden sich diese Interessensgruppen in ständigem Wettbewerb und streben sich ausschließende Ziele an. So möchte der Käufer wenig zahlen, der Verkäufer viel verdienen, der Boss möchte wenig zahlen, der Hackler viel verdienen.

Weiters besagt die neoliberale Glaubenslehre, dass man diese Gruppierungen allein sich diesen Wettbewerb austragen lässt, möglichst ohne lästige Regeln, ohne Schiedsrichter. Erwachsene Menschen können gut für sich sorgen, heißt es. Die totale wirtschaftliche Freiheit also. Nur so komme dann das Beste für alle heraus. Der Neoliberalismus beruft sich auf die unsichtbare Hand oder auf irgendeine Göttin, die immer alles zum Guten lenkt. Das hat sich leider als Irrtum erwiesen. Wucherpreise und Schandlöhne, Erpressung von Produzenten durch Handelsketten, Erpressung von Arbeiterinnen und Politikerinnen durch Konzerne, Erpressung von Unternehmern durch die Finanzindustrie, Faustrecht. Seit Ausbruch des Neoliberalismus verschärft sich der Kampf und der Stärkere gewinnt. Schon seit Margaret Thatcher und Ronald Reagan ist es das wichtigste Ziel des Neoliberalismus, Gewerkschaften, Vertreter des „kleinen Mannes" und Helfer bei Lohnverhandlungen zu schwächen. Die neoliberale Propaganda spricht von Eigenverantwortung, die die Reinigungskraft zu übernehmen hätte, wenn sie dem Big Boss bei ihrer Lohnverhandlung allein gegenübersitzt.

Vor Jahren war meine Tante Mizzi in einen Lohnverhandlungsprozess involviert. Der Chef der Putzfirma hat die Verhandlung mit einem: „Arbeiten'S für diesen Lohn oder nicht? Draußen warten hundert andere" eröffnet. Meine Tante ist gewiss nicht auf den Mund gefallen. Sie hat extra den Kurs „Wie verhandle ich richtig und eigenverantwortlich" besucht und ein neues Kleid für die Verhandlung angezogen. Sie hat dann keine Gehaltserhöhung erhalten, sondern ist aus der Firma geflogen, weil sie sich ungebührlich verhalten hat. Sie konnte einfach den Mund nicht halten. In zivilisierten Ländern müssten solche Lohnverhandlungen den Tatbestand der Erpressung darstellen. In neoliberalen Ländern heißt so ein Vorgang Wettbewerb oder freier Markt, den man nicht stören darf. In Österreich hat die türkis-blaue Regierung mit dem Gesetz zur „Flexibilisierung der Arbeitszeit" einen wichtigen Beitrag zur Erpressbarkeit des „Kleinen Mannes" geliefert. Der Betriebsrat und die Gewerkschaft sind beim Aushandeln von Arbeitszeitregeln unerwünscht. Eigenverantwortliche Menschen können das besser, meinte der Bundeskanzler unterstützt von zweifelhafter Propaganda neoliberaler Denkfabriken. So schreibt etwa die Agenda Austria im Artikel „Mind the Gap", der die Einkommensunterschiede zwischen Frauen und Männern zum Thema hat, sinngemäß, dass Frauen zu wenig eigenverantwortlich handeln und schlechter verhandeln. Frauen mögen sich doch klugerweise für besser bezahlte Berufe bewerben und bei Verhandlungen mehr anstrengen. Ja, Mädels, reisst's euch z'samm, sonst wird's nix mit euch. Aber wer macht dann die schlecht bezahlten Jobs?

Ein Lohn- und Preisbildungsprozess kann nur dann frei sein, wenn beide Verhandlungspartner frei sind. Nur dann können faire Preise und faire Löhne zustande kommen. Die Befreiung von Erpressung und Zwang passiert leider nicht von selber. Kein Individuum kann sich selbst aus einer Erpressungssituation befreien. Es braucht gewerkschaftliche Organisation und Solidarität. Auch Staaten mögen sich von Erpressung und Zwang befreien, um zu einer fairen internationalen Arbeitsteilung und Besteuerung für alle zu kommen. Eine Auslagerungsdrohung einzelner Konzerne könnte so zerbröseln. Alle Staaten der EU könnten einen einheitlichen Körperschaftssteuersatz und einheitliche Besteuerungsrichtlinien festlegen, um den Steuertourismus internationaler Konzerne, wie Google, Apple und Co etwas einzudämmen. Und alle profitieren. Die globale, vom Neoliberalismus geprägte Stimmungslage ist allerding anders. Jeder Staat kämpfe für sich selbst. Die rechte Stimmungslage sagt uns, dass wir aus der EU austreten sollten, um endlich frei und selbständig mit den internationalen Konzernen den Preisbildungsprozess zu führen. Auch in Österreich gibt es gewählte Parteien, die dafür eintreten, dass sich der Staat entmachte und die Steuerhoheit den Bundesländern überlasse. Da fehlt gerade noch, dass den Gemeinden und jedem individuell die Steuerhoheit überlassen werde. Jeder zahle so viel Steuer, wie er meint. Ob wir davon Schulen bauen können?

In einer lebendigen Demokratie hätte man sogar schon gute Strukturen. Man wird für Solidarität Werbung machen müssen, damit ein fairer Lohn- und Preisbildungsprozess zustande kommt und jeder seine Steuer bezahlt. Wir beauftragen die Vertreter des Staates, verbindliche Regeln zur Bildung von Löhnen und Preisen einzuführen, an die sich alle halten mögen. Wir beauftragen unsere Vertreter des Staates, massiv Macht auszuüben und in den Preisbildungsprozess einzugreifen. Ein hoher Mindestlohn und menschlich faire Arbeitsbedingungen wären beispielsweise ein wohltuender Eingriff. Produkte, an denen Kinderarbeit, Erpressung, Lohndumping, katastrophale Arbeits- und Umweltbedingungen stecken, sollen hoch besteuert oder verboten werden. Wenn man es jedem Einzelnen überlässt, nur „gute" Produkte (teuer) zu kaufen, macht man diese Menschen zu dummen Gutmenschen, die die Vorteile „niedriger" Preise nicht nutzen und trotzdem mit allen anderen gemeinsam untergehen. Man kann es niemandem verdenken, vermeintlich klug zu kalkulieren und Produkte „günstig" zu kaufen. Aufrufe zu individuellem ethischem Handeln werden zu nichts führen. Es braucht Solidarität und gemeinsames Handeln und gute Lenkungssteuern. Und Werbung für solidarisches Handeln und Lenkungssteuern wird man auch machen müssen. Ich glaube fest daran, dass die Menschen sehr wohl verstehen, dass eine solche Vorgangsweise tatsächlich zu einer Gewinn-Gewinn-Situation für alle führt.

Abbildung 10: Demokratie bietet schöne Aussichten

KAPITEL 6

WETTBEWERBSFÄHIGKEIT

Der Leerwettbewerb oder das Hamsterrad

Wettbewerbsfähigkeit ist ein zentraler Begriff in Wirtschaft und Politik, der in letzter Zeit immer mehr in den Mittelpunkt gerückt ist und ein wesentliches Merkmal des Neoliberalismus ist. Wettbewerbe können dazu dienen, über sich hinauszuwachsen, aber auch um andere brutal auszuschließen. Wettbewerbsfähigkeit suggeriert Kraft, Geschick, Sportlichkeit und Zielstrebigkeit. Wettbewerbsfähigkeit ist etwas Gutes. Wettbewerbe motivieren zu großartigen Leistungen. Wettbewerbe können auch dazu motivieren, dem anderen ein Bein zu stellen. Ein lokales Skirennen kann zum Dorffest werden, wo jeder angefeuert und animiert wird über sich hinauszuwachsen und seinen inneren Schweinehund zu überwinden. Wettbewerbe können das Gemeinsame stärken. Ist also Wettbewerbsfähigkeit eine „gute" oder eine „böse" Eigenschaft? Der Begriff ist in seiner Allgemeinheit leer, er liefert leider keine Handlungsanweisung. Solange wir nicht wissen, um welchen Wettbewerb es sich handelt, wer die Wettbewerbsregeln macht, wie gemessen wird und wer Schiedsrichter ist, wann ein Elfmeter gegeben werden soll, wissen wir nicht, wie wir uns auf einen solchen Wettbewerb vorbereiten sollen. Wieder einmal liegt das spannendste an einem Begriff bei dem Nichtgesagten. Man kann vortrefflich mit dem positiv besetzten Begriff „Wettbewerbsfähigkeit" auf Stimmenfang gehen. Man verspricht gar nichts und alle sind dafür, weil jeder eine eigene Vorstellung von Wettbewerbsfähigkeit entwickeln kann.

Der Wettbewerbsgedanke dringt immer vehementer in das Alltagsleben ein und verdrängt allmählich das ganz gewöhnliche Sein. Es reicht nicht mehr, sich am Schönen, am Gelingen, am Wissen und Können zu freuen, es muss das Beste sein, sonst ist es wertlos. Wettbewerbe gibt es schon tausende Jahre und das nicht nur unter Menschen. Wettbewerbe waren schon immer ein Bestandteil des Zusammenlebens. Gerne gehe ich in ein Restaurant zum Essen, wo ich ein köstliches Mahl erwarte. Gerne beauftrage ich jenen Dachdecker, von dem ich glaube, dass er mir am ehesten den tropfenden Wasserhahn reparieren kann. Aber wo endet die Sinnhaftigkeit von Wettbewerben, wo wäre Kooperation die bessere Alternative?

Die Kehrseite des Wettbewerbs

Wettbewerbe haben etwas Ausschließendes im Privaten wie im politischen und wirtschaftlichen Leben. „The winner takes it all". Der Sieger räumt alles ab. Die anderen sind die Dodeln. Der Wettbewerbsfähigste macht das beste Geschäft und überlebt, während andere untergehen. Wettbewerb heißt auch, den anderen die Augen auszukratzen. Der Stärkste hat das Sagen und führt die schönste Braut nach Hause. Und viele Menschen beschleicht das ungute Gefühl, doch nicht der Beste zu sein und nicht mehr mithalten zu können und immer wertloser zu werden. Das ständige Gerede um den Wettbewerb erinnert uns, dass wir von lauter Feinden umzingelt sind, die auf die kleinste Schwäche warten, um dann zuzuschlagen. Statt von wohlgesinnten Menschen umgeben zu sein, gilt schon der Sitznachbar als Konkurrent. Ein ungutes Lebensgefühl beschleicht uns nach Jahrzehnten des Friedens in unserem Land. Zusätzlich verunsichert die Unbestimmtheit des diffusen Wettbewerbs. Statt zielgerichtet die Aufmerksamkeit darauf zu richten, seine Arbeit verantwortungsvoll und seinen Fähigkeiten entsprechend gut zu verrichten, müssen wir ständig messen, sortieren und auf die anderen schauen. Ob das das Zusammenleben fördert und dem Wohle aller dient? Ich tippe eher auf Burnout, Nervenzusammenbruch und Verlust des Selbstwertgefühls. Waren das noch Zeiten, wo wir nach dem Wettrennen zusammengesessen sind: „Das hat aber großartig ausgeschaut, wie du da runter gefahren bist. Wie hast du das nur gemacht?" Ich schlage vor, statt Wettbewerb gute Zusammenarbeit zu propagieren, das verspricht besseres Leben, weniger Sorgen und mehr Spaß für alle. Wie wär's, gute Leistungen zu respektieren und keine Zeit damit zu vergeuden, um herauszufinden, ob es denn die beste Leistung sei.

Abbildung 11: Grabnerstein, Abendstimmung auf dem schönsten Berg?

Es gibt sehr viele Bereiche, in die der Wettbewerbsgedanke eingedrungen ist, wo er eher zerstörend und vom Sein ablenkend als anre-
gend wirkt. Ich bin nicht auf dem schönsten Berg, aber ich genieße
eine wunderbare Fernsicht. Ich bin nicht der Reichste, aber ich kann
gratis köstliches Quellwasser auf der Grabneralm trinken. Ich bin
nicht der Stärkste, aber ich kann noch immer auf die Berge wandern.
Ich kann nicht am besten jodeln, habe aber beim Jodeln eine wunderbare Gemeinschaft erlebt. Ich bin nicht der beste Wissenschaftler. Ich
habe mich an erstaunlichen Erkenntnissen anderer erfreut und einen
bescheidenen Beitrag zur Wissenschaft geleistet. Ich bin nicht der beste Lehrer, aber ich habe etlichen Schülerinnen die Freude am Wissen
und Können vermittelt.

Im wirtschaftlichen und politischen Leben zeigt sich rasch die
Kehrseite des Wettbewerbes, auch wenn die Grenze zwischen er-
wünschtem und unerwünschtem Wettbewerb oft nicht gleich klar ist.
Politik muss auf jeden Fall auch für die „Wettbewerbsunfähigen" eine
Antwort parat haben, wenn sie den Anspruch stellt, für alle da zu sein.
Die unverhältnismäßig große Betonung von undefinierter Wettbe-

werbsfähigkeit deutet auch auf Ablenkung hin. Was geschieht mit all jenen, die nicht Erste werden? Aber auch Trittbrettfahrerei ist dabei. Man verwendet einen positiv besetzten Begriff, um Wettbewerbe zu schönen, die ganz gewiss nicht dem Wohle der Menschen dienen.

Wettbewerbsregeln

Wettbewerbsfähigkeit ist ein Leerwort. Es suggeriert aber Objektivität, fern von Gefühlsduselei, von falschen Hoffnungen und Wünschen. Wettbewerbsfähigkeit klingt irgendwie nach klarer Rechnung, nach Vernunft und Logik. Man muss etwas von Wettbewerbsfähigkeit verstehen, Moral und Gefühle haben keinen Platz. Aber irgendwann ist in Wirtschaft, Politik und im alltäglichen Leben der Zeitpunkt gekommen, wo wir uns entscheiden müssen, welche Wettbewerbe konkret wir durchführen wollen. Welche Regeln sollen gelten? Wie wird gemessen? Wer ist der Schiedsrichter oder soll es gar keine Schiedsrichter geben? Sollen jene die Regeln machen, die das Gold haben? Ist jenes Restaurant das beste, welches den höchsten Profit macht, oder jenes, welches köstliche Speisen auf den Tisch zaubert? Ist jenes Kraftwerk das beste, das die höchste Rendite liefert, aber der Nachwelt strahlenden Atommüll hinterlässt, oder das Sonnenkraftwerk, das allen Menschen günstige Energie liefert, die Umwelt schont, aber den Investoren weniger Gewinn abwirft?

Wir sind bei der Moral angelangt, ohne die es keinen Wettbewerb gibt. Wir können keinen Wettbewerb ohne Werthaltung und ohne Ideologie veranstalten, auch wenn versucht wird, die Moral hinter vermeintlicher Objektivität zu verstecken. Die Moral beginnt schon beim Messen. Auch das scheinbar unverdächtige Abstandsmaß ist Ausdruck von Subjektivität, von Objektivität keine Spur. Wie groß ist der Abstand dieser beiden Punkte?

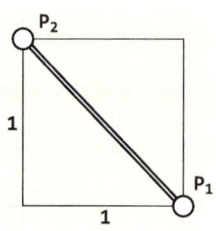

Abbildung 12: Wer ist der Größte?

78

Schon hier scheiden sich die Geister. Viele meinen, der Abstand der beiden Punkte P_1 und P_2 sei Wurzel aus zwei, das ist der Euklidische Abstand. Wenn Sie allerdings in Manhattan unterwegs sind, dann werden Sie überzeugt sein, dass der Abstand 2 ist. Sie können ja schließlich nicht durch die Häuser durchgehen. Als Mathematiker fallen mir etwas mehr als unendlich viele Abstandsmaße ein, die alle ihre Berechtigung haben. Sogar das Abstandsmaß ist also eine Frage der Ideologie.

Welcher der beiden Punkte, glauben Sie, ist größer? P_1 ist weiter rechts, P_2 weiter oben. Wenn Ihnen die x-Richtung lieber ist, weil das x so schön spitz ist, werden Sie P_1 als den größten Punkt küren, oder ist P_2 Ihr Favorit? Im eindimensionalen Raum gibt es so etwas wie eine natürliche Totalordnung: 5 ist größer als 3. Aus Basta! Im mehrdimensionalen Raum braucht es Ideologie und Werthaltung für eine Totalordnung. Man muss sich entscheiden. Ich kann es nicht beweisen, ich bin aber fest davon überzeugt, dass Wirtschaft, Politik und menschliches Zusammenleben sehr komplex und mehr als eindimensional sind. Und schon haben wir die Bescherung. Ohne Moral, ohne Ideologie gibt es keine Totalordnung. Wir können nicht sortieren und so auch nicht den Besten, den Größten und Schönsten bestimmen.

Wettbewerbsfähigkeit täuscht irgendwie vor, man könne alles objektiv messen und berechnen und den Schönsten, den Größten und Besten objektiv herausfinden. In letzter Zeit ist sogar eine regelrechte Mess-Wut ausgebrochen. Alles wird vermeintlich objektiv vermessen. Wir sollten etwas bescheidener und demütiger sein. Das geht einfach nicht. Nicht einmal die Position eines Eichenblattes, das man bei Gesäuseeingang in die Enns wirft, kann man berechnen und schon gar nicht menschliches Verhalten. Leise Zweifel überkommen unsere Politiker bei Ausschreibungen. Ist das billigste Angebot das beste oder ist das irgendwie definierte beste Angebot das Beste? Man will vom Billigstbieterprinzip zum Bestbieterprinzip übergehen. Also doch zumindest zwei Sortierreihenfolgen. Jedoch im Zusammenhang mit dem gegenwärtigen Sparzwang ist das nur eine Scheinalternative. Es gewinnt stets der Billigste. Kein Bürgermeister kann es sich leisten, dem Bestbieter den Auftrag zu erteilen. Oft ist das Gebot des Bestbieters anfangs teurer, aber langfristig doch günstiger. Er muss also die Schneeräumung der Gemeinde dem Billigstbieter übergeben. Des Öfteren ist es schon vorgekommen, dass der Billigstbieter zwar viel Geld, aber gar keinen Schneepflug hat und die Schneeräumung umgehend zu katastrophalen Bedingungen dem örtlichen Unternehmen überträgt. Der örtliche Unternehmer muss leider nach ein paar Jahren genervt aufgeben. Dann wird der Billigstbieter sehr, sehr teuer. Aber dann ist der Bürgermeister ohnehin nicht mehr im Amt. Das Vorgehen hat einen Namen: Verdrängungswettbewerb.

Der neoliberale Wettbewerb

Wettbewerbsfähigkeit ist ein nebuloser Begriff, der mehr verbirgt als er aussagt. Man kann dem Begriff guten Gewissens nicht einmal das Attribut „gut" oder „böse" umhängen und trotzdem wird in Parteiprogrammen Wettbewerb als etwas besonders Gutes gepriesen. Was verstehen nun neoliberale Ökonomen und Politiker unter Wettbewerb? Welche Regeln sollen gelten, wer wird Sieger, wer ist Schiedsrichter?

Andy Storey schreibt im Blog Arbeit und Wirtschaft „Das Schreckgespenst der Wettbewerbsfähigkeit" sinngemäß:

Ein Schreckgespenst sucht Europa heim: das Schreckgespenst der Wettbewerbsfähigkeit. Unsere Regierungen erzählen uns regelmäßig, dass wir härter, länger und für weniger Bezahlung arbeiten müssen, um „wettbewerbsfähiger" zu sein. Wir müssen unsere hart erarbeiteten sozialen Schutzschilde – Renten, Arbeitslosengeld und andere Aspekte des „sozialen Europas" – reduzieren oder aufgeben, um „wettbewerbsfähiger" zu sein. Wir müssen „flexibler" sein, was bedeutet, dass wir die Sicherheit der Arbeitsplätze für immer heiklere und anstrengendere Arbeitspraktiken opfern müssen – um „wettbewerbsfähiger" zu sein. Regierungen müssen „Finanzdisziplin" wahren, anstatt die Volkswirtschaften aus der Rezession heraus zu stimulieren, denn solche Disziplin macht uns „wettbewerbsfähiger". Europäische Peripherieländer müssen ihre Souveränität an die „Troika" abgeben, um ihre „Wettbewerbsfähigkeit wiederzuerlangen". Wir müssen Freihandelsabkommen unterzeichnen, denn das macht uns „wettbewerbsfähiger". Wir dürfen den Finanzsektor nicht „überregulieren" oder den Unternehmen „unverhältnismäßige" Umweltbeschränkungen auferlegen, denn das würde uns weniger „wettbewerbsfähig" machen.

Parteiprogramme rechtsliberaler und wirtschaftsliberaler Parteien und neoliberale Denkfabriken, die Propagandastätten des Neoliberalismus, geben uns wichtige Hinweise, was man von dieser Seite unter Wettbewerbsfähigkeit versteht.

Steuerwettbewerb

Glorreicher Sieger des Steuerwettbewerbes ist jenes Land, das die niedrigsten Steuern einhebt. Das führt auf lange Sicht dazu, dass eine Wanderungsbewegung von Unternehmen in Gang gesetzt wird und ein Steuertourismus einsetzt. Letztlich heben alle Länder weniger Steuern ein. In weiterer Folge müssen leider die Renten und Löhne empfindlich gekürzt werden. Wir können uns den Sozialstaat nicht mehr leisten, das Gesundheitswesen und ein gutes Bildungssystem können nicht mehr aufrechterhalten werden. Steuerwettbewerbe führen keinesfalls zu intelligenteren Produktionsmethoden und klugem Einsatz von Energie und Ressourcen und mehr Wohlstand für alle, sondern im Gegenteil. Steuerwettbewerb erzwingt etwa niedrige Besteuerung von fossiler Energie, gefolgt von einer hoffentlich nicht allzu großen Klimakatastrophe. Alle werden zu Verlierern. Steuerwettbewerb ist eines der charakteristischen Merkmale des Neoliberalismus: Der Staat muss klein gehalten werden.

Das wettbewerbsfähigste Land ist jenes, das die Produktionskosten über Subventionen und Steuererleichterungen senkt. Auf diese Weise werden die Produkte nicht mehr vergleichbar. Etliche afrikanische Länder sind nicht mehr wettbewerbsfähig. Der höchstsubventionierte und zollfrei in Ostafrika eingeführte Apfel aus der EU macht das Rennen gegenüber einem selbstgemachten nicht subventionierten afrikanischen Apfel. Für die ausgetricksten afrikanischen Bauern und die allgemeine Versorgung in Afrika ist das katastrophal.

Lohnkostenwettbewerb

Sieger des Lohnkostenwettbewerbes ist jenes Unternehmen, dem es gelingt, die niedrigsten Löhne zu bezahlen und die Arbeiterinnen trotz katastrophaler Arbeitsbedingungen zur Arbeit zu locken. Wenn man knapp vor dem Verhungern ist, nimmt man zähneknirschend jede Arbeit an. Ich schlage einen treffenderen Ausdruck statt Lohnkostenwettbewerb vor: Brutale Ausbeutung oder Zwangsarbeit.

Verdrängungswettbewerb

Erbitterter Preiskampf. Dean Price aus North Carolina geht bankrott und schließt seine Tankstellen. Er hatte die gute Idee, Tankstellen mit kleinen Imbissrestaurants zu kombinieren. Das ging eine Zeit lang gut, bis ein finanzstarker Ölkonzern jeweils einige hundert Meter von seinen Tankstellen entfernt ebenfalls Tankstellen mit Imbiss baute und einen Wettbewerb um niedrige Preise startete. Ein Ölkonzern hält niedrige Preise schon eine Weile durch, Dean Price aus North Carolina nicht. Nachher stiegen die Preise wieder auf ein höheres Niveau als vorher. Das ist natürlich nur ein Beispiel von tausenden, aber es ist wunderbar geschildert in George Packers Buch „Die Abwicklung". Es gibt keinerlei Hinweise, dass ein Verdrängungswettbewerb zu größerem Wohlstand führt. Es stellt eben jemand anderer ein Produkt oder eine Dienstleistung zur Verfügung. Oft unter schlechteren Konditionen und zu einem höheren Preis.

Standortwettbewerb

Der Standortwettbewerb ist eine Kombination von Steuerwettbewerb, von Lohnkostenwettbewerb und Verdrängungswettbewerb, vergleichbar etwa mit der alpinen oder nordischen Kombination im Skisport. Sieger ist jener Staat, der die niedrigsten Steuern einhebt, wo die schlechtesten Arbeitsbedingungen und niedrigsten Löhne toleriert werden und lästige Konkurrenten erfolgreich ohne lästige Gesetze verdrängt werden können. Besonders reiche Investoren sind eingeladen, an dem Standortwettbewerb teilzunehmen. Leider führt die Kombination von drei Wettbewerben nicht zu großem Wohlstand, sondern zu lauter Verlierern. Standortwettbewerbe haben eigenartigerweise auch etwas Provinzielles an sich. Vom globalen Standpunkt aus betrachtet ist es völlig egal, wo ein Produkt produziert wird. Hauptsache, es gibt genügend Nahrungsmittel, für jeden eine gute Transportmöglichkeit, genügend Wohnungen, Kleider zum Anziehen, genügend Kommunikationsmittel für jeden und was auch immer. Aber wer nun das alles und viel mehr zur Verfügung stellt, spielt etwa vom Mond aus betrachtet keine wirklich große Rolle. Neoliberale Provinzialität lehrt uns aber, dass es besonders wichtig sei, dass das enge und provinzielle „Wir" produzieren und Rendite einstreifen darf. Die anderen mögen zuschauen. Diese enge neoliberale Sicht trifft sich bestens mit rechter Fremdenfeindlichkeit und mit Angst vor all dem Vielen, das man nicht kennt. Kein Wunder, dass die neoliberale türkise ÖVP bestens mit der rechten FPÖ zusammenarbeiten konnte.

Wer macht die Regeln

Einer der wichtigsten neoliberalen Standpunkte, den der Parteigründer Frank Stronach so schön ausgedrückt hat, betrifft die Wettbewerbsregeln. Wer das Gold hat, macht die Regeln. Das bin weder ich noch meine Tante Mizzi. Wir beiden fühlen uns vom Regelmachen ausgeschlossen. Und demokratisch ist diese Regel nicht. Halt neoliberal. All die Finanzströme mögen nach neoliberaler Lesart an unseren Taschen und der Staatskasse vorbeifließen. Regeln des guten Zusammenlebens behindern den Wettbewerb. Früher hätte ich gedacht, dass ein gut durchdachtes Regelwerk zu fairem Wettbewerb führt, der uns alle zu Siegern macht.

Schiedsrichter

Wer pfeift, wenn ein Foul passiert ist? Wer gibt den gerechten Elfmeter in Wirtschaft und Politik? Ein Blick etwa auf neumoderne sogenannte Freihandelsverträge beantwortet bestens die Frage, wer Schiedsrichter sein soll. Nicht der demokratisch legitimierte Rechtsstaat und unabhängige Gerichte sollen die Rolle des Schiedsrichters übernehmen, sondern von Investoren geduldete und finanzierte eigenartige Rechtskonstruktionen und private Schiedsgerichte bestimmen zum Beispiel, wie hoch die Strafe ist, die die Bundesrepublik Deutschland zahlen muss, weil sie den Atomausstieg beschlossen hat und damit ungebührlich in den Wettbewerb eingegriffen hat. Der in Freihandelsverträgen so beliebte Investitionsschutz (eigentlich Investorenschutz) macht die Schiedsrichter käuflich. Anbieter, Nachfrager,

Preisbildner, Schiedsrichter und Regelmacher sind nicht mehr unterscheidbar und auf wenige Personen konzentriert.

Im gegenwärtigen unfreien Wettbewerb sind nicht jene Produkte Sieger, die am intelligentesten und ressourcenschonendsten erzeugt wurden. Sieger sind vielmehr jene Produkte, die unter den schlimmsten Arbeitsbedingungen, den katastrophalsten Umweltbedingungen produziert werden und kaum einen Beitrag zum Gemeinwohl leisten.

KAPITEL 7

HOHES WACHSTUM

Wachstum: Schon wieder eine Leerformel

Wirtschaftswachstum soll als Staatsziel in die österreichische Verfassung aufgenommen werden. Wir schließen aus solchen Schlagzeilen, dass es sich beim Wirtschaftswachstum um etwas ganz besonders Wichtiges handeln muss. Und doch, wie bei der Wettbewerbsfähigkeit handelt es sich bei der Forderung nach hohem Wachstum um eine absolute Leerformel. Soll ein Erwachsener wachsen oder ein Kind? Brauchen wir mehr Kohlekraftwerke oder teurere Wohnungen? Brauchen wir mehr Erdäpfel und zu welchem Zweck? Werden die Müllberge höher oder meine Paradeiser größer? Wird meine Tante Mizzi mehr Himbeeren im Schlag finden oder muss ich mir mehr Atemschutzgeräte kaufen? Wachstum ist ein an sich positiv besetzter Begriff, hinter dem sich aber im Bereich der Wirtschaft auch Wachstum verstecken kann, das keinesfalls dem Gemeinwohl, unserer Gesundheit und unserem Klima guttut. Mehr Öltanker, die die Meere durchqueren, mehr Energieverbrauch, der die Erde aufheizt, mehr LKWs, die über den Brenner donnern und uns die Luft zum Atmen nehmen, mehr Flugzeuge, die über uns hinweg brausen sind heutzutage eher unerwünscht. Jahrtausende lang war Wachstum gleichbedeutend mit mehr Wohlstand, aber die Welt bleibt nicht stehen. Jetzt heißt Wachstum unter vielen positiv besetzten Dingen auch höhere Butterberge, mehr Erdäpfel, die ins Meer gekippt werden, mehr verpestete und aufgeheizte Luft und mehr verstopfte Straßen und Dörfer. Ein undifferenziertes Festhalten am Wachstum sozusagen aus Jahrtausende alter Gewohnheit deutet eher auf Anachronismus hin, als auf sinnvolle wirtschaftliche und politische Ziele. Eine Abkehr vom Wachstumsprinzip hat einschneidende Änderungen in Arbeits- und Wohlstandverteilung zur Folge. Für die Umsetzung braucht es weniger populistische, dafür aber mehr mutige Politik und Politiker.

Mathematisch betrachtet ist das BIP, also das Bruttoinlandsprodukt, eine Summe. Wenn diese Summe größer ist als im Vorjahr, dann sagt man, dass die Wirtschaft gewachsen sei und das freut alle Politiker. Schon unser Mathelehrer hat uns erklärt, dass wir nicht 3 Äpfel und 2 Birnen addieren dürften. Er hat mich beim Versuch ertappt, wie ich 2 cm Draht zu 5 mg Eiweiß addiert habe, und mir ein Nicht genügend verpasst. So was dürfe man nicht, erklärte er mir. Heute würde ich es weniger moralisierend ausdrücken: Man darf es schon, aber es macht keinen Sinn. Aber genauso wenig macht es Sinn, 5 Kohlekraftwerke zu drei Verkehrsunfällen und einem geschlossenen Spital zu addieren und daraus ein Wirtschaftswachstum herauszupressen. Wie jeder Mittelwert und jede Summe, ist auch das Wirtschaftswachstum ein perfektes Versteck für die wahren Verhältnisse und als Mittel zur Desinformation bestens geeignet. Man wird um die Frage nicht herumkommen, was wachsen und was schrumpfen sollte, um einen bestimmten Effekt zu erzielen, zum Beispiel den Wohlstand für alle zu erreichen und dass meine Tante Mizzi sich die Butter aufs Brot leisten kann. Wie weit kann das gelingen? Werden wir dabei scheitern?

Exponentialfunktionen sind stärker

Wachstumsfetischisten verschweigen die Grenzen des Wachstums. Nichts, aber schon gar nichts kann in einem endlichen Raum immer nur wachsen. Deshalb scheitern auch Wachstumsfanatiker tatsächlich und nachweisbar an der Realität, an der Mathematik und da vor allem an den Exponentialfunktionen. Exponentialfunktionen sind einfach stärker und gewinnen jeden Wettbewerb gegen ökonomisches Wachstum und eigenartige Summen.

Mit dem Wachstum bei Exponentialfunktionen hat sich auch der indische Herrscher Shihram getäuscht, ein richtiger Tyrann im 4. Jhdt. vor Christus. Er ist auf das vergleichsweise harmlose Wachstum am Anfang hereingefallen. Ihm hat das Schachspiel der Legende nach so gut gefallen, dass er dem Erfinder Sissa ibn Dahir einen beliebigen Wunsch zu erfüllen versprach. Dieser wünschte sich Weizenkörner: Auf das erste Feld eines Schachbretts wollte er ein Korn, auf das zweite Feld das doppelte, also zwei, auf das dritte wiederum die doppelte

Menge, also vier, acht, sechzehn und so weiter. Dreiundsechzig mal verdoppeln! Der König lachte und war gleichzeitig erbost über die vermeintliche Bescheidenheit des Brahmanen. Er hat sich ehrlich gewundert über dessen Dummheit. Dann hat er aber geschaut. Es ist sich nicht ausgegangen. Würde man einen Zug mit so viel Weizenkörnern an Bord füllen wollen, bräuchte man so viele Waggons, dass der Zug eine Länge des 20.000-fachen Erdumfangs am Äquator hätte.

Der Tyrann hat sich getäuscht. Am Anfang geht das sehr gut, die ersten Schachfelder sind schnell belegt, dann stockt es. So täuschen die neoliberalen Ökonomen ebenfalls sich und uns, wenn sie uns glauben machen, dass die Wirtschaft und die Renditen exponentiell wachsen könnten. Heuer 3 Prozent, dann wieder, dann vielleicht einmal 4 und so weiter. Wir sehen das jetzt so schön bei China: weniger als 7% Wachstum! Schrecklich sowas. Ja, Wachstum geht sich eben nicht immer aus. Aber das weiß meine Tante Mizzi auch. Nach dem Krieg hat sie nichts gehabt, dann eine Henne. Ihre Wirtschaft verbuchte ein unendlich-faches Wachstum. Dann die 2. Henne – nur mehr 100 Prozent Wachstum! Bei der dritten Henne waren es nur noch 50%, dann 33%. Ja, wenn man nichts hat, kann man leicht wachsen. Kleine können schnell wachsen. Auch Chinas Wirtschaft. Wenn man einmal die doppelte oder vielleicht sogar die zehnfache Wirtschaftsleistung hat, wie am Anfang, dann stockt das Werkl, und das aber auch gründlich. Meine Tante Mizzi hat gar nicht bemerkt, dass ihr Wachstum gegen null strebt. Jedes Jahr eine Henne mehr war für sie gut genug. Das kann sie sehr lange durchhalten. Aber für Ökonomen ist ihr Wachstum geschrumpft, von unendlich auf null und das obwohl sie jedes Jahr eine Henne mehr hat. Die Wirtschaft meiner Tante Mizzi ist für die Mainstreamökonomen die reinste Katastrophe, der wirtschaftliche Super-GAU. Tatsächlich geht es meiner Tante Mizzi mittlerweile gar nicht so schlecht, trotz Nullwachstums. Jedes Jahr ein Huhn mehr ist locker drinnen, aber jedes Jahr doppelt so viele Hühner wie im Vorjahr, leider nein! Und 1 Huhn mehr pro Jahr wird von der gierigen Exponentialfunktion verschluckt, wie man aus den Grenzwertsätzen der Analysis weiß.

Intuitiv schauen indische Tyrannen, Mainstream-Wirtschaftsprofessoren, neoliberale Ökonomen und Pyramidenspieler auf die Anfangsphase von Exponentialfunktionen und ziehen bewusst – das glaube ich – oder aus erschreckender Unwissenheit falsche Schlüsse. Mangelnde Erfahrung wird auch eine Rolle spielen. Wir haben in unserer Stammesgeschichte keine fühlbare, spürbare und erlebbare Erfahrung mit exponentiellem Wachstum gemacht. Reale Werte können in einer entwickelten Gesellschaft weder um 3% und schon gar nicht um 5% jährlich über einen längeren Zeitraum wachsen, nicht einmal um 1%. Die einzige Unbekannte dabei ist die Zeit, wann genau Schluss ist. Das weiß man nicht. Aber es wäre sehr klug, sich darauf einzurichten, dass es auf Dauer kein exponentielles Wachstum gibt. Aber noch viel klüger erachte ich es, diesem abstrakten Begriff keine große Bedeutung zuzuordnen. Meine Tante Mizzi sagt das auch immer: Mir ist das wurscht, ob die Wirtschaft wächst, Hauptsache, es geht mir gut. Und auch den Kindern. Und als kluge Frau gönnt sie auch den anderen Leuten, dass sie in Frieden und Wohlstand leben. Sollte die abstrakte fragwürdige ökonomische Kenngröße „Wirtschaftswachstum" irgendwelche azyklischen Zuckungen machen – warum nicht? Der Wettkampf gegen die Exponentialfunktionen ist sinnlos, niemand hat eine Chance, ihn zu gewinnen. Exponentialfunktionen sind stärker. Ich schlage vor, sich sinnvolleren Fragestellungen und Zielsetzungen zuzuwenden.

Wie kann meine Tante Mizzi mit so wenig Pension auskommen? Wie geht es den Menschen? Wie könnte man dauerhaften Frieden im Nahen Osten schaffen? Kann man etwas gegen die Austrocknung der Trinkwasserseen in Bolivien machen? Wird von all den produzierten Reichtümern für mich etwas bleiben, oder sind die Reichtümer doch nur für wenige da? Wird mir jemand helfen, wenn es mir schlecht geht? Werden meine Enkerln eine Pension beziehen? Wie kann man mit weniger Aufwand und mit weniger Ressourcen mehr Wohlstand erreichen? Ist es gescheiter, Häuser in Nordafrika mit Energie aus Kohle oder mit Sonnenenergie zu kühlen?

Mir ist schon klar, dass solche Fragestellungen etwas mit Moral zu tun haben, man müsste Stellung beziehen, während beim Wirtschaftswachstum die Moral sich hinter wilden sinnlosen Berechnungen und Zahlen und scheinbar objektiven, aber fiktiven Zusammenhängen verstecken lässt.

Wachstum durch spekulative Blasenbildung

Wahrscheinlich ist sogar den dickköpfigsten Wachstumsfetischisten klar, dass sich der Ausstoß an Produkten und Dienstleistungen in, sagen wir, zwanzig oder dreißig Jahren nicht verdoppeln lässt, also doppelt so viele Autos, doppelt so viele Häuser, doppelt so viel Leberkäse. Das glaubt ja doch niemand mehr und die Leute verstehen es zunehmend als Verhöhnung. Bei 365 Luxusvillen kann so mancher Superreiche zwar jeden Tag in einer anderen eigenen Villa übernachten. Ob das lustig ist? Auch wenn man allen Menschen dieser Erde genug Nahrung und komfortable Wohnungen gönnt, konvergiert ein solches Wachstum rasch gegen null.

Als Retter des Wachstums kommt dann das Argument, dass die Qualität der Produkte und Dienststellen sich beliebig steigern lassen. Aber wie fühlt sich denn eine hundert Mal so gute Massage an? Wie schmeckt ein tausend Mal so gutes Essen? Was bringt eine wahnsinnig großartige Beratung? Das alles braucht Zeit. Und davon hat tatsächlich jeder völlig demokratisch und gerecht exakt 24 Stunden pro Tag. Da lässt sich nichts machen.

Bleibt also der Wert der Dinge, den eine Gruppe von Menschen den Dingen beimisst. Dem ist in der Tat keine Grenze gesetzt. Ein unendliches exponentielles Wachstum scheint zu winken. In der Fachsprache heißt diese Art von Wachstum eine durch Spekulation hervorgerufene Blasenbildung. Ein Picasso wird dann statt um hundert um zweihundert Millionen versteigert – und schon ist die Wirtschaft wieder gewachsen. Leider ist bei diesem Wachstum kein neues Produkt entstanden, nichts hat sich geändert. Vielleicht sind ein paar Fingerabdrücke auf dem Gemälde dazugekommen. Nur der Wert, den eine kleine Gruppe von (reichen) Menschen einem Gemälde zuordnet, hat sich verdoppelt. Aktien, Immobilien, Wetten, Derivate und viele Finanzprodukte eignen sich besonders für spekulatives Wachstum, das mit der Realität genau nichts zu tun hat. Nur weil eine Aktie im Wert steigt, hat das noch lange nichts damit zu tun, dass das betroffene Unternehmen plötzlich in der nächsten Nanosekunde eine wundersame Idee entwickelt. Diesen kausalen Zusammenhang gibt es nicht. Nur ein paar Leute meinen, dass andere Leute meinen, dass wieder andere Leute meinen, dass sie Aktien dieses Unternehmens kaufen wollen und diese Aktie als besonders wertvoll erachten. Und dann platzt sie, die Blase. Und schon meinen alle Finanzhaie, dass sie eine Aktie eines Unternehmens, eine Versicherung, eine Wette, ein Derivat, oder eine Immobilie dringendst verkaufen müssten. Und schon verlieren diese „Produkte" binnen kürzester Zeit an Wert, den sie nie gehabt haben. Die Wirtschaftsgeschichte ist voll von solchen geplatzten Spekulationsblasen und den darauffolgenden Wirtschaftskrisen. Ein ökonomischer Klimawandel scheint sich zu vollziehen. Immer heftigere Finanzkrisen häufen sich in letzter Zeit. Finanzprodukte ziehen Blasenbildung geradezu an. Es geht um tausende Milliarden, die in Spekulation „investiert" und der Realwirtschaft entzogen werden. Die WirtschaftsWoche schreibt:

Die Bilanz der Deutschen Bank gilt bei Investoren als „Black Box", die kein Vertrauen verdient. Sorgen macht vor allem der Derivatebestand des Instituts. Auf 42.000 Milliarden Euro summieren sich die abgeleiteten Wetten und Absicherungen auf Zinsen und Währungen, bei denen die Deutsche Bank Kontraktpartner ist. Das Derivatebuch ist damit gut 15-mal so groß wie das deutsche Bruttoinlandsprodukt.

Man sollte sich tatsächlich Sorgen machen, aber nicht um die Deutsche Bank. Vom Wachstum einer Finanzblase kann man keine Schule bauen und meine Tante Mizzi kann sich leider nichts kaufen, im Gegenteil, wegen der Spekulation auf Immobilien steigt die Miete für ihre Wohnung. Jetzt muss meine Tante schrumpfen.

Schrumpfen ist gut

Heuer war wieder einmal ein ausgesprochen gutes Schwammerl- und Beerenjahr. Sie wissen eh, gut im Sinne von mir und meiner Tante Mizzi. Was die so alles aus den Wäldern herausgeschleppt hat, Parasole, Herrenpilze, Eierschwammerl und Brätlinge! Und Himbeeren und Schwarzbeeren, die in Deutschland Blaubeeren heißen. Da habe ich sehr profitiert davon: Schwarzbeermarmelade, Himbeersaft und die köstlichen Parasole, die man so zubereitet wie Wienerschnitzel, welche in Italien Mailänder Schnitzel heißen. Für andere war das eine reine Katastrophe. Die Wirtschaft ist geschrumpft! Weil wir wegen des

Abbildung 13: Die Aufwärtsspirale, oder geht es abwärts?

guten Schwammerl- und Beerenjahres öfter Marmelade und Pilze essen, haben meine Tante Mizzi und ich weniger eingekauft und das hat sich auf das Wirtschaftswachstum sehr negativ ausgewirkt. Meine Werthaltung flüstert mir zu, dass das gut so ist. Meine Tante Mizzi hat neben den Beeren auch noch Bewegung in frischer Luft auf ihrer Habenseite. Sie fühlt sich gesund, und ich habe den Genuss. Ich wälze schon seit längerer Zeit eine Hypothese in meinem Kopf, die zwar widerlegbar ist, die ich aber nicht widerlegen konnte, weil die Fakten für die Hypothesen sprechen. Hypothese: Meine Tante ist gesund, weil sie sich so viel im Wald und in frischer Luft aufhält. Weil sie aber relativ gesund ist, braucht sie weniger Medikamente. Weil sie aber weniger Medikamente braucht, verdienen die Arzneimittelkonzerne weniger und die Aktienkurse sinken und die Pensionskassa erwirtschaftet weniger Rendite. Und schon haben wir die perfekte Abwärtsspirale. Von meinem Standpunkt aus gesehen ist das aber eine Aufwärtsspirale.

Wie ich jetzt erst herausgefunden habe, hat meine Tante Mizzi zum Glück doch keine Privatpension, fälschlicherweise „Zukunftsvorsorge" genannt, so dass die niedriger werdende Privatpension sie nicht betrifft. Auf diese Weise ist sie von der ökonomischen Abwärtsspirale nicht betroffen und genießt ihre Schwammerl und Beeren.

Freilich macht das Minus beim Wirtschaftswachstum, das meine Tante und ich verursacht haben, nicht allzu viel aus. Aber rechnet man auch die modernen städtischen Bräuche wie Urban Gardening, Fasten und den niedrigeren Fleischkonsum noch dazu, kommt ganz schön was zusammen. Nicht dass man damit die Welt ernähren könnte, aber Kleinvieh macht eben auch Mist. Oder denken Sie an den freundlichen Nachbarn der Tante Mizzi, der ihr beim Ausmalen der Wohnung hilft. Das alles kratzt am Wirtschaftswachstum und bringt doch mehr Wohlstand und Komfort ins Leben.

Intelligente Energie – weniger Wachstum

Damit Sie nicht glauben, ich hätte nur Beispiele aus dem ländlichen, bäuerlich rustikalen Milieu, biete ich Ihnen jetzt ein Beispiel aus der Energiewirtschaft. Am 25. Juli 2015 schrieb „Der Standard":

> *Spaniens Energieriesen verfeuern Braunkohle, um den Bedarf für Klimaanlagen zu decken. Die Kraft der Sonne wird vernachlässigt.*

Es war sehr heiß in Spanien im Juli 2015, sehr viel Energie ist von der Sonne auf die iberische Halbinsel geprallt. Zu dieser Energie ist dann noch die Energie der Braunkohlekraftwerke dazugekommen. Wahrscheinlich ist es dann noch heißer geworden. Auch den Aktieninhabern der Energieriesen wie *Endesa, Iberdrola* oder *Gas Natural* ist warm ums Herz geworden und erst recht unseren Wachstumsfetischisten. Ja, die Sonne hat dem Wirtschaftswachstum kräftig eingeheizt. Ich hätte da einen bescheidenen Vorschlag, der leider nicht ganz von mir ist, aber den ich aus diversen Zeitschriften zusammengesammelt habe: Man verwende die Energie der Sonne zum Betreiben der Klimaanlagen. Diese Energie gehört uns allen. Diese Energie ist zum richtigen Zeitpunkt am richtigen Ort. Man braucht sie also gar nicht zu transportieren oder zu lagern, sie ist einfach da, frisch, unverbraucht und sogar sauber und noch dazu demokratisch. Keine elendslangen Stromautobahnen, nichts! Man bräuchte nur ein bisschen Geld für Solar- und für Klimaanlagen, in Spanien, in Afrika und halt überall, wo es heiß ist. Nein, nicht die großen Investoren sind gefragt, es reichen kleine Investoren, die Tante Mizzi etwa, die ihr Sparschwein schlachtet, oder der Nachbar, der gerade Geld flüssig hat. Groß-Investoren mögen das gar nicht. Die bauen lieber Atom-, Kohlekraftwerke oder Gas- und Erdölleitungen und Stromautobahnen um die ganze Erde herum. Sie ersticken damit die Zukunft unserer zukünftigen Generation. Große Energiekonzerne sind sehr dagegen, dass sich kleine Anlagen durchsetzen, das ist reine Geschäftsstörung. Irgendwie haben sie ja Recht. Wenn sich das in großem Stil ausbreitet, sinkt das Bruttoinlandsprodukt, weniger Öltanker müssen über die Meere fahren, Arbeiter der Kohleindustrie müssen entlassen werden, die Pensionsfonds, die in Atomkraftwerke oder Energiekonzerne investiert haben, erzielen eine niedrigere Rendite und können nur noch kleine Pensionen zahlen. Und überhaupt: Die Wirtschaft schrumpft. Sie haben sicher schon bemerkt, dass mir dieses Szenario gefällt und gut zu meinem Wertekatalog passt. Ich würde es einfach „intelligenter Einsatz von Ressourcen" nennen. Dazu käme noch ein netter Nebennutzen: frischere Luft, weniger Verkehr, weniger Staub. höhere Lebensqualität, weniger Klimawandel, weniger Arbeit, weniger Krankheit! Wenn die restliche Arbeit auch noch gut auf alle aufgeteilt wird, gibt es nur Gewinner, bis auf ein paar Finanzhaie und Spekulanten halt, aber um die muss man sich eh keine Sorgen machen. Schrumpfen ist also gut. Sie haben mich sicher richtig verstanden: Die mit Sonnenenergie betriebenen Klimaanlagen stehen für viele schon bekannte Möglichkeiten des intelligenten Einsatzes von Energie und Rohstoffen, aber auch für noch unbekannte Möglichkeiten, die unsere Nachfolgegeneration entdecken wird, wenn wir ihnen nicht die Zukunft durch Atomkraftwerke verbauen und die Energiekonzerne alle Patente aufkaufen. Schrumpfen tut gut.

Intelligenter Verkehr – weniger Wachstum

Das ganze Verkehrs- und Transportwesen ist ein wahres Paradies fürs Gesundschrumpfen und bietet reichhaltige Quellen der intelligenten Nutzung von Ressourcen. Quasi eine Goldgrube, die zur allgemeinen Nutzung gratis zur Verfügung steht. Eventuell braucht es ein paar Ideen und etliche von der Transportlobby unabhängige, unbestechliche Politiker.

Nehmen wir einmal das Verbot von Kabotage. Dieses Verbot wurde innerhalb der EU nur zögerlich durchlöchert und erfreut sich einer gesicherten Existenz zwischen EU und Nicht-EU Ländern. Wenn etwa ein ukrainischer Fernlaster Güter anschleppt, muss er bei der Rückfahrt aus Wettbewerbsgründen wieder leer heimfahren. In Europa fährt etwa ein Viertel aller Lastwagen leer über die Straßen. Das besagt eine Studie, die von der EU Kommission beauftragt wurde. Schlecht organisiert halt vom Standpunkt der intelligenten Nutzung von Ressourcen. Oder ein ausländisches Luxuskreuzfahrtschiff darf in Athen keine neuen Passagiere aufnehmen, auch wenn Platz wäre. Es darf nur die schon mitgebrachten Passagiere wieder mitnehmen. Oder ein Wiener Taxi, das einen Fahrgast von Wien nach Schwechat transportiert, muss leer wieder heimfahren, das besagt ein eigenartiges Gesetz namens „Mitnahmeverbot".

Denken Sie einmal an unsere „intelligenten" Produktionsverfahren, intelligent im Sinne der Transportlobby. Da säen sie in Brasilien Sojasaatgut von Monsanto, düngen die Felder mit US-amerikanischem Dünger und schützen die Pflanzen mit Gift, hergestellt von internationalen Chemiekonzernen. Die fertige Soja mit den Giftresten transportieren sie dann ans Meer und übers Meer nach Europa. Das kriegen dann unsere Kühe und Schweinerl zum Fressen. Die Milch der so gefütterten bayrischen Kühe landet als Erdbeerjoghurt in Berlin, die Schleswig-Holsteinische Milch in den bayrischen Läden. Das Fleisch unserer Viecherl will der EU Kommissar auch in China und Vietnam verscherbeln. Damit werden wir sicher Exportkaiser. Ich glaube nicht, dass das besonders schlau ist. Aber es ist sicher im Sinne der Transportlobby und des Wirtschaftswachstums. Macht es wirklich Sinn, die eigenen Äpfel verfaulen zu lassen und dafür Äpfel aus Neuseeland oder Südafrika zu importieren? Macht es Sinn, Kühlschränke so zu bauen, dass sie nach kurzer Zeit zu verschrotten sind? In den vergangenen 30 Jahren haben sich die Transport-Distanzen bei Waren verdoppelt. Essen wir wirklich so viel mehr und brauchen wir wirklich so viel mehr Kühlschränke? Eher nicht, es zeigt nur, dass Energie in großem Stil sinnlos produziert und verwendet wird. Der VCÖ, der Verkehrsclub Österreich, hat in seinem Magazin 2014-1 viele Beispiele aufgezählt, wie man höchst intelligent den Energie- und Ressourcenverbrauch einschränken und gleichzeitig den Wohlstand erhöhen und die Luftqualität und Mobilität verbessern kann. Es ist gar nicht so schwer, die Nutzungsdauer von Geräten zu verbessern, es ist gar nicht so schwer, Produkte dort zu produzieren, wo sie auch verwendet werden. Es ist gar nicht schwer, statt Erdbeerjoghurt die Rezepte zur Produktion von Erdbeerjoghurt zu transportieren und dieses Joghurt nach diesen Rezepten dort zu produzieren, wo es konsumiert wird. Es ist gar nicht schwer, Kleider im eigenen Land zu nähen, statt sie in Bangladesch zu Schandlöhnen produzieren zu lassen. Es ist gar nicht schwer, Transportwege zu minimieren und den Bedarf an Transport zu reduzieren. Es ist gar nicht schwer, statt Kraftwerke und Stromautobahnen zu errichten, Energie intelligent einzusetzen und mit viel weniger Energie einen höheren Wohlstand für alle zu erreichen. Es ist gar nicht schwer, statt Lebensmittel als Treibstoff zu verbrennen, Sonnenenergie direkt zu nutzen.

Schrumpfen ist leicht und schwer

Schrumpfen ist also leicht! Gehen wir doch mit wehenden Fahnen dem Zeitalter der intelligenten Verwendung von Ressourcen, Energie und Arbeitskraft entgegen. Wie das im Leben so ist, ist das ganz Leichte doch wieder sehr schwer. Praktisch alle Maßnahmen haben eines gemeinsam: Sie stehen der Gottheit Wirtschaftswachstum im Wege, reduzieren die zu verrichtende Arbeit und verringern die Rendite der Investoren – und das geht nun wirklich nicht. Die Politiker verspüren nur zu

Abbildung 14:
Leicht oder schwer?

95

deutlich die Pistole der Spekulanten und Konzernbosse im Rücken. Sie müssen auf die Kohle-, Erdöl und Atomindustrie Rücksicht nehmen. Auch die Bosse und Spekulanten spüren ihrerseits die Pistole in ihrem Rücken. Sie müssen Gewinne und hohe Renditen erzielen, das fordern die Investoren, die Anleger und die Pensionsfonds und damit wir selber. Darum ist es doch wieder sehr schwer. Und die neoliberale Propagandamaschinerie hämmert uns gebetsmühlenartig ein, dass die Wirtschaft wachsen und der Staat schrumpfen sollte, damit er ja nicht auf die Idee komme, Energiesparmaßnahmen zu fördern.

Ablenkung und Unsinns-Korrelation

Ich meine, dass die undifferenzierte Forderung nach diffusem Wirtschaftswachstum eine der größten Ablenkungsmaschinerien ist. Statt Gemeinwohl für alle zu fordern, statt intelligente Nutzung von Energie und Ressourcen zu fordern, statt demokratisches, menschenrechtskonformes Wirtschaften und friedliches Zusammenleben zu fordern, muss eine abstrakte, nichts sagende und willkürliche ökonomische Messgröße erhöht werden. Und darauf mögen wir alle unsere Kreativität und Intelligenz richten. Besser kann man gar nicht ablenken, ein wahrer Zauber. Und die ganze Welt debattiert über Wirtschaftswachstum und kümmert sich nicht um das Gemeinwohl. In der Forderung nach Wachstum ist auch eine Behauptung integriert: Wenn die Wirtschaft nur hinreichend wächst, dann fällt für euch alle ganz bestimmt ein Krümelchen ab. Die Behauptung wird aber nicht ausgesprochen, sondern nur suggeriert, ist aber schon längst durch die Realität widerlegt und ins Reich der Legende und Mythologie abgewandert und ausgelagert. Das Wirtschaftswachstum korreliert so überhaupt nicht mit dem Wohlstand der meisten Menschen in unserem Land. Im Gegenteil, hohes Wirtschaftswachstum heißt auch in unserem Land in den letzten Jahrzehnten sinkende Einkommen für die meisten Menschen.

Laut Statistik Austria ist das BIP durchschnittlich um mehr als 1% seit dem Jahr 1998 real gestiegen. Laut Rechnungshof fielen in diesem Zeitraum die niedrigen Einkommen sehr stark. Bei Arbeitern (Frauen und Männer gesamt) sank das Einkommen inflationsbereinigt in diesen 15 Jahren seit 1998 um 14 Prozent. Am meisten hat es die einkommensschwächsten 10% der Bevölkerung erwischt. Ihr Einkommen ist seit 1998 auf 65 Prozent des Wertes von 1998 gesunken. Ganz besonders sind die Frauen betroffen. Man kann ganz gut verstehen, dass viele Menschen eine gar nicht eingebildete, sondern sehr reale Zukunftsangst befällt. Man kann es gut nachfühlen, wenn sich die Menschen mit ihren Sorgen nicht verstanden fühlen. Dabei geht es uns in Österreich noch immer gut. In Ost- und Südeuropa ist zunehmende Armut nicht mehr zu übersehen. Die sozialen Revolutionen in Nordafrika und im Nahen Osten haben sich zu blutigsten Bürgerkriegen gewandelt mit bekannten Folgen auch für Europa.

Wachsen ist gut

Wachstum ist nicht nur böse, sondern auch gut, ja sogar Wirtschaftswachstum kann gut sein. Aber man muss die Dinge auseinanderdröseln, das gute und das böse Wachstum. Schließlich kann man auch nicht Zwetschken und Quadratmeter addieren, das geht nicht. Wenn Sie glauben, ich sei jetzt auf der Welle der Wachstumsfetischisten, haben Sie sich getäuscht, zumindest teilweise. Auch will ich nicht das Geschäft der neoliberalen Propaganda betreiben, nein! Aber drei Beispiele wegen der Ausgewogenheit seien hier angeführt, viele weitere überlasse ich Ihnen, damit mein Buch die Bezeichnung Mitmachbuch verdient.

Gesundheit soll wachsen

Der Gesundheitsbereich ist in höchstem Maße reformbedürftig, er droht gerade krank gespart zu werden. Mit der Nebenbedingung, dass eine Reform nichts kosten darf, wird man den Gesundheitsbereich nicht sanieren können. Niemand glaubt ernsthaft, dass weniger Ärztinnen, weniger Pflegepersonal, weniger Spitäler und eine längere Anfahrtszeit zu den Spitälern und längere Wartezeiten bei den Ärzten eine bessere Gesundheitsversorgung seien. Es wäre leichter, den Menschen zu erklären, dass Qualität etwas kostet und auch etwas kosten darf. Man darf mit gutem Grund hoffen, dass Qualität langfristig billiger ist als eine wilde Gesundheitsschnäppchenjagd. Mit Stolz und viel

Zuversicht, statt gramgebeugt, könnten unsere Politiker an die hehre Aufgabe herangehen, das Gesundheitssystem zu bewahren und weiter auszubauen. Und seien Sie einmal ehrlich: So schlecht ist unser Gesundheitssystem nicht.

Ein gutes Gesundheitssystem wird nicht über uns hereinbrechen, wie ein Gewitter. Wir werden es gut planen müssen, wir werden uns sehr viel für die Finanzierung überlegen müssen. Aber es wird sich lohnen. Ja, wir brauchen mehr gut bezahlte Ärztinnen, mehr gut bezahltes Pflegepersonal für Kranke und alte Menschen, mehr gut bezahlte Betreuung zu Hause und in Spitälern und Pflegeheimen. Und ganz besonders in ländlichen und in entlegenen Regionen. Damit kann man etwa moderne Fluchtbewegungen vom Land in die Stadt eindämmen. Das lässt sich gut als Infrastrukturmaßnahme verkaufen. Sowas kostet, wir sollten es uns leisten wollen. In praktisch allen Umfragen ist den Menschen die Gesundheit das allerwichtigste und die Menschen wissen sehr wohl, dass das auch etwas kostet und ganz gewiss etwas bringt. Wir haben es verdient, von einem gut ausgeruhten und gut bezahlten medizinischen Personal behandelt zu werden. Ein in allen Regionen gut ausgebautes Gesundheitssystem kann auch sparen helfen: Eine weniger lange Anreise zum Arzt, zum Spital für Patienten, Begleiter und Besucher, raschere Hilfe, weniger Wartezeit auf so manche Operation, weniger sündteure Medikamente zur Überbrückung der Wartezeit, bessere Heilungschancen durch bessere menschliche Betreuung, ein fröhlicheres Personal, das bei guter Bezahlung auch zu bekommen wäre.

Für unsere neoliberalen Wachstumsfetischisten hätte ich zusätzlich noch einen Nebeneffekt anzubieten: Wirtschaftswachstum, siehe da. Und ein Blick in die große weite Welt kann nie schaden. Die Republik Österreich hat eines der besten Gesundheitssysteme weltweit und wir sollten dies wertschätzen. Ob Amerikaner oder Brite, ob Spanier oder Ägypter, ob Inder oder Chinese, sie alle würden liebend gerne mit uns tauschen. Und teuer ist es auch wieder nicht. Österreich gab 2014 11,1% des BIP für Gesundheit aus, die USA für ein katastrophal schlechtes System 16,9%. Ganz verwunderlich ist dies auch wieder nicht, da unser öffentliches Versicherungssystem den privaten Krankenversicherungen in den USA oder Großbritannien haushoch überlegen ist. Am milliardenschweren Widerstand der privaten Versicherungskonzerne, die zu Recht um ihr Geschäft bangen, ist die Reform von Präsident Obama zu einem großen Teil gescheitert. Es geht schließlich um tausende Milliarden US Dollar, da zahlt sich ein wenig Bestechung, legalisiert als Lobbying, durchaus aus. Ohne Verschwörungstheorien zu strapazieren, geht es auch bei uns um viele Milliarden Euro, die der Versicherungsindustrie entgehen durch ein gutes und gesundes, öffentliches Gesundheitssystem. Es gibt durchaus milliardenschwere Gründe, warum so manche Interessensgruppe unser hervorragendes Gesundheitssystem nicht weiterentwickeln, sondern krank jammern und krank sparen will.

Aber freilich, Änderungen im Gesundheitssystem werden zu jeder Zeit auch in Österreich wichtig sein. Wie wäre es mit billigeren Arzneimitteln und mit einer hohen Besteuerung der Gewinne der Arzneimittelkonzerne, die ihre Milliarden irgendwo in Steuerparadiesen anlegen? Da ist riesiger Spielraum für Einsparungen und für die Finanzierung.

Bildung soll wachsen

Selten ist man sich in allen politischen Lagern einig: Bildung ist was Gutes, alle sollten wir noch gebildeter werden! Ja, unbedingt! Nur: Wie macht man das? Da ist aber rasch Schluss mit Einigkeit. Von neoliberaler Seite hören wir, dass genügend Geld vorhanden sei. Lehrerinnen etwa seien ohnehin überbezahlt. Als Unterstützung für diese zweifelhafte These werden die wildesten Vergleiche an den Haaren herbeigezogen und Zahlen erfunden. Ja, österreichische LehrerInnen verdienen mehr als die bulgarischen und die rumänischen, die ukrainischen und ungarischen. Aber es verdienen halt auch die österreichischen Busfahrer, die Köche, die Maurer, die Bänker, die Spekulanten, die Millionäre in Österreich mehr als die in den genannten Ländern. Bei den Kosten für das Personal wird in Österreich oft auch die pensionierte Version des Personals miteingerechnet. Das trägt dann zur vermeintlichen und herbeigeredeten Kostenexplosion bei. (Siehe den Artikel von Agenda Austria: *Lehrer – Ein anspruchsvoller Beruf mit respektablen Gehältern*). Es bedürfe nur einer geeigneten Umstrukturierung und der richtigen Maßnahmen, dann entstehe wie von selber ein neues, viel besseres Bildungssystem.

Aber Bildung kostet und ohne eine deutlich bessere Dotierung wird man kein besseres Bildungssystem schaffen können. Auch Bildung gibt es nicht zum Schnäppchenpreis. Und gute Bildung darf etwas kosten. Steuerscheue Internetkonzerne etwa sind eingeladen, einen angemessenen Beitrag für gute Bildung zu leisten. Sie profitieren auch von gut ausgebildeten Fachkräften. In den letzten Jahrzehnten sind praktisch alle vermeintlichen Reformen am Sparprinzip gescheitert. Mehr Kapital für ein besseres Bildungssystem, für mehr Personal an Kindergärten, Schulen und Universitäten kann auch sehr gut zum Wirtschaftswachstum beitragen.

Infrastruktur soll wachsen

Wir alle wollen uns gute Infrastruktur leisten, sie dient schließlich allen. Wir wollen alles unternehmen, um eine gute Infrastruktur zu finanzieren. Nicht einmal vor hohen Steuern schrecken wir zurück, denn schlechte Infrastruktur ist sehr, sehr teuer. Gute Infrastruktur kostet halt. Gute Infrastruktur hilft schließlich allen sparen. Eine Verkehrsanbindung für alle bis in die weit entfernten Täler, Mobilität für alle, eine öffentliche Wasserversorgung und öffentliche Abwasserentsorgung, Müllentsorgung, saubere Luft, saubere Umwelt, freier Zugang zur schönen Landschaft, freie Fahrt für Radfahrer auf allen Straßen und Wegen, schnelle Kommunikation, rascher Zugang für Bildung, Gesundheitsversorgung, Zugang zu Kultur für alle und was weiß ich was noch alles. Wir müssen nur wollen. Und gute Infrastruktur bis ins letzte Tal dämmt Fluchtbewegungen vom Land in die Stadt ein. Für die neoliberale Propagandamaschinerie habe ich auch was anzubieten: Wirtschaftswachstum, und zwar die gute Version – im Sinne des Gemeinwohls halt.

Sind Sie jetzt für oder gegen hohes Wachstum?

KAPITEL 8

PENSIONEN

Geschäftemacherei versus Vertrauen

Weniger Staat und mehr Geschäftemacherei charakterisieren den Neoliberalismus. Das Pensionsthema ist wie geschaffen, um den Neoliberalismus zu beschreiben. Bei den Pensionen geht es um viele Milliarden und um noch viel mehr. Es geht um Vertrauen, das wir den künftigen Generationen entgegenbringen oder eben nicht. Es geht um einen von Unsicherheit geprägten, letzten Lebensabschnitt, in dem wir zur Kenntnis nehmen müssen, dass die geistigen und körperlichen Kräfte nachlassen und wir von anderen abhängig sind. Sollen wir diesen Zeitabschnitt der Geschäftemacherei überlassen oder auf Vertrauen setzen? Wenn du alt bist, sorge ich für dich, wenn ich alt bin, sorgt die Nachfolgegeneration für mich. Misstrauen wir der künftigen Generation und häufen Kapital an, das uns vermeintlich unabhängig von den anderen macht, oder vertrauen wir den nachfolgenden Menschen? Das ist die entscheidende Frage. Vertrauen kostet gar nichts. Nur Mut und eine hartnäckige Arbeit, Vertrauen aufzubauen. Misstrauen in unsere zukünftige Generation kostet sehr viel Geld, das wir den Pensionsfondsmanagern und den Finanzkonzernen zahlen müssen, damit sie auf unser Kapital aufpassen und es nicht in einem Finanzloch versickert. Ich vertraue lieber in die zukünftige Generation, was freilich von Seiten der Finanzindustrie als massive Geschäftsstörung aufgefasst werden kann.

Die erschlaffte demographische Bombe

Es geht also um Vertrauen und um tausende Milliarden Euro. Das Pensionsthema ist deshalb Gegenstand von übelster Propaganda, von Panikmache und skandalöser Desinformation, die von bezahlten Lobbying-Unternehmen eifrig betrieben wird. Von vielen Beispielen von

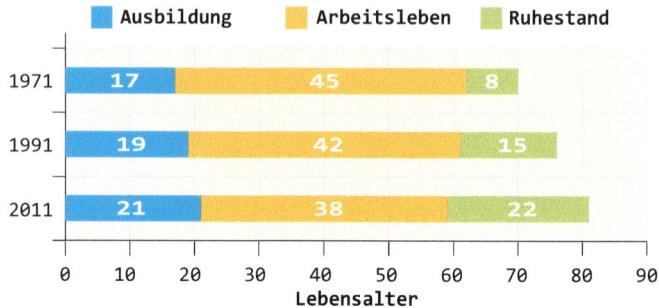

Abbildung 15: Suchbild 1: Wo ist der Fehler?

Desinformation und Irreführung der Allgemeinheit möchte ich zwei hier anführen: Die nicht vorhandene demographische Bombe und skandalöse Renditeversprechen. Viele Faktoren und Parameter spielen beim Thema Alterssicherung eine wichtige Rolle, sicherlich auch demographische Kennzahlen. Hier ein Beispiel, wie Panikmache mit scheinbaren demographischen Kennzahlen betrieben wird. Ich habe sie aus dem Schriftstück „Pensionen – Alles, was Sie wissen sollten" der Agenda Austria nachgebaut.

Es dürfte ziemlich allgemein bekannt sein, dass wir uns den Luxus leisten, unsere jungen Menschen länger auszubilden. Daraus resultiert ein späterer Eintritt ins Erwerbsleben, statt mit 17 erst mit 21 Jahren. Ein weiterer Luxus, auf den wir zurecht stolz sein können, ist die höhere Lebenserwartung im Vergleich zu 1971. Der soziale Fortschritt hat uns weiters ein früheres Pensionsantrittsalter beschert, eine äußerst kluge Maßnahme zur Schaffung von Wohlstand. Das Zeitintervall für Pensionisten ist quasi von der Länge 8 auf die Länge 22 „explodiert". Gleichzeitig ist das Zeitintervall für die erwerbsfähige Personengruppe geschrumpft, von 45 auf 38. Mit der gewählten Darstellung soll der Eindruck entstehen, dass die Erwerbstätigen seit 1971 immer mehr in die Enge getrieben werden und viele nicht Erwerbstätige zu versorgen hätten. Das wäre ja im Sinne der Panikmache und Desinformation.

Wo liegen aber die schlecht versteckte Propaganda und die Desinformation in der Graphik der Agenda Austria? Nun, der „junge"

102

Balken ist länger geworden (von 17 auf 21), aber es sind in dem länger gewordenen Intervall viel weniger junge Leute drinnen als vorher im kürzeren Balken. Es gibt halt weniger Kinder. Der „mittlere" Balken hat sich verkürzt (von 45 auf 38). Und trotzdem befinden sich laut der Statistik Austria mehr Menschen drinnen. Bei der Darstellung der Agenda Austria geht es also nicht etwa um mehr oder weniger Menschen in einer bestimmten Gruppe, sondern um die Länge von Intervallen. Vor Intervallen müssen wir uns aber wirklich nicht fürchten, die explodieren sicher nicht. Ermutigt durch die Graphik der Agenda Austria habe ich für Sie eine suggestive Frage vorbereitet. Die Frage lautet: Welches Land hat mehr Einwohner: A oder B? Der Fairness halber muss ich gestehen, dass die Länder nicht im gleichen Maßstab abgebildet sind. Das größere Land ist in Wirklichkeit noch viel größer. Sie sollten sich aber ohnehin an eine alternative Darstellung von alternativen Fakten gewöhnen. Man findet sie nur allzu oft.

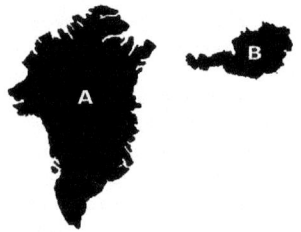

Abbildung 16: Welches Land hat mehr Einwohner?

Eine weitere, irreführende Behauptung der neoliberalen Denkfabrik Agenda Austria ist die folgende:

Immer mehr ältere Menschen müssen von immer weniger Menschen im arbeitsfähigen Alter versorgt werden. Das wird zusehends unfinanzierbar. Es droht die demographische Bombe.

Solche Sätze gehören mittlerweile schon zum Allgemeinwissen. Sie tragen wesentlich zur Angstmache und Verunsicherung bei. Ich ordne solche Sätze in die Kategorie Halblüge oder Halbwahrheit ein. Viele Menschen glauben tatsächlich, dass sie später einmal keine vernünftige Pension erhalten werden. Ob ein Pensionssystem finanzier-

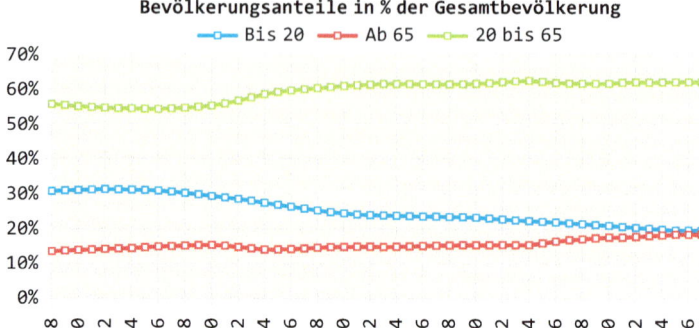

Bevölkerungsanteile in % der Gesamtbevölkerung
—□— Bis 20   —□— Ab 65   —○— 20 bis 65

Abbildung 17: Suchbild 2: Wo ist die demografische Bombe?

bar ist oder nicht, ist kein Naturereignis und auch nicht irgendwie messbar. Es ist ausschließlich politischer Wille einer Gesellschaft. Wahr an dem Satz ist, dass es immer mehr ältere Menschen gibt. Sachlich falsch ist, dass sie von immer weniger Menschen im erwerbsfähigen Alter versorgt werden müssen. Der Anteil an Menschen im erwerbsfähigen Alter hat sich in den letzten 50 Jahren in Österreich praktisch nicht geändert. Wie aus den Daten der Statistik Austria hervorgeht, müssen mehr Menschen im erwerbsfähigen Alter mehr ältere Menschen, aber viel weniger junge Menschen versorgen. Um es auf den Punkt zu bringen: Wir brauchen mehr Altersheime, dafür aber viel weniger Schulen.

Auch die Pensionsbelastungsquote hat sich praktisch nicht geändert. Die Presse, eine nicht gerade als kommunistisch verschrieene Tageszeitung, berichtet am Freitag, 13. März 2017: „Die Demographie-Katastrophe ist abgesagt".

Aus diesen Daten und der Geschichte der letzten 50 Jahre geht klar hervor, dass es keine durch Fakten belegte Veranlassung gibt, die Arbeitszeit in Form von späterem Pensionsantritt zu verlängern. Länder mit spätem Pensionsantritt verzeichnen rasch ansteigende Jugendarbeitslosigkeit. In Österreich ist es noch immer der Brauch, Menschen mit 60 hochkant aus dem Betrieb hinauszuschmeißen und gleichzeitig über Fachkräftemangel zu jammern. Es gibt eben weniger Arbeit für ältere Menschen. Der Anteil der Menschen über 65 hat sich seit den 60er-Jahren um 60% erhöht. Hätten unsere neoliberalen Propagandisten dies damals gewusst, wäre wohl die Katastrophe ausgerufen worden: Das ist ohne Anstieg des Pensionsantrittsalters völlig unfinanzierbar! Wir müssen rasch handeln! Tatsächlich ist unser Umlagesystem noch immer finanzierbar. Kluge Politiker haben seit den 60er-Jahren das Pensionsantrittsalter gesenkt, die Lebens-, die Jahres- die Wochen- und Tagesarbeitszeit verkürzt und ein respektabler Wohlstand ist ins Land gezogen. Zusätzlich leisten wir uns eine hohe Arbeitslosigkeit. Wir sollten aus der Geschichte lernen und Menschen über 60 frei von Erwerbszwang über ihre Zeit verfügen lassen. Vertrauen wir diesen Menschen, dass sie diese Freiheit nutzen, um freiwillig wertvolle Kultur- und Beziehungsarbeit zu leisten oder flexibel auf der Berghütte auszuhelfen.

Skandalöse Versprechungen

Privatpersonen und Politiker werden von Finanzhaien durch skandalöse, völlig unhaltbare Versprechungen verlockt, Ersparnisse und Milliarden Steuergelder in kapitalgedeckte Pensionssysteme zu stecken, bei uns heißen diese Systeme schönfärberisch Pensionssäule 2 und 3. Das Schicksal von Millionen von Menschen soll Gegenstand von Geschäftemacherei werden und in die Hände von Spekulanten gelegt werden, denen wir hilflos ausgesetzt sind. Man scheut nicht vor übelster Propaganda zurück.

Der jährliche Pensionskassenbrief der österreichischen Pensionskassen liefert ein hervorragendes Beispiel. Im Pensionskassenbrief 1/2019 vom 19.1.2019 des Fachverbandes der Pensionskassen wird berichtet, dass die österreichischen Pensionskassen insgesamt ca. 22 Milliarden Euro verwalten. Weiters lesen wir, dass

das für die Pensionskassen-Kunden besonders wichtige langjährige durchschnittliche Jahresergebnis über 28 Jahre bei plus 5,17 Prozent pro Jahr liegt.

Der Fachverband der österreichischen Pensionskassen berichtet also, dass ein vor 28 Jahren durchschnittlich veranlagter Tausender sich zu einem beachtlichen Betrag von $1.000*1,0517^{28} = 4.101,78$ Euro

mehr als vervierfacht hat. Bravo! Leider berichtet der Pensionskassenverband von einer Messgröße, die genau nichts mit dem tatsächlichen
Ertrag zu tun hat, er berichtet vom arithmetischen Mittel.

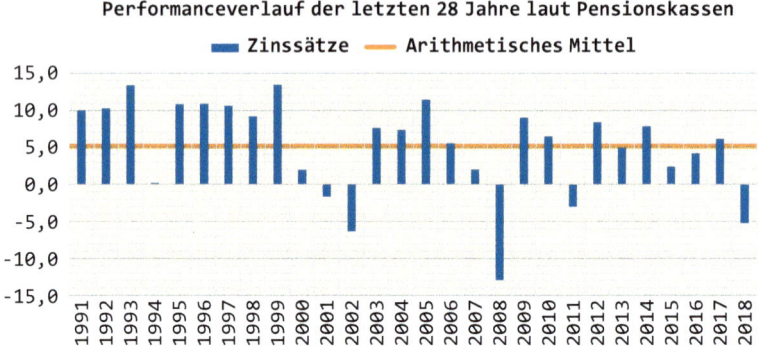

Abbildung 18: Suchbild 3: Finden Sie den Fehler

Jede Gymnasiastin und auch meine Tante Mizzi wissen, dass sie einen Verlust von stattlichen 10 Euro machen, wenn sie bei einer Einlage von 1000 Euro im ersten Jahr 10% Rendite erwirtschaften und im
2. Jahr einen Verlust von ebenfalls 10% zu ertragen haben. Und dies
obwohl das arithmetische Mittel des Anlageertrags genau null ist. Jeder Gymnasiast und jeder Vertreter einer Pensionskasse sollte wissen,
dass zur Berechnung des durchschnittlichen Zinsertrages das leider
stets kleinere geometrische Mittel anzuwenden wäre. Weiters
wünscht sich jeder Anleger, dass er gerade dann einen hohen Betrag
veranlagt hat, wenn es gute Zinsen gibt. Ein hoher Anlageertrag ist
ihm dagegen herzlich egal, wenn er gerade schlecht bei Kassa ist. Mathematiker sprechen davon, dass ein gewichtetes geometrisches Mittel eine halbwegs brauchbare Auskunft über die Güte des Anlageertrages gibt. Aus den Angaben des Verbandes der Pensionskassen über
die Höhe des anzulegenden Kapitals und der jährlichen Renditen errechnet sich ein gewichtetes geometrisches Mittel von höchstens
3,46%. Der Verband der Pensionskassen suggeriert ein Mittel von
5,17% als durchschnittlichen Anlageertrag. Aber damit noch nicht genug. Wir alle wissen, dass der damalige Wert von 1.000 Schilling von

der Inflation ordentlich angeknabbert wurde. Das reduziert nochmals die reale Rendite auf weit unter 2% jährlich, das ist immerhin ein positives Anlageergebnis, aber halt um gute 3% weniger als suggeriert. Bin ich zu pingelig? Was sind schon müde 3% an zu hoch suggeriertem Ertrag.

Nehmen wir als Beispiel Isidor her, den Enkel meiner Tante Mizzi. Er beginnt mit 20 eigenes Geld zu verdienen, zahlt brav jährlich 1.000 Euro in eine Zukunftsvorsorge oder bei so was Ähnlichem ein. Er geht mit 65 in Pension. Wir lassen ihn dann mit 80 friedlich für immer entschlummern. Er zahlt also 45 Jahre ein und erhält 15 Jahre lang eine Pension. Wieviel Privatpension darf er versicherungsmathematisch erwarten bei 5,17%, bei 3,46%, bei 1,8% und bei 0% jährlicher Rendite, wobei wir eine jährliche Inflation von 2% annehmen? Das ist

Pensionshöhe nach Rendite		
Rendite	Pension ohne Inflation	Pension mit Inflation
5,17%	€ 16.330,-	€ 8.220,-
3,46%	9.061,-	4.707,-
1,80%	5.246,-	2.826,-
0,00%	3.000,-	1.687,-

Tabelle 1: Was bringt die Rendite?

jener Prozentsatz, den die Zentralbanken anstreben.

Sie sehen, die Unterschiede sind mehr als beachtlich, von pingeliger Haarspalterei kann wohl keine Rede sein. Ob wir 3.000 Euro jährlich Pension beziehen oder 16.330 Euro, das macht schon einen Unterschied aus. Mit den Pensionskassenberichten des Pensionskassenverbandes tanzen die Vertreter uns und den Politikern auf der Nase herum und versprechen uns das Blaue vom Himmel. Es bedarf dringend einer Gesetzesänderung, die die Banken und Pensionskassen ermutigt, korrekt, wahrheitsgetreu und realitätsbezogen zu informieren. Die Pensionskassenberichte sind ein Skandal, bei dem es um Milliarden geht. Die Pensionskassen haben in der Vergangenheit nicht 5,17% Rendite erwirtschaftet, das sind verantwortungslose Fake

News. Als Versprechen für die Zukunft stellen sie erst recht einen Skandal dar. Man drängt uns Menschen und die Politik Milliarden in ein System zu stecken, das in keiner Weise die Erwartungen erfüllen kann.

Die österreichische Bundesregierung, unsere Parlamentarier, meine Tante Mizzi und wir ganz gewöhnlichen Menschen würden sehr gerne wissen, wie hoch der Anlageertrag tatsächlich ist unter Berücksichtigung der Inflation und der Kosten, die das Anlegen von Kapital verursacht. Es ist allgemein bekannt, dass Banken sehr viel verdienen wollen und das geht ganz sicher auch auf Kosten unseres Anlageertrages. Wenn Sie einen Zukunftsvorsorgevertrag abgeschlossen haben oder eine betriebliche Zusatzpension erwarten, können Sie bei einem Spaziergang durch die Glaspaläste des Londoner Finanzzentrum Canary Wharf ihrem Enkerl voll Stolz erzählen: „Das habe ich mit meinen Steuern und meiner Vorsorgeprämie und mit meinem Beitrag zur Betriebspension mitfinanziert!" Aber vielleicht ist Ihnen das gar nicht recht.

Wie kommen die Renditen zustande?

Wie bei vielen Berichten ist es sicherlich noch viel aufschlussreicher, was denn alles nicht in einem Bericht steht. Ich bin der Meinung, dass wir alle, inklusive meiner Tante Mizzi, der Regierung und des Parlaments es redlich verdient haben, zu erfahren wie denn die Renditen zustande kommen. Wie haben denn das diese Teufelskerle gemacht? Ich darf vorwegnehmen: Wir Steuerzahler und unsere zukünftige Generation zahlen die vermeintlich hohen Renditen selber zu einem extrem hohen Preis. Ich möchte diese Aussage mit ein paar Beispielen demonstrieren.

Im Zuge der als „Griechenlandrettung" bezeichneten europäischen Bankenrettung mussten die europäischen Steuerzahler Milliarden dafür aufwenden, um den Banken die Rendite etwa für Griechenlandanleihen zu sichern. Ein dringend notwendiger Schuldenschnitt hätte die Banken Milliarden gekostet und die Renditen von Pensionsfonds und Pensionskassen wären jämmerlich verkümmert. Immer wieder wurde zu Recht betont, dass ja auch „unsere" Pensionsgelder und institutionellen Anleger betroffen wären, wenn eine Bank bankrottgeht.

Ganz gewiss haben viele europäische Pensionsfonds sehr lukrative Griechenlandanleihen gezeichnet, die dank der Milliarden an Steuergeldern eine kleine, selbstfinanzierte Rendite abwerfen.

Auch unser ehemaliger Finanzminister Michael Spindelegger hat immer wieder betont, dass die von den Freiheitlichen versenkte Hypo Alpe Adria vom Steuerzahler gerettet werden müsse, weil ja in der Hypo auch unsere Pensionsgelder stecken. Das hat Milliarden gekostet. Ohne die Hypo-Rettung müsste uns Herr Zakostelsky, ehemaliger Abgeordneter der ÖVP und Obmann des Fachverbandes der Pensionskassen erklären, dass leider diesmal viele Gelder versickert seien. Er müsste leider von einem negativen Renditenzuwachs berichten. Wir Steuerzahler haben den Pensionskassen die Renditen gerettet.

Im Zuge der Finanzkrise 2008 war der amerikanische Autokonzern Chrysler praktisch bankrott, aber auch "too big to fail". Er musste auch deshalb mit Steuergeldern gerettet werden, weil hunderttausende Pensionisten und Arbeiterinnen ohne Pension bzw. Pensionsanspruch unter der Brücke gelandet wären. Die Steuerzahlerin hat gezahlt.

Unter anderen ist ein chinesischer Pensionsfonds an der Finanzierung der neuen britischen Atomanlage Hinkley Point beteiligt. Die gegenwärtige britische Regierung zwingt die zukünftige Generation von Briten, zu völlig überteuerten Preisen Atomstrom zu kaufen, um die Rendite des chinesischen Pensionsfonds zu sichern. Die zukünftige Generation wird auch einiges Geld dafür aufwenden müssen, um auf all den Atommüll Jahrhunderte lang aufzupassen. Früher hat man noch gesagt, dass man ein Haus so verlassen möge wie man es anzutreffen wünscht.

Unsere Pensionskassen halten auch Aktien und/oder Anleihen etwa der OMV. Sie „investiert" gerade in den Bau einer Erdgasleitung von Russland nach Mitteleuropa. Wir haben die Wahl oder besser gesagt ein Dilemma: Wollen wir auf eine intelligente Nutzung der Sonnenenergie umstellen, was dazu führt, dass langfristig die Investition in Nord Stream-2 unrentabel wird und unsere Pensionskassen dann leider über einen sinkenden Anlageertrag berichten müssen, oder wollen wir andererseits fleißig fossile Energie verwenden, um den Anlageertrag zu sichern und unsere Umwelt zu ruinieren.

In einem ähnlichen Dilemma befindet sich auch meine Tante Mizzi. Sie hat in einen Immobilienfonds investiert. Anlageberater meinen unisono, man müsse sein Geld in Immobilien stecken, das sei sicher. Meine Tante freut sich über einen hohen Mietertrag der Immobilien des Pensionsfonds und über einen hohen Spekulationsgewinn, der ihr eine gute Rendite und damit eine höhere Privatpension sichert. Auf der anderen Seite ist sie fuchsteufelswild über die immer höher werdende Miete, sie kann sich ihre Wohnung kaum noch leisten, die ihr ja über den Pensionsfond irgendwie auch gehört, zumindest die Türschnalle. In den großen Städten explodieren die Immobilienpreise. Zweitwohnsitze in Stadtnähe bleiben weitgehend unbewohnt, treiben aber die Grundstückspreise in astronomische Höhen. Die Anleger jubeln, die Mieter stöhnen. Unsere Pensionskassen haben ganz sicher auch in Immobilien investiert. Die Mieter finanzieren die Rendite der Pensionskassen. Sollen wir uns darüber freuen?

Kapitalgedeckte Pensionssysteme, unsere 2. und 3. Säule des Pensionssystems bringen uns in ein Riesendilemma. Sollen wir uns freuen, wenn die Mieten steigen, oder giften? Sollen wir uns freuen, wenn die Löhne sinken, weil ja dann der Gewinn und damit die Rendite der Pensionsfonds steigen? Sollen wir uns freuen, wenn ein Unternehmen nach Kasachstan auswandert, weil der Gewinn jenes Unternehmens gesichert wird, von dem die Pensionskassen Aktien halten? Sollen wir uns freuen, dass Arbeiterinnen in der amerikanischen Geflügelindustrie Windeln tragen müssen, damit sie nicht durch Klo gehen Zeit verschwenden und so billiger produzieren und den Profit steigern können? Ich freue mich nicht. Mit den „Investitionen" in Atomkraftwerken, in Erdölleitungen, in Immobilien berauben wir die zukünftige Generation der Möglichkeit, ihre Zukunft selber zu gestalten, Pensionsfonds und andere Investoren kaufen der jungen Generation die Grundstücke vor der Nase weg, zwingen sie, auf unseren Atommüll Jahrhunderte aufzupassen und machen die Verwendung und Produktion von intelligenter Energie unrentabel.

▷ Kapitalgedeckte Pensionen befeuern die Gier. Sie zwingen uns, statt Güter und Dienstleistung für alle herzustellen den Profit für wenige mit allen Mitteln zu steigern.

▷ Kapitalgedeckte Pensionssysteme zwingen uns, tausende Milliarden an Kapital anzuhäufen und diesen Haufen Jahrzehnte lang teuer zu verwalten. Dieses Kapital wird unserer Realwirtschaft und uns Menschen entzogen.

▷ Kapitalgedeckte Pensionen zwingen uns zu wahnwitzigen Privatisierungen. Die Kontrolle über unsere Energieversorgung, die Infrastruktur, das Gesundheits- und Bildungssystem gelangt so in Hände von Spekulanten, statt sie in unsere eigenen Hände und demokratisch legitimierte Institutionen zu legen.

▷ Kapitalgedeckte Pensionssysteme zwingen uns, Erdölleitungen und Atomkraftwerke zu bauen, statt Solaranlagen auf unseren Dächern zu installieren und energieunabhängig zu werden.

▷ Kapitalgedeckte Pensionen zwingen uns, schändlich niedrige Löhne und Pensionen zu akzeptieren.

▷ Kapitalgedeckte Pensionssysteme verstärken den Matthäus-Effekt. Leute, die nichts haben, zahlen für alles Mögliche Steuern, während Millionäre keine Steuern und Sozialabgaben für die Beiträge zu Betriebspensionen leisten.

Ich bevorzuge ein Umlagesystem. Wir sollten den Wahnsinn von kapitalgedeckten Pensionssystemen dringendst stoppen und keinen Cent an Steuergeldern dafür ausgeben. Damit stehe ich in krassem Gegensatz zu den Vertretern der Banken und Pensionskassen, die bei jeder Regierungsbildung und jeder noch so kleinen Gelegenheit mehr Geld für sich und die Finanzkonzerne fordern. Zurzeit werden gerade mehr und höhere Betriebspensionen massiv gefordert. Wir sollten dringend das Neinsagen üben.

Der Generationenvertrag

Umlagefinanzierte Pensionssysteme basieren auf dem Generationenvertrag. Wenn meine Eltern alt sind, zahle ich und ermögliche ihnen ein Leben in Würde. Wenn ich alt bin zahlen meine Kinder und/oder deren Altersgenossen. Wenn meine Kinder und deren Altersgenossen alt sind, zahlt deren Kind-Generation. Das wär's. Jede Person ist in der Position des Gebers und des Nehmers. Als Pensionist war man früher in der Position des Gebers und ist dann in der Position des Nehmers. Als Kind ist man zuerst in der Position des Nehmers und dann in der des Gebers. Keine Kapitalhaufen in der Höhe von tausenden Milliarden müssen angehäuft werden. Es existiert lediglich ein Versprechen, über dessen Einhaltung ein demokratisch legitimierter Staat wachen sollte. Dieses Versprechen ist unverkäuflich und nicht Gegenstand von Geschäftemacherei. Die Verwaltungskosten sind äußerst niedrig. Es sind keinerlei milliardenschwere Werbungskosten notwendig. Umlagesysteme sind jedem kapitalgedeckten Pensionssystem um Häuser überlegen. Die Welt beneidet uns zurecht um unser Umlagesystem, das in den Fünfzigerjahren von klugen Politikern geschaffen wurde. Das Umlagesystem ist finanzierbar, wenn der politische Wille dazu vorhanden ist. Unser Umlagesystem ist bei weitem billiger und effizienter. Für die Finanzindustrie hat das Umlagesystem einen großen Nachteil: Da ist kein Geschäft zu machen. Und das ist gut so. Mir gefällt das. Das Geld bleibt so bei mir und meiner Tante Mizzi. Gefällt es Ihnen auch? Ich kann es nicht verschweigen: Ich möchte Sie dazu ermutigen, viel zu unternehmen, um die Steuerbegünstigung von kapitalgedeckten Pensionen abzuschaffen. Das bringt auch in Österreich Milliarden. Und Sie erhalten vielleicht eine höhere Mindestsicherung oder zahlen weniger Lohnsteuern. Wir können uns dann ein besseres Gesundheitssystem leisten, mehr forschen und die Künstler gut bezahlen, statt das Geld den Finanzhaien nachzuwerfen.

Kapitel 9

Arbeit

Arbeit und Würde

Arbeit kann stolz machen, Arbeit kann beschämend sein. Durch Arbeit können Menschen einen wichtigen Beitrag zum eigenen und zum Gemeinwohl liefern. Durch Arbeit kann die Existenz anderer Menschen und die eigene vernichtet werden. Arbeit kann die Würde und den Respekt von Menschen fördern. Arbeit kann in höchstem Maße entwürdigend sein. Arbeit kann befreiend sein oder erpresst und erzwungen. Arbeit kann gesund sein oder krank machend, gut oder böse und das unterschiedlich, je nach Werthaltung. Ohne Moral, ohne Werthaltung und ohne Ideologie wird es nicht gehen. Wir werden den Begriff Arbeit differenziert betrachten müssen. Menschenrecht, Würde und Respekt könnte man als Unterscheidungsmerkmale in Betracht ziehen. Der Begriff Arbeit ist in jeder Gesellschaft einem Wandel ausgesetzt. Was ist Arbeit vom Blickwinkel der Geschäftemacherei und des zu schwächenden Staates, also was ist Arbeit vom neoliberalen Blickwinkel aus betrachtet? Und was zählt nicht zur Arbeit? Hat sich der Begriff Arbeit seit den 80er-Jahren gewandelt?

Oxfam International fand heraus, dass Arbeiter und Arbeiterinnen in den USA Windeln tragen müssen. „Die Zeit Online", „Der Standard" oder der ORF und andere berichteten.

Arbeiter in US-Geflügelindustrie müssen Windeln tragen

Die Menschenrechtsorganisation Oxfam prangert die Arbeitsbedingungen in der US-Geflügelindustrie an. Einer „überwältigenden Mehrheit" der 250.000 Arbeiter werde der Gang auf die Toilette verweigert. Manchen werde sogar mit Kündigung gedroht, sollten sie Pausen fordern, heißt es in einem Bericht von Oxfam USA. „Die Arbeiter erleichtern sich, wenn sie am Fließband stehen. Sie tragen Windeln bei der Arbeit."

Die fehlenden Pausen führten dazu, dass die Beschäftigten zu wenig essen und vor allem trinken, was zu gesundheitlichen Problemen führen könne. Oxfam zitierte Beschäftigte der großen US-Konzerne Tyson Foods, Perdue Farms, Pilgrim's Pride und Sanderson Farms, die insgesamt rund 100.000 Arbeiter beschäftigen und einen Marktanteil von 60 Prozent haben.

Im US-Bundesstaat Alabama seien 266 Arbeiter von der Organisation Southern Poverty Law Center befragt worden. Vier von fünf hätten ausgesagt, sie dürften nicht zur Toilette gehen, wenn sie müssten. Eine Befragung von Arbeitern in Minnesota habe ergeben, dass 86 Prozent weniger als zwei Toilettenpausen pro Woche hätten. Nur in Unternehmen, wo es Betriebsräte gebe, dürften die Beschäftigten dann aufs Klo gehen, wann sie wollten. Das seien rund ein Drittel der Firmen.

Soweit der Bericht im ORF. Tausende Unternehmen auch in neoliberal geprägten Ländern versuchen ihre Ideen und ihren Unternehmergeist zum Wohle aller umzusetzen und sorgen für Arbeit in Würde für viele Menschen. Aber es gibt eben auch Konzerne wie Tyson Foods, Perdue Farms, Pilgrim's Pride und Sanderson Farms, die den Ruf von Konzernen im Allgemeinen schädigen. Ich vermisse eine Distanzierung gerade von neoliberaler akademischer Seite, die dem Neoliberalismus das Wort reden. Von bezahlten Denkfabriken kann man eine Distanzierung nicht erwarten. Stattdessen aber hört man, dass der zu schwächende Staat und die Gewerkschaften nicht in die Wirtschaft eingreifen dürften. Das störe die Geschäftemacherei. Solche Exzesse müsse man hinnehmen. Sie kommen wie die Blitze des Zeus über uns. Und schwarze Schafe gibt es eben überall. Vom Standpunkt der Geschäftemacherei sind die beschriebenen Arbeitsmethoden akzeptabel. Sie erhöhen den Gewinn und motivieren zur Arbeit. In neoliberalen Kreisen werden solche Methoden als „Erhöhung der Standortattraktivität" bezeichnet. Unter diversen Freihandelsverträgen fordert man für Europa den Zugang zu solch günstig erzeugten Produkten. Keine Rede von sozialen Standards. Ja, wir in Europa wollen unbedingt auch Henderl, die unter diesen Arbeitsbedingungen gefertigt worden sind oder doch lieber nicht?

Neoliberale Denkweise führt nicht notwendigerweise zu solchen Auswüchsen, begünstigt sie aber und macht Unternehmen, die verantwortungsvoll mit Mitarbeiterinnen und Ressourcen umgehen zu möglichen Verlierern. Wo bleibt der Aufschrei der „Wirtschaft"?

Erwerbsarbeit

Ein Teil der Arbeit dient der Herstellung von lebensnotwendigen materiellen Gütern. Viele nennen eine solche Arbeit Erwerbsarbeit. Diese Arbeit wird mehr oder weniger gut entlohnt. Diese Art von Arbeit wird über das Arbeitsamt vermittelt und heißt umgangssprachlich Job und wird von praktisch allen Parteien versprochen. Unter lebensnotwendigen materiellen Gütern und Dienstleistungen verstehen wir grob gesprochen sowas wie Essen, Trinken, Kleidung, Behausung, Energieversorgung, Mobilität, Kommunikation, deren Herstellung viel Arbeit kostet. Diese Arbeit hat eine bemerkenswerte Entwicklung genommen. Noch vor wenigen Jahrzehnten war akuter Mangel an lebensnotwendigen Gütern vorherrschend und viel Arbeit zu sehen, wohin man auch blickte. Die Not war groß. Hilft uns denn niemand bei der Produktion von Lebensmitteln, wir verhungern! Hilft uns denn niemand beim Bau von Straßen, wir sitzen fest! Hilft uns denn niemand beim Bau von Wohnungen, wir sind obdachlos! Hilft uns denn niemand beim Heranschaffen von Heizmaterial, wir frieren! Hilft uns denn niemand beim Bau von Fahrzeugen, wir können nicht so weit gehen. Hilft uns denn niemand beim Stricken von Socken, unsere sind kaputt.

Seit Tausenden von Jahren versuchen die Menschen sich Erwerbsarbeit zu erleichtern und erfinden zu diesem Zweck die originellsten Werkzeuge. Ob Pfeil und Bogen, Pflug, Wasserleitung, Buchdruck, Dampfmaschine, Automobil, Kran, Computer oder Roboter: All das hatte zur Folge, dass jeder Mensch in einer Zeiteinheit viel mehr Güter und Dienstleistungen herstellen kann als früher. Die Arbeit wird weniger oder es können bei gleichem Arbeitsaufwand mehr Menschen ernährt werden, mehr Menschen bekleidet werden, mehr Wohnungen gebaut werden, mehr Botschaften übertragen werden. Erstmals in der Geschichte der Menschheit können heutzutage alle

Menschen mit den lebensnotwendigen materiellen Gütern versorgt werden, heißt es. Der Übergang von Mangel zu Überfluss, von leeren Regalen zu Absatzschwierigkeiten hat sich in den letzten Jahrhunderten vollzogen. Noch hapert es an der Verteilung dieser Güter. Vor hundert Jahren waren noch über 60% der Bevölkerung in der Landwirtschaft tätig, die es kaum geschafft haben, die Menschen zu ernähren, heute sind es an die 3% der Bevölkerung, die Überschuss produzieren. Früher war noch die ganze Verwandtschaft tagelang beschäftigt, ein Loch für den Keller auszuheben, heute macht es der Bagger am Nachmittag. Heute können wir zuschauen, wie sich ein Auto selber baut oder ein Haus selber wächst. Dieser Fortschritt in der Produktivität, wie es Wirtschafter nennen, hat sich in allen Bereichen des materiellen Lebens durchgesetzt.

Die Überproduktion von Gütern und Dienstleistungen wird in immer weniger menschlichen Arbeitsschritten erledigt. Die Überproduktion von Gütern und Dienstleistungen kommt an vielen Stellen zum Vorschein. Die Wochen-, Jahres- und Lebensarbeitszeit sind in den letzten Jahrzehnten dramatisch verkürzt worden, und dennoch erzeugen wir zu viele Produkte. Millionen von Arbeitsplätzen sind vernichtet worden, besser gesagt: Unendlich viel Mühe bleibt uns erspart. Eine Standortdebatte heißt, dass etwa Reißnägel entweder nur in Kasachstan oder nur bei uns erzeugt werden. Wenn in beiden Ländern erzeugt wird, bringen wir die Dinger nicht mehr los. Wir Menschen werden ständig von der milliardenschweren Werbeindustrie belästigt, die uns ständig auffordert, doch endlich zu kaufen, was wir gar nicht brauchen. Ein Handelsboykott bringt die Wirtschaftsvertreter auf die Barrikaden. Ein wichtiger Absatzmarkt geht verloren. Wir haben zu viel in vielen Bereichen.

Erwerbsarbeit wird weniger und wir sollten uns darüber freuen. Erwerbsarbeit wird auch durch die furchteinflößende Digitalisierung weniger, auch wenn uns manche Politiker und Wirtschaftsfachleute glauben machen wollen, dass durch Digitalisierung Arbeitsplätze entstehen. Dass durch Digitalisierung insgesamt mehr Arbeitsplätze entstehen, als dass verloren gehen, erscheint mir mehr als unglaubwürdig. Jahrtausende bemüht sich die Menschheit, Werkzeuge zu erfinden, die uns Arbeit und Mühe ersparen. Und jetzt strengt sich die Menschheit plötzlich an, solche Werkzeuge zu erfinden, die bewirken, dass wir wieder mehr Arbeit haben, um die notwendigen Güter und Dienstleistungen für möglichst alle herstellen zu können. Mit meiner Vorstellung von Fortschritt ist das nicht vereinbar.

Solche „Versprechen" von Mehrarbeit konnten in den letzten Jahren und können auch in Zukunft nicht eingehalten werden. Millionen von Arbeitslosen zeugen vom Brechen all dieser „schönen Versprechungen". Freilich, der Fortschritt macht keine Sprünge. Zwischendurch kann die Arbeit schon mehr werden. Während wir unsere Sonnenkollektoren planen und montieren, brauchen wir auch noch das Kohlekraftwerk. Aber dann? Wir sollten den Wegfall von Erwerbsarbeit zur Kenntnis nehmen und die nötigen Schlüsse ziehen. Kürzen wir doch die Erwerbsarbeitszeit, dann bleibt mehr Zeit für Beziehungs- und Kulturarbeit.

Pseudoarbeit

Pseudoarbeit dient der Herstellung von gar nichts. Pseudoarbeit und Pseudoarbeitsplätze nehmen tatsächlich zu. Pseudoarbeit ist eine Tätigkeit, die Geschäftigkeit und Arbeit vortäuscht, aber eigentlich keinerlei positiven Effekt hat. Etwa, wenn man einen riesigen Haufen Sand von einem Ort auf den anderen schaufelt und am nächsten Tag wieder zurück. Man könnte Pseudoarbeit einfach bleiben lassen, ohne dass es weiter auffällt. Im Patentrecht etwa beschäftigen sich hunderttausende Menschen damit, mit allen Mitteln zu verhindern, dass Wissen an andere Menschen weitergegeben wird, damit sich diese Menschen ja nicht selber versorgen können und für die anderen Menschen die Produkte erzeugen dürfen. Das schafft weitere Pseudoarbeit. Eine intelligente Reform des Patentrechtes oder eine Abschaffung könnte viel Pseudoarbeit einsparen und wir könnten uns sinnvolleren Tätigkeiten zuwenden.

Die digitale Revolution ist in vollem Gange. Ein elektronischer Brief ist in einem Affentempo unterwegs. Das erachte ich als wichtigen Fortschritt. Die Postler müssen sich nicht mehr in dichtem Schneetreiben bis in den hintersten Winkel vorkämpfen. Die Bits sind in Lichtgeschwindigkeit unterwegs und kümmern sich nicht um schlechte Straßenverhältnisse. Das ist die eine Seite der Digitalisierung. Die andere Seite heißt Schaffen von Pseudoarbeit. Es kommt Datenmüll in ungeheurem Ausmaß auf unseren elektronischen Geräten an. Es kostet viel wertvolle Zeit und viel Mühe, Arbeit und Ärger, die unnützen Briefe wieder zu löschen, die verlässlichen Informationen von den Fake News zu unterscheiden und die aggressive Werbung wieder wegzuklicken.

Ein ganzer milliardenschwerer Industriezweig ist damit beschäftigt, von uns Daten zu sammeln, unsere Vorlieben auszuforschen und uns in immer kürzeren Abständen aufzufordern zu kaufen, zu buchen, zu wetten und dabei zu sein. Wir müssen ständig auf der Hut sein, ja kein Schnäppchen zu verpassen, was den Spott der Menschheit auf uns ziehen würde. Wir müssen ständig auf der Hut sein, dass wir uns ja nicht verklicken und ein Hotel buchen, das wir gar nicht wollen. Ein Großteil dieser aggressiven Werbung ist nur notwendig, weil ohne Werbung all das Glumpert niemand kaufen würde. Wer würde schon ein zuckerhaltiges mit Aufputschmittel versehenes Getränk kaufen, wenn nicht Milliarden in das Marketing investiert werden würde? Ich jedenfalls gehe lieber auf die Grabneralm und trinke Quellwasser oder ein Bier auf dem Admonterhaus. Wenn man sich ein wenig angestrengt hat, schmeckt auch Quellwasser köstlich. Sowohl die Werbung als auch die Produktion von all den fragwürdigen Produkten zählt zur echten Pseudoarbeit. Ein Wegfall würde unsere Lebensqualität weiter erhöhen. Dann könnten wir öfter in die wunderschöne Musik von Bachs H-Moll-Messe hineinhören.

Die Welt ist verrückt geworden und steht auf dem Kopf statt auf den Füßen. Statt dass wir auf einen realen oder virtuellen Marktplatz spazieren, dringt der Markplatz frech in unsere Privatsphäre ein und schüttet uns mit ständigen Kaufaufforderungen zu, dass wir fast daran ersticken. Nicht nur die elektronische Umwelt ist vollgekleistert mit Werbemüll. Die Zeitungen werden immer umfangreicher, weil längst zu viel Werbung mitgeliefert wird und wir viel Zeit zum Weiterblättern und zur Entsorgung von Werbesendungen verbrauchen. Auch unsere schöne Erde wird verschandelt mit Kaufaufforderungen. Besonders bei Sportveranstaltungen müssen die Sportler seltsame Kleidung tragen und Getränke trinken, die ihnen vielleicht gar nicht schmecken und die ganze Umgebung ist zugekleistert mit seltsamen Plakaten. Beginnen wir doch endlich mit der empfindlichen Besteuerung von aggressiver, unerwünschter Werbung. Für jeden Cent an solcher Steuer müssen wir um einen Cent weniger Lohnsteuer zahlen. Die Finanzindustrie bietet das beste Beispiel von Pseudoarbeit. Tausende(!) Milliarden(!) Dollar sind in Finanzwetten angelegt. Tausende Milliarden werden täglich in rasendem Tempo in den Finanzhandel gesteckt. Aktien und andere Finanztitel werden im Nanosekundentakt gekauft und wiederverkauft. Pseudoarbeit pur. Es entsteht durch diese Tätigkeit genau nichts. Tausende Milliarden sind gebunden, um nichts zu bewirken, außer die Spekulation anzuheizen. Finanzhandel ist bestbezahlte Pseudoarbeit. Eine empfindliche Steuer auf Finanzprodukthandel kann Kapital in die Realwirtschaft und in unser hervorragendes Sozialsystem umlenken. Die Eindämmung von Pseudoarbeit wäre gar nicht so schwierig. Eine fortschrittliche, also progressive Besteuerung von hohem Vermögen, eine hohe Werbesteuer, eine Verlangsamung des Finanzhandels und eine Finanztransaktionssteuer können wertvolle Beiträge zur Eindämmung von Pseudoarbeit leisten. „Der Nationalrat hat beschlossen, …" und schon ist das Kapital befreit. Das kann doch nicht so schwer sein.

Kulturarbeit

Ein völlig anderer Bereich von Arbeit ist Kulturarbeit. Kulturarbeit dient der Herstellung von überlebensnotwendigen geistigen Gütern und Dienstleistungen, wie Wissenschaft, Forschung und Kunst im Allgemeinen. Es besteht keinerlei Aussicht, dass Kulturarbeit durch Rationalisierung weniger wird, im Gegenteil. In der Wissenschaft haben wir gerade ein paar der etwas mehr als unendlich vielen spannenden Fragen gelöst. Jede Lösung eines Problems rückt wiederum circa zehn noch viel spannendere und schwierigere Fragen ins Blickfeld. Etwas mehr als unendlich viele Fragen aus der Geschichte der Welt und der Menschen, der Gegenwart und Zukunft sind offener denn je. In der griechischen Mythologie kannte man das Bild ebenfalls. Wenn man der Hydra einen Kopf abgeschlagen hat, sind zwei Köpfe an derselben Stelle nachgewachsen. In endlicher Zeit geht es sich nicht aus, der Hydra alle Köpfe abzuschlagen. Während man sich bei den vielen Köpfen der Hydra fürchten muss, kann man sich auf die vielen spannenden Fragen der Wissenschaft und Forschung freuen. Man sollte aber viel Zeit und Geld für diese spannende Tätigkeit für viele Menschen reservieren. In der Kunst ist es ähnlich. Etwas mehr als unendlich viele Lieder sind noch nicht gesungen, etwas mehr als unendlich viele Gedichte sind noch nicht verfasst, etwas mehr als unendlich viele Geschichten sind noch nicht erzählt, etwas mehr als unendlich viele Bilder sind noch nicht gemalt, etwas mehr als unendlich viele Plastiken sind noch nicht geschaffen. Auch für jeden einzelnen gibt es viel zu tun. Viele Sprachen kann man lernen, vielen Menschen zuhören, vielen Fragen nachgehen, viele Instrumente spielen lernen.

Kulturarbeit braucht viel Kapital in Form von Geld. Im Neoliberalismus ist Kulturarbeit generell schlecht bezahlt, vermutlich weil sich aus dem Geschichtenerzählen, aus dem Liedersingen oder aus dem Verständnis für die Kultur anderer wenig Profit erzielen lässt. Statt Kulturarbeit zu düngen und zu hegen steckt das Kapital im Sumpf der Finanzwetten fest. Kulturarbeit braucht vor allem auch Zeit, Ausdauer, Training, Übung, Mühe und viel Begeisterung. Und es lohnt sich, all das in Kulturarbeit zu investieren. Viele Glückshormone werden ausgestoßen, wenn man nach mühsamem Lernen und Forschen plötzlich etwas versteht: Heureka! Jetzt weiß ich's! Die Plastik ist vollendet, nichts ist zu viel und nichts ist zu wenig, das Lied ist gesungen und der Ton ist rein. Die Geschichte ist aus einem Guss, das Werk vollendet. Kulturarbeit erzeugt langanhaltende Nahrung für Geist und Seele. Ohne die Früchte der Kulturarbeit würden wir geistig vertrocknen, verhungern und erfrieren. Kulturarbeitslosigkeit wird es nie geben. Es gibt genug zu tun für alle.

Beziehungsarbeit

Bei Beziehungsarbeit ist es ähnlich wie bei Kulturarbeit. Für Beziehungsarbeit gibt es viel zu wenig Kapital in Form von Zeit und Geld insbesondere seit Ausbruch des Neoliberalismus. Beziehungsarbeit dient der Herstellung von überlebenswichtigen seelischen, immateriellen Gütern und Dienstleistungen beziehungstechnischer Art. Zweck von Beziehungsarbeit ist etwa die Schaffung von Frieden mit sich selber, mit anderen Menschen und mit anderen Völkern, aber

Abbildung 19: Wengerbankerl zur Verrichtung von Beziehungsarbeit

auch Frieden mit der Umwelt und Natur. Es geht um guten Kontakt zu sich selber und zu den anderen Menschen. Es geht um Verständnis und Einfühlungsvermögen für Mensch und Natur, es geht um gedeihliches Zusammenleben. Es geht um gute Kommunikation, um Sprachen und Ausdrucksformen, aber auch um wortloses blindes Verstehen. Gelungene Beziehungsarbeit kann uns helfen, der Einsamkeit und Kälte des Weltalls zu entkommen und in eine wohlwollende Geborgenheit des Lebens mit anderen Menschen zu gelangen. Ohne die Früchte guter Beziehungsarbeit würden wir seelisch verdorren, verdursten, verhungern und erfrieren. Die Früchte der Beziehungsarbeit sind lebensnotwendig.

Am besten kann ich die Früchte von Beziehungsarbeit bei einer Wanderung auf die Grabneralm genießen, allein oder mit meiner lebenslangen Begleiterin. Man muss gar nicht viel reden. Wir kommen in einen angenehmen Gehrhythmus, neue Landschaften tauchen auf, Blumen gibt es zu Hauf, wir rasten. Aber Vorsicht, ja nicht auf eine schöne Blume setzen oder gar in den Schafsdreck. Da ist es schon vorgekommen, dass wir einen Jodler über alle Berge bis nach Timbuktu geschickt haben. Und dann die dritte Stimme von hinten. Zuerst ganz leise, fast unbemerkt, dann klar und die Akkorde rasten so richtig ein. Das ist dann ein seelisches Fünfsternemenü. Ein solches seelisches Festtagsessen tut richtig wohl, hält lang an und macht richtiggehend süchtig. Aber anders als bei anderen Süchten führen Jodler im Einklang mit den Menschen und der Natur nicht zu körperlichem oder seelischem Zerfall. Im Gegenteil, es handelt sich um lebensnotwendige körperliche, geistige und seelische Grundnahrung und um ein nachhaltiges Aufbauprogramm. Voraussetzung für einen solchen Festschmaus ist viel Zeit und viel geleistete Beziehungsarbeit.

Beziehungsarbeit ist Schwerarbeit. Ohne Seelenschweiß wird sie nicht gelingen. Gute Beziehungsarbeit muss schon früh geübt und ständig wiederholt werden. Leider gibt es noch keinen Lehrberuf für Beziehungsarbeit, kein Studium. Nichts! Wir neigen gerne zu dem Trugschluss, dass wir Beziehungsarbeit einfach so könnten, aus dem Nichts heraus. Aber das kann sich bitter rächen. Schon in frühester Kindheit wird der Grundstein für gute Beziehungsarbeit gelegt. Jedes Mal, wenn wir einem Kind eine Geschichte erzählen, mit ihm auf einen Baum klettern, ihm ein Gutenachtlied singen, ihm die schönsten Kohlröschenplätze auf dem Grabnerstein zeigen, bauen wir gute Beziehungen auf, vergrößern wir das Vertrauen des Kindes in die Zukunft. Wir leisten einen wertvollen Beitrag, dass aus einem kleinen Wesen ein beziehungsfreudiges, neugieriges, intelligentes, freundliches, angstfreies Wesen sich entwickelt. Und uns selber tut es auch gut. Mit solchen Menschen können auch andere Leute eine Mords-Freude haben. Freilich lastet auf ihnen auch eine große Verantwortung. Sie müssen das Kapital, das sie schon in frühester Kindheit in Form von Beziehung, von Zeit oder auch Geld erhalten haben, an andere Menschen zurückgeben. Sie müssen und können auch größere Beiträge an Steuern und an der Versorgung der Menschheit mit materiellen Gütern leisten ohne zu sudern. Sie sollten sich freuen, dass sie leistungsfähig, intelligent und angstfrei sind. Viele andere haben diesen Startvorteil nicht. So manche Frau etwa ist von Verwandten missbraucht, so mancher Bub vom Vater geschlagen oder vernachlässigt worden. Da geht freilich nichts weiter mit dem Grundvertrauen und die guten Beziehungen sind nachhaltig gestört.

Wie man leicht sieht, benötigt gute Beziehungsarbeit vor allem das Kapital Zeit. Und Zeit wächst nicht. Während viele vom Neoliberalismus beeinflusste Menschen glauben, alles müsse wachsen und mehr werden – die Wirtschaft, die Autos und die Erdäpfel – bei der Zeit bin ich mir ganz sicher, dass Zeit nicht wachsen kann. Ich habe früher selber versucht, neue Zeit zu erzeugen, indem man die Erde etwas langsamer um die Sonne kreisen lässt. Wenn die Umlaufzeit der Erde um die Sonne 400 Tage wäre, hätten wir 35 Tage pro Jahr gewonnen. Soviel Zeit könnten alle gut gebrauchen, für mehr Urlaub oder gar für bessere Beziehungsarbeit und für mehr Zeit für unsere Kinder. Wir könnten mit den vernachlässigten Freundinnen öfter auf einen Kaffee gehen. Mein Realteil, meine Tante Mizzi hat mich aber sofort davon abgebracht, diese Schnapsidee weiter zu verfolgen. Sie meinte, wenn die Erde auf derselben Bahn langsamer um die Sonne kreise, dann stürze sie wohl bald in die Sonne hinein und wenn wir sie irgendwie bei gleicher Geschwindigkeit auf eine längere Umlaufbahn zwingen, stürzt sie erst recht in die Sonne oder wird vom Jupiter aufgesaugt oder kommt gar auf eine schiefe Bahn. Soviel Verständnis für Naturwissenschaften hätte ich meiner Tante Mizzi, einer ganz gewöhnlichen Frau gar nicht zugetraut. Seitdem bin ich fest überzeugt, dass wir Zeit nicht produzieren können.

Die neoliberale Definition von Arbeit

Es gibt etwas mehr als unendlich viele Möglichkeiten, Arbeit zu definieren. Herauszufinden, was denn Arbeit sei und welche Arbeit was wert ist, ist nicht Gegenstand von Naturwissenschaft und Forschung, sondern von Politik. *„Ein paar Milliarden [Schilling] mehr Schulden bereiten mir weniger schlaflose Nächte als hunderttausend Arbeitslose"*, meinte Bruno Kreisky in den 70er-Jahren. Arbeit für viele ist wertvoller als Gewinn für wenige. Diese Werthaltung gilt heute in neoliberalen Kreisen als Sündenfall der Ökonomie. Seit dem Ausbruch des Neoliberalismus, also seit den 80er-Jahren des 20. Jahrhunderts hat sich die Priorität gegenüber gewissen Tätigkeiten geändert. Als wirkliche Arbeit gelten nur jene Tätigkeiten, die der Geschäftemacherei dienen und eher nicht vom Staat organisiert sind. Ob eine Arbeit der Herstellung von materiellen, geistigen oder kulturellen Gütern dient, ist weniger wichtig. Es geht ums Geschäft und um weniger Staat. Das hat weitreichende Folgen, die nicht immer zugunsten des Gemeinwohles ausfallen. Eine Privatisierungswelle hat die Welt erfasst. Pensions-, Gesundheits- und Bildungseinrichtungen gehen Richtung Privatisierung, aber auch die Infrastruktur ist Opfer dieser Werthaltung. Sportler müssen seltsame Kleidung tragen, jene Information wird am besten bezahlt, die die größte Reichweite hat. Künstlerische Arbeit wird schlecht oder gar nicht honoriert, es sei denn, die Arbeit ist ein kommerzieller Erfolg. Auch die Belohnung für die Entwicklung eines Medikaments geht über die Geschäftemacherei. Ein seltsames Patent- und Urheberrecht bewirkt, dass oft nicht die wissenschaftliche oder künstlerische Arbeit belohnt wird, sondern der Kauf oft billiger Patente und Rechte. Werbearbeit, also das Überreden von Menschen, oft unsinniges Zeugs zu kaufen wird am besten belohnt. Google und Co leben von dieser Arbeit.

Arbeit, die dazu dient, Ressourcen intelligent einzusetzen, ist in neoliberalem Sinn keine Arbeit. Sie verringert den Profit und stört das Geschäft und die Gier. Das Erreichen der Klimaziele wird in neoliberalen Systemen nicht möglich sein. Weniger Energieverbrauch heißt weniger Geschäft. Eine Reduktion des Verkehrsaufkommens am Boden und in der Luft stört das Geschäft. Das Anbringen von Solarzellen zum Erzeugen von Strom stört das Geschäft. Politiker haben eine eigene Sprache entwickelt: Solche Dinge gefährden den Standort und die Arbeitsplätze. Das klingt irgendwie sympathischer und annehmbarer. Falls wir überleben und die Erde nicht zerstören wollen, werden wir eine andere Definition und eine andere Bewertung von Arbeit finden müssen, die nicht nur übliche Erwerbsarbeit einschließt, sondern auch Kultur-, Bildungs- und Beziehungsarbeit und Arbeit zur Erhaltung unserer Lebensgrundlagen wertschätzt und auch entlohnt.

Arbeit und Kapital verlagern

Was kostet eine Umarmung? 7,99 Euro? Welchen Wert hat ein gutes Wort, das einen Streit beilegt? Was kostet ein Gedicht, eine Kathedrale, eine Moschee, ein Jodler, ein gemütliches Zusammensitzen, das uns Vertrauen gibt? Wieviel ist eine Stunde Beziehungsarbeit wert?

Und wer bezahlt? Leider weiß ich das alles nicht. Wissen Sie es? Die Menschheit hat Formeln entwickelt, die in einer Nanosekunde den vermeintlichen Preis und Wert eines Finanzderivats festlegen. Auf den Wirtschaftunis wird über Theorien der Preisgestaltung von Kurzstreckenflügen oder irgendeinem Zeugs nachgedacht. Aber wie entlohnt man Arbeit, die notwendig ist, um andere Menschen, um fremde Sprachen und fremde Kulturen kennenzulernen? In dieser Hinsicht hat die Menschheit noch viel Forschungsarbeit vor sich. Bis es soweit ist, schlage ich vor, viele dieser Arbeiten am besten mit Zeit zu entlohnen. Zeit ist eine äußerst wertvolle Ressource und ein unverzichtbares Kapital, das wir in Kultur-, Bildungs- und Beziehungsarbeit stecken sollten. Das Verlagern des Kapitals Zeit von der Erwerbsarbeit in Richtung Kultur-, Bildungs- und Beziehungsarbeit passt bestens zur gegenwärtigen Entwicklung der Erwerbswirtschaft: Arbeit zur Herstellung von materiellen Gütern und Dienstleistungen wird weltweit weniger. Wir sollten uns darüber freuen. Statt die Zunahme von Erwerbsarbeitslosigkeit bedauernd zu bestaunen, sollten wir die nötigen Konsequenzen ziehen und die Erwerbsarbeitszeit verkürzen. Gleichzeitig gibt es etwas mehr als unendlich viel Arbeit im Bereich der Kultur, der Bildung und der guten Beziehungen.

Erwerbsarbeitszeit in allen Formen – Tages-, Wochen- Jahres- und Lebensarbeitszeit – zu verkürzen braucht Mut, Vertrauen, die Bereitschaft, seine Ideologie zu ändern. Die Rahmenbedingungen zu einer Arbeitszeitverkürzung müssen von uns allen in organisierter Form kommen, also vom Staat. So können alle unter den gleichen Bedingungen wirtschaften. Unter gleichen Arbeitszeitbedingungen kann gute Zusammenarbeit und ein kluger Wettbewerb entstehen, bei dem jenes Restaurant den Wettbewerb gewinnt, welches die köstlichsten Speisen bereitet, um es kulinarisch auszudrücken. Wie wir die gewonnene Zeit verwenden, das soll unsere Sorge sein, dazu brauchen wir den Staat nicht. Aber der Staat muss uns vertrauen. Statt über verschärfte Zumutbarkeitsbestimmung beim Arbeitslosengeld uns allen zu misstrauen, braucht es Vertrauen von Seiten des Staates, dass sehr viele Menschen mit der durch Arbeitszeitverkürzung gewonnenen Zeit die Gelegenheit wahrnehmen, viel Kultur-, Bildungs- und Beziehungsarbeit zu leisten und auf diese Weise für gutes Zusammenleben und für Gemeinwohl sorgen. Dieses Vertrauen ist durchaus begründet. Menschen, die man mit 60 pensioniert in die Freiheit entlässt leisten sehr oft großartige freiwillige Arbeit und helfen gerne einmal auf der Berghütte aus. Das rechnet sich auch im Sinne des Wohles für alle und ist gewiss klüger, als die Menschen in die Arbeitslosigkeit zu entlassen und in Computerkurse zu schicken.

Für eine Arbeitszeitverkürzung braucht es auch die Bereitschaft, seine Ideologie anzupassen und weiter zu entwickeln und es braucht den Willen, die Gier einzudämmen. Nehmen wir als Beispiel wieder ein sehr gutes Restaurant, das am Dienstag und Mittwoch Ruhetag hat. Vom Standpunkt der Geschäftemacherei sind zwei Ruhetage ein Unsinn. Man maximiert nicht den möglichen Gewinn. Man könnte ohne Ruhetage noch mehr verdienen. Aber andererseits sind Ruhetage ein gutes Trainingsfeld für ein „Es ist genug, ich bin satt, ich habe genug". Sie ermöglichen eine neue Erfahrung, dass ein Mehr nicht unbedingt auch besser ist. Man kann am nächsten Tag mit ausgeruhtem und fröhlichem Personal seine Arbeit verrichten. Ich glaube – kann es aber leider nicht beweisen – dass ein von einem ausgeruhten und gut bezahlten Personal zubereitetes Mahl besser schmeckt. Viele Menschen sind gerne bereit, dafür mehr zu bezahlen, sodass sich Ruhetage auch rechnen. Ich könnte freilich auch die Arbeitszeitverkürzung an Hand der Reißnagelproduktion argumentieren. Ich bin mir ganz sicher, dass es den Reißnägeln gar nichts ausmacht, wenn sie am Wochenende nicht produziert werden. Viele Industrieprodukte werden ohnehin nicht mehr im Lande erzeugt. Die Produktion ist schon längst ausgelagert worden, sodass eine Arbeitszeitverkürzung für viele Branchen keine großartige Auswirkung hat und Dienstleistungen können gar nicht auswandern. Eine generelle Arbeitszeitverkürzung verschafft uns die Möglichkeit, dringendst notwendige, nie enden wollende Kultur- und Beziehungsarbeit zu leisten und öfters auf die Grabneralm zu wandern oder die Tante auf ein gutes Glas Wein einzuladen.

Nicht nur Zeit soll in Richtung Kultur- und Beziehungsarbeit gelenkt werden, sondern auch ganz gewöhnliches Geld und Kapital. Ein generell hoher Mindestlohn lenkt Geld in die Hände von uns Menschen und würde auch meine Tante Mizzi erfreuen. Ein Mindestlohn muss freilich von uns allen in organisierter Form, also vom Staat, eingeführt und beobachtet werden. Das vereinfacht Gehaltsverhandlungen, die man den Sozialpartnern überlässt. Ein hoher Mindestlohn hat autokatalytischen, also sich selbst verstärkenden Charakter. Um es auf den Punkt zu bringen: Die nun besser entlohnte Friseurin kann nun öfter ins Kaffeehaus gehen, sodass es sich für meine Tante Mizzi lohnt, ein kleines Café zu betreiben.

Kapitallenkungssteuern können für die Finanzierung von höheren Löhnen und für die Belebung der Realwirtschaft gute Dienste leisten. Tausende Milliarden Euro stecken in Finanzwetten, also in Derivaten und in Spekulation und bewirken dort genau nichts. Die Eindämmung von Spekulation jeglicher Art ist ein Gebot der Stunde für jeden Staat, der sich zur Zivilisation zählt. Die Steuern müssen so ausgelegt sein, dass sich Spekulation und reiner Besitz nicht lohnt. Kapital muss zum Fließen gebracht werden. Eine Investition in die reale Wirtschaft muss eine bessere Rendite liefern. Dazu eignen sich die Finanztransaktionssteuer und progressive Vermögenssteuern. Solche Steuern ermuntern das Kapital, in dringend notwendige Investitionen in den Kultur-, den Bildungs- und in den Umweltbereich zu fließen. Bildungs- und Sozialeinrichtungen brauchen dringendst mehr Kapital, Kunst und Kultur funktionieren nicht gewinnorientiert und benötigen Milliarden an Subvention. Im Umweltbereich ist es dringendst erforderlich, Milliarden zu investieren, um den Klimawandel und die Überhitzung der Erde etwas zu bremsen. Eine Umlenkung des Kapitals aus dem Spekulations- und Derivatesumpf in Richtung Erforschung und Nutzung von Sonnenenergie bringt langfristig mehr Wohlstand für alle, vielleicht ein bisschen weniger heftige Gewitter, eine höhere Überlebenschance für unsere Spezies, weniger Arbeit und Mühe. aber viel weniger Rendite für die Energie- und vor allem Finanzwirtschaft. Letzteres sollte uns nicht weiter stören, aber ins Bewusstsein rufen, dass es mächtige Lobbys gibt, die dagegen lenken. Wir sollten unseren Politikern mehr Mut machen, intelligentere Wirtschaftspolitik zu machen und sich gegenüber einer übermächtigen Lobby zur Wehr zu setzen. Einfach ist das ja gerade nicht, obwohl es so einfach ist.

KAPITEL 10

DER NEOLIBERALE STAAT

Weniger Staat für freie Bürger?

Weniger Staat, weniger Regeln, weniger Steuern! Dafür mehr Freiheit für souveräne, selbständige Bürger, die selber viel besser wissen, was ihnen guttut. Mehr Geld im Sackerl, mehr Wohlstand und mehr Glück. Steuern sind eine Bestrafung für die fleißigen und tüchtigen Bürger und für die freien Unternehmen. Ein besseres Leben wird suggeriert, Bürger gegen den Staat aufgehetzt. Neben der Geschäftemacherei und Gewinnmaximierung ist der abgespeckte, schwache Staat die zentrale Säule des Neoliberalismus. Gewiss, der Staat muss sicher keine Reißnagelfabrik errichten und später buchbare Gewinne erwirtschaften. Er muss keine Autos bauen und nicht den Menüplan für die Restaurants erstellen. Das können andere besser. Weniger und einen schwachen, schlanken Staat zu fordern, lässt zu viele Fragen offen.

Weniger Staat heißt: weniger und schlechter bezahlte Lehrer. Bezahlt's euch doch gefälligst eine Nachmittagsbetreuung selber. Besorgt euch teure Nachhilfelehrer. Besucht doch eine Privatschule und zahlt Schulgeld. Das sorgt für ein besseres Bildungssystem.

Weniger Staat heißt: weniger und schlechter bezahlte Ärztinnen und Krankenschwestern. Zahlt doch Selbstbehalt bei Inanspruchnahme von ärztlicher Betreuung, nehmt doch längere Wartezeiten und eine längere Anfahrtszeit ins Spital in Kauf. Kauft euch die Medikamente selber! Das sorgt für ein besseres Gesundheitssystem.

Weniger Staat heißt: weniger und schlechter bezahlte Polizistinnen. Kauft euch doch eine Alarmanlage, eine Knarre oder bezahlt euch einen Bodyguard. Macht doch Zäune um euer Haus und um euren Garten, und bewacht die Grenze selber. Das sorgt für größere Sicherheit!

Weniger Staat heißt: weniger und schlechter bezahlte Staatsanwältinnen und Richterinnen. Nehmt euch doch einen teuren Anwalt, dann bekommt ihr immer Recht.

Weniger Staat heißt: weniger Infrastruktur. Kauft euch ein Auto, dann erreicht ihr auch die entlegenste Gegend und ihr müsst nicht auf den Bus warten, den man einstellen will. Kauft euch robuste Autos, dann könnt ihr problemlos die holprigsten Straßen befahren. Zieht in die Stadt, dann habt ihr eine gute Internetverbindung.

Weniger Staat heißt: weniger staatliche Pension. Kauft euch doch eine teure Privatpension, dann ist euer Lebensabend gesichert.

Etliche Gegenden der Welt sind komplett frei von jeglicher staatlichen Autorität. Null Komma null Staat also. Auf nach Somalia, auf in den Tschad in das Tibesti-Gebirge, auf nach Afghanistan! In manchen Gegenden dort ist die Staatsquote null. Es gibt keine staatliche Autorität, keine Polizei, die man bezahlen muss, keine Steuer, keine Regeln, keine Richter, keine Schule. Wahre neoliberale Paradiese also. Ich bleibe lieber in Österreich, gehe auf den Grabnerstein und zahle brav meine Steuern.

Was soll eigentlich in einem schlanken Staat der souveränen, selbständigen, freien, tüchtigen, der unabhängigen und fleißigen Bürger mit den nicht so souveränen, den unselbständigen, den unfreien, den abhängigen und den „faulen" Bürgern geschehen? Was soll mit Leuten geschehen, die im Rostgürtel der USA leben, in Sachsen, in Bulgarien, in Griechenland und Süditalien, in der Obersteiermark? Dort, wo gerade die Industrie weggezogen ist? Sollen die Kranken dort auch zum Arzt gehen können, auch wenn sie gerade nicht gut bei Kassa sind? Soll man die Babys auch hegen und pflegen und soll jemand der Ur-Omi über die Straße helfen? Sollen sogar Frauen eine Pension erhalten, auch wenn sie wegen der Kinder wenig eingezahlt aber viel gearbeitet haben? Welches Angebot haben rechte und neoliberale Parteien an jene Menschen, denen es gerade schlecht geht, die alt oder ganz jung sind, die keine Arbeit haben, die krank und untüchtig sind? Das sind über den Daumen gepeilt an die 50% der Bevölkerung. Steuererleichterungen für die vermeintlich Tüchtigen und Fleißigen, wie sie etwa der französische Präsident versprochen hat, sind keine Botschaften an die „Gelbwesten". Da ist keine Rede davon, dass es vielleicht auch denen angemessen gut gehen möge. All diese Menschen kommen in den Parteiprogrammen der rechten und wirtschaftsliberalen Parteien nur am Rande vor. Wollen wir denen auch ein Lebensrecht einräumen, ein Stück Brot, eine kleine Wohnung, einen unqualifizierten Job, eine gewisse Bewegungsfreiheit? Ich möchte für ein klares „Ja" werben.

Wollen Sie wirklich einen schwachen Staat? Bevor Sie sich dafür entscheiden, rate ich Ihnen ein wenig nachzurechnen (Achtung Ratschlag!). Über die Aufgaben eines Staates nachzudenken, könnte sich lohnen. Nur schwach sein ist etwas zu wenig.

Die Staatsquote

Wir müssen die Staatsquote senken! In Österreich steht die türkise Partei für einen schlanken Staat mit geringer Staatsquote. Eine Senkung der Steuer- und Abgabenbelastung auf unter 40 Prozent ist das erklärte Ziel der Kurz-Partei. Wenn man solche Ankündigungen liest, muss man zum Schluss kommen, dass eine Staatsquote etwas ganz besonders Böses ist, das klein gehalten werden muss. Bei der Forderung nach einer niedrigen Staatsquote geht es um die absolute Leere und das Nichts an sich. Es geht um eine wirtschaftliche Kenngröße, die nichtssagender nicht sein könnte. In manchen Gegenden der Welt ist die Staatsquote null. Ich würde Ihnen nicht raten, dorthin zu fahren.

An Hand des Familienbonus Plus der ehemaligen türkis-blauen Regierung möchte ich Ihnen die Leere und das Nichts der Staatsquote etwas näherbringen. Familien mit Kindern können bis zu 1.500 Euro jährlich von der Lohnsteuer absetzen. Begünstigt sind allerdings nur jene Familien, die tatsächlich viel Steuern zu zahlen hätten. Das koste den Staat annähernd 1,2 Milliarden Euro, heißt es. Aber eigentlich kostet diese Maßnahme den Staat gar nichts. Er nimmt nur um 1,2 Milliarden weniger ein. Als Alternative könnte man den Begünstigten eine Transferleistung in exakt dieser Höhe anbieten für exakt dieselben Menschen. Eine erhöhte Familienbeihilfe etwa. Jede Person, die mittels Familienbonus Plus X Euro an Steuern weniger zahlt, zahlt bei der erhöhten Familienbeihilfe gleich viel Steuern wie vorher, erhält aber X Euro an erhöhter Familienbeihilfe mehr. In beiden Varianten haben sowohl für die Republik Österreich wie jede einzelne Bürgerin exakt die gleiche Geldmenge zur Verfügung. Nur die Buchungslage und die Statistik sind unterschiedlich. Im Fall der erhöhten Familienbeihilfe nimmt der Staat um 1,2 Milliarden mehr an Steuern ein und gibt um 1,2 Milliarden Euro mehr aus. Die begünstigte Person zahlt um X Euro mehr Steuern und erhält um X Euro mehr Familienbeihilfe, nur am Lohnzettel stehen andere Beträge, netto ist es völlig egal. Im Fall der Familienbeihilfe ist die Staatsquote höher, aber dem Staat stehen gleich viele Mittel für alles andere zur Verfügung. Das Festkrallen an der Senkung der Staatsquote ist reine Ideologie und Voodoo-Zauber. Allerdings wäre es bei der Erhöhung der Familienbeihilfe ein Leichtes, bei einer Ausgabe von 1,2 Milliarden Euro den Grundsatz beizubehalten, dass uns jedes Kind gleich viel wert ist. Beim Familienbonus Plus sind der ehemaligen türkis-blauen Regierung Kinder ärmerer Menschen weniger wert, dafür aber hat man die Staatsquote gesenkt. Ich muss mich korrigieren. Beim Ziel, die Staatsquote zu senken geht es nicht um die absolute Leere und das Nichts, sondern um versteckte Ideologie: Gebt denen, die haben und nehmt von denen, die nichts haben. Wir sind beim Matthäus-Effekt gelandet. Steuererleichterungen fördern immer nur jene, die haben.

Staatsschulden

Keine neuen Schulden! Wir streben ein Nulldefizit an. Staatsschulden gehen auf Kosten der kommenden Generation. So tönt es insbesondere von neolibcraler Seite, aber auch Kardinal Schönborn meint, dass Schulden die soziale Leistungsfähigkeit des Staates für lange Zeit einschränken würden. Stimmt das? Propaganda? Halblüge? Meinung einer bestimmten Personengruppe? Tatsache? Ich tendiere zu Halbwahrheit. Wahr ist, dass unverhältnismäßig hohe Schulden zu Zahlungsunfähigkeit und Ruin führen können. Der Staat, aber auch eine Privatperson kann sich gewisse Dinge einfach nicht leisten. Abfangjäger auf Pump zu kaufen, für die man keine geplante Verwendung hat, ist in der Tat verantwortungslos. Ebenso wie Schulden zu machen, um ins Kasino zu gehen. Aber eine Schule zu bauen und die künftige Generation, die diese Schule benutzt, an den Kosten zu beteiligen, kann höchst verantwortungsvoll sein. Wir müssen uns damit abfinden, dass Schulden machen „gut", aber auch „böse" sein kann. Aber Staatsschulden an sich als das Böse schlechthin zu werten grenzt an Fehlinformation. Austeritätspolitik kann desaströse Folgen für eine Gesellschaft haben.

Wir sind seit der Vertreibung aus dem Paradies eine Kreditgesellschaft. Wir Menschen leben vom Kredit, also von Vertrauen auf andere Menschen, auch von Vertrauen in Form von richtigem Geld und von richtigem Kapital. Waren das noch Zeiten im Paradies! Alles im Überfluss und total gratis. Die köstlichsten Früchte hingen an den Bäumen, überall frisches Wasser und es war genau richtig warm, sodass man nackt herumlaufen konnte und trotzdem keinen Sonnenbrand erlitt. Man musste sich nur bedienen, keine Kassa, keine Rechnung, keine Steuer, alles frei zur Entnahme. Aber dann! Raus mit Euch!

Seitdem herrscht ein anderes ökonomisches Prinzip vor: Zuerst säen und dann (vielleicht und hoffentlich) ernten. Zuerst das Baby großziehen und dann sich vom Jüngling verwöhnen lassen, zuerst eine Schule bauen, dann in der Schule lernen, zuerst ein Forschungslabor errichten und dann nützliche Erkenntnisse gewinnen, zuerst produzieren und dann verkaufen, zuerst eine Fabrikhalle errichten und dann Reißnägel erzeugen, zuerst Samenerdäpfel in den Boden legen und dann ernten. Außer aus den Erzählungen vom Paradies ist mir kein Fall für das umgekehrte Prinzip bekannt: Zuerst ernten und dann säen? An sich gefällt mir das 2. Prinzip ja viel besser, aber mir gefällt auch das Paradies viel besser. Leider muss ich mich mit der Realität arrangieren und meine Lebensplanung eher nach dem „Zuerst säen und dann ernten" ausrichten. Das aber hat zur Folge, dass wir ohne Kredit und ohne Schulden gar nicht auskommen.

Wenn der Bauer einen Samenerdapfel in den Boden legt, nimmt er Kredit vielleicht bei sich selbst auf. Er verzichtet auf den sofortigen Konsum oder bezahlt die Samenerdäpfel aus den Ersparnissen, er verschuldet sich quasi bei sich selbst. Vielleicht vertröstet er seinen Knecht auf den Herbst, wo er ihn zu entlohnen verspricht, vielleicht erhält er einen richtigen Kredit von der Raiffeisenkassa. Der Häuslbauer, der vielleicht keinen Bankkredit aufnimmt, bittet seinen Nachbarn, ihm beim Deckenbetonieren zu helfen. Der Nachbar muss dem Häuslbauer vertrauen, dass dieser ihm später hilft, was nichts anderes als eine andere Form von Kredit und Schulden ist. Ein Unternehmen braucht Kapital für die neue Werkshalle. Irgendwer muss den

Bau der Werkshalle mit irgendeiner Form von Kredit finanzieren. Und für den Staat soll das nicht sinnvoll sein?

Eine Regierung handelt meines Erachtens wesentlich verantwortungsloser, wenn sie eine Schule nicht errichtet, die Kultur nicht fördert, die Schlaglöcher nicht ausbessert, das Krankenhaus zusperrt, Steuerprüfer entlässt oder die Kindergärtnerinnen schlecht bezahlt, als wenn sie ein vernünftiges Maß an Schulden macht. Wieso soll ein Achtzigjähriger mit seinen Steuern die Errichtung einer Glasfaserleitung finanzieren? Es sollte nicht allzu schwer sein, einen Autofahrer, eine Schülermutter, eine Heimbewohnerin oder Internetbenutzerin davon zu überzeugen, dass es fair sei, Benutzer an den Errichtungskosten der Infrastruktur in Form von Staatsschuldentilgung zu beteiligen. Diese Überzeugungsarbeit allerdings müssten unsere Politiker auch leisten wollen. Statt üble Propaganda und Halbinformation zu liefern, wäre Aufklärung gefordert. Es ist billigster Populismus, einem Häuslbauer zu erklären, dass es besser gewesen sei, keine Schulden zu haben und die andere Seite der Medaille zu verschweigen, dass er halt sonst noch immer in der Höhle leben müsste. Es ist billigster Populismus, einem Benutzer der neuen Autobahn zu erklären, er müsse deshalb so hohe Steuern zahlen, weil frühere Politiker den Bau der Autobahn auf Pump finanziert hätten. Es ist billigster Populismus, wenn ein Politiker erklärt, er müsse die Mindestsicherung kürzen, weil die Republik so hohe Schulden habe und Schuldenmachen unsozial sei. Zustimmung wird man schon ernten, ja, nichts wie weg mit den Schulden! Niemand hat gerne Schulden, aber es gibt kein Entrinnen aus dem Prinzip „zuerst säen und dann ernten".

Die Politik sollte sich wichtigere Ziele setzen als ein Nulldefizit anzustreben. Die viel wichtigere Frage ist, ob eine bestimmte Investition sinnvoll ist oder nicht, ob wir wollen und können. Wer sind die Gläubiger? Von wem macht sich eine Gesellschaft abhängig? Japan hat eine Staatsschuldenquote von ungefähr 235% des BIP. Der japanische Staat hat hohe Schulden bei seinen Bürgerinnen. Der Staat vertraut seinen Bürgern, die Bürger dem Staat. Kein Bankrott, nichts!

Die Forderung „Keine neuen Schulden" verdeckt auch die zentrale Forderung des Neoliberalismus nach weniger Staat, mit der man nicht gut Werbung machen kann. Man verwendet das negativ besetzte Wort „Schulden" und fordert: „Das nicht!" Der Staat darf nicht investieren, das sei böser Staatskapitalismus. Die Schulden kommen mit solchen Forderungen allerdings durch die Hintertür herein. Der Staat baut nicht selber Krankenhäuser, Universitäten, Brücken, Kraftwerke und alles Mögliche, sondern überlässt diese Tätigkeit privaten Investoren, denen der (neoliberale, schwache) Staat reichliche Rendite verspricht, die letztlich doch wieder die kommende Generation zu zahlen hat. Diese Schulden scheinen allerdings in keinem Staatsbudget auf. Populistische Politiker dürfen sich rühmen, keine neuen Schulden gemacht zu haben. Schon wieder fällt mir als besonders dramatisches Beispiel das englische Atomkraftwerk Hinkley Point ein. Die britische Regierung hat keinen Penny in die Anlage investiert, keine neuen Schulden gemacht. Die britische Regierung garantiert jedoch den Investoren und den Betreibern für den in Hinkley Point produzierten Strom 35 Jahre einen festen Abnahmepreis, der etwa doppelt so hoch ist wie der derzeitige Marktpreis. Man darf dies getrost ganz besonders teures und verantwortungsloses Nicht-Schulden-Machen bezeichnen.

Eine Betrachtung der Staatsschulden in unserem Land rechtfertigt keinerlei Panikmache. Aus den Daten des Rechnungshofes geht hervor, dass das Nettofinanzvermögen (Guthaben minus Schulden) der Österreicherinnen und Österreicher im Jahre 2016 445 Milliarden Euro betrug. Dem stehen Staatsschulden von 295 Milliarden Euro gegenüber. Der Staat schuldet also in Summe nicht irgendwelchen bösen Mächten Geld, sondern seinen Bürgern. Man kann es mit gutem Grund auch so sehen, dass die Republik Österreich ihren Bürgern die gute Gelegenheit bietet, das Geld zu halbwegs vernünftigen Konditionen anzulegen. Menschen geben Millionen Euro für Anlageberatung aus. Ein leichter, unbürokratischer Zugang für uns gewöhnliche Menschen zu Staatsanleihen mit einer garantierten Rendite von inflationsbereinigten 0 Prozent könnte uns Millionen an Anlageberatungskosten ersparen. Auch dem Staat, also uns allen, wäre sehr gedient. Viele kleine Sparer wären die Sorge los, wo sie ihr bisschen Geld anlegen sollen. Wir könnten unsere ganze Kreativität auf echte Reformen im Bildungs- oder Gesundheitsbereich oder in intelligente Infrastruktur und in die Nutzung von Energie stecken. Das darf schon was kosten und die kommende Generation darf dann ernten und auch einen Teil der Investitionskosten in Form von Schuldentilgung übernehmen.

Der sparsame Staat

Schon wieder schwacher Staat! Schon wieder dasselbe Lied! Der Staat muss sparen. Der Staat kann nur ausgabenseitig saniert werden. Wir haben ein ausgabenseitiges Problem. Griechenland kann nur ausgabenseitig gerettet werden. Obwohl vermutlich in keiner Verfassung der Welt steht, dass der Staat sparen müsse und nur durch weniger Ausgaben ein Staat zu machen sei, sind obige Aussagen durch tausendfaches Wiederholen zu nicht hinterfragtem Allgemeinwissen geworden. Jeder muss solchen Aussagen zustimmen, sonst verstehe er nichts von Politik und noch weniger von Wirtschaft. Und doch stellen obige Aussagen einen nicht verhinderten Anschlag auf die Mathematik, auf die Logik und den gesunden Menschenverstand dar.

Das Enkerl meiner Tante Mizzi, der kleine Isidor weiß das schon besser. Er hat bei meiner Tante 100 Euro Schulden. Er hatte 200 ausgegeben, aber nur 100 eingenommen. Ihm stehen 5 Grundtypen von Möglichkeiten und beliebig viele Varianten zur Verfügung. Er ist selber draufgekommen, ich musste ihm das gar nicht erklären.

▶ *Ausgabenseitig, die Erste:* Er beschließt nichts mehr auszugeben. Da er auch keine Einnahmen hat, steigen seine Schulden. Meine Tante Mizzi ist eine strenge Frau, sie verlangt 1% Zinsen pro Jahr. Sie sehen, bei Isidor hat die ausgabenseitige Sanierung des Budgets nicht funktioniert. Seine Schulden sind gestiegen.

▶ *Ausgabenseitig, die Zweite:* Er nimmt 100 Euro ein und gibt 100 aus. Sein Schuldenstand steigt wegen der Zinsen, obwohl er weniger ausgibt als im Vorjahr.

▶ *Ausgabenseitig, die Dritte:* Er nimmt 200 Euro ein und gibt 100 aus. Bravo, Schulden getilgt, obwohl er noch immer 100 Euro ausgibt.

▶ *Einnahmenseitig, die Erste:* Er nimmt 300 Euro ein und gibt 200 aus. Bravo! Schulden getilgt, trotz gleichbleibender Ausgaben.

▶ *Einnahmenseitig und invers ausgabenseitig:* Isidor nimmt 500 Euro ein und gibt 300 aus. Noch besser! Bravo! Isidor macht Gewinn trotz 50%iger Mehrausgaben.

Isidor hat mir voll Stolz erklärt, dass er sich für die letzte Variante entschieden hat. Er hat meiner Tante Mizzi viel öfter über die Straße geholfen und der Nachbarin die Kirschen gepflückt. Außerdem hat er in Summe über 20 kg Eierschwammerl aus dem Wald geholt und er hat sich endlich ein Smartphone kaufen können. Ich habe ihm geraten, einmal Wirtschaft zu studieren, aber um Gottes Willen nicht an einer neoliberalen Wirtschaftsuniversität. Dort würden sie ihn hochkant hinauswerfen, weil er die oberste Glaubenslehre des Neoliberalismus nicht verstanden oder halt nicht befolgt hat.

Isidor hat intuitiv ein mathematisches Gesetz verstanden und zu seinem Vorteil angewandt. Die Differenz zweier Zahlen, z.B. Einnahmen minus Ausgaben, kann man betragsmäßig auf etwas mehr als unendlich viele Möglichkeiten klein machen. Auf welche Art eine solche Verkleinerung erfolgen soll, ist eine Frage des Willens, im Falle des Staatshaushaltes eine Frage des politischen Willens. Aus Mangel an rationalen und nachvollziehbaren Argumenten versteckt sich offenbar die neoliberale Propaganda nur zu gerne hinter irgendwelchen Göttern oder Algorithmen, die uns befehlen, dass man Haushalte nur ausgabenseitig sanieren könne. Griechenland, aber auch wir, müssen diesen Aberglauben teuer bezahlen. Griechenland wurde durch ausgabenseitige Sanierung erfolgreich langfristig ruiniert.

Die Mindestsicherung wurde empfindlich gekürzt mit dem Argument, dass der Staat sparen müsse und dass man Anreize schaffen möchte, dass sich Mindestsicherungsbezieherinnen doch schnell um eine besser bezahlte Arbeit umschauen mögen. Also, der Anreiz besteht darin, die Differenz: *Arbeitslohn – Mindestsicherung* groß werden zu lassen. Als Mathematiker möchte ich auf eine weitere von etwas mehr als unendlich vielen Möglichkeiten hinweisen. Man erhöhe die niedrigen Löhne und Pensionen. Das vergrößert die Differenz und schafft Anreiz ohne Abschreckung und nützt allen.

In rechtsextremen Kreisen und in der ehemaligen türkis/blauen Regierung spricht und sprach man im Zusammenhang mit Zuwanderung vom Pull-Faktor, den man verkleinern müsse. Menschen aus Regionen mit ungünstigen Verhältnissen (etwa Afrika) werden angezogen von Regionen mit günstigeren Lebensbedingungen (Österreich). Es kommt zu Migrationsbewegungen. Unsere rechten Parteien wollen den Pull-Faktor, also die Differenz: *Region(günstig) – Region(ungünstig)* verkleinern, um die Motivation zu Migration zu verkleinern. Sie macht dies, indem sie die noch guten Verhältnisse bei uns erfolgreich für alle verschlechtert. Ich möchte ernsthaft darauf hinweisen, dass ich es für klüger hielte, die derzeit ungünstigen Verhältnisse in Gegenden mit ungünstigen Verhältnissen zu verbessern. Das verringert auch die Differenz und damit die Motivation zu Migration. Man könnte die Verhältnisse günstiger machen, indem man in die ungünstigen Gegenden keine Waffen verkauft, keine Bomben abwirft, den Menschen dort nicht das Wasser abgräbt, die Fische nicht wegfischt und das Land nicht raubt. Ich bin mir sicher, dass derartige Maßnahmen sowohl für Menschen in unserer Gegend als auch in anderen Ländern die Lebensbedingungen günstiger und den Pull-Faktor kleiner machen würden. Das würde auch unserem Staat viel ersparen. In diesem Fall an der richtigen Stelle.

Der sparsame Staat befiehlt uns in letzter Zeit auch, dass für jede Ausgabe eine Finanzierung gefordert ist. Die Frage scheint logisch, schließlich muss auch jeder Häuslbauer wissen, woher er das Geld bekommt. So ist noch von der vorletzten Regierung beschlossen worden, dass der Pflegeregress abgeschafft wird. Große Aufregung ist allseits bemerkbar – die Finanzierung ist nicht sichergestellt! Wie soll die Abschaffung des Pflegeregresses finanziert werden? Je nach Parteizugehörigkeit spricht man von unterschiedlichen Kosten. Nehmen wir einmal an, die Abschaffung des Pflegregresses koste 500 Millionen. Meines Erachtens ist die Finanzierung ganz einfach: Die Steuerzahlerin zahlt exakt 500 Millionen mehr an Steuern, um keinen Cent mehr oder weniger, das wärs. Ob nun die Länder oder der Bund die Ausgaben von den eingehobenen Steuern berappen, ist für uns gewöhnliche Menschen eher nebensächlich. Das Gezeter um die Gegenfinanzierung ist Teil von neoliberaler Ablenkung und Propaganda. Man will den Menschen keinen reinen Wein einschenken und suggeriert, dass eine Maßnahme nichts koste, nur weil im Gegenzug eine Universität nicht gebaut oder ein Spital zugesperrt wird. Schon Isidor, das Enkerl meiner Tante Mizzi, weiß, dass das Eis um 1,50 nicht gratis ist, nur weil er auf Schokolade um 1,50 verzichtet. Sowohl Isidor als auch die Bevölkerung können durchaus verstehen, dass gewisse sinnvolle Dinge eben etwas kosten. So manchem populistischen Politiker ist offenbar eine Debatte über die Sinnhaftigkeit von Ausgaben sehr, sehr unangenehm. Wer will schon dafür verantwortlich sein, dass der Staat mehr Geld ausgibt. Statt zu argumentieren, warum eine Maßnahme sinnvoll ist oder nicht, redet man darüber, was man alles einsparen könne und müsse.

Der Antikommunismus als Argumentationshilfe

Stalinismus im Besonderen und Kommunismus im Allgemeinen steht für 100% Staat, der die Bürger bevormundet, die Freiheit beschränkt und alles besser weiß. Der totale kommunistische Staat macht alle gleich und ist einfach böse. Er dient als Gegenmodell zum Kapitalismus. Weniger Staat ist auch weiter entfernt vom Kommunismus. 150 Jahre wird nun schon Politik daran gemessen, wie groß die Entfernung einer Politik zu irgendeiner diffusen Art von Kommunismus ist. Haben Sie das auch schon erlebt, wann immer die Argumente in einer Rede oder in einem Zeitungsartikel Mangelware sind, dann muss der arme Kommunismus herhalten. Eine Erbschaftssteuer ist kommunistisch, die Einführung einer Bankenregulierung ist kommunistisch, Mindestlohn ist kommunistisch, eine Mietobergrenze ist kommunistisch. Die Verwendung des „Kommunismus-Arguments" lässt auf Desinformation, Mangel an rationalen Argumenten, Schwarz-Weiß-Denken oder auf mangelnde Fantasie schließen. Sind Sie auch schon einmal von Müdigkeit und Langeweile übermannt worden, wenn Ihr Gegenüber Vermögenssteuern als kommunistisch abgeschmettert hat?

Ja, neben dem Kapitalismus der neoliberalen Art und neben dem Kommunismus gibt es eine unendliche Mannigfaltigkeit von Möglichkeiten, einen Staat zu organisieren und Wirtschaft zu betreiben, die weder mit Kapitalismus der neoliberalen Art noch mit Kommunismus zu tun haben. Vermögenssteuern etwa gibt es zum Beispiel schon seit Menschengedenken. Die Fixierung auf den Antikommunismus tötet jede Kreativität und Fantasie und verstellt den Blick auf die Zukunft. Mir schwebt als Gegenmodell zu Neoliberalismus und rechtem Führertum so eine Art Demokratie vor, in der wir alle die Regeln machen und nicht nur jene, die das Gold haben und in der wir alle aufgefordert sind, nachzudenken, wie wir zusammenleben wollen, nicht nur der kleine oder große Diktator.

Demokratie und Neoliberalismus

Das Recht geht vom Volk aus. In einer Demokratie geht es um Mitbestimmung. Auch meine Tante Mizzi soll mitbestimmen und ein bisschen was machen können. Freilich kann sie nicht bei jedem Thema mitreden. Sie kennt sich ja nicht überall aus. Darum wurde auch so etwas wie eine repräsentative Demokratie entwickelt, wo Vertreter gewählt werden, die sich jeweils in ihren Bereichen besser auskennen. Gewählte Vertreter sollen in langen Diskussionen Regeln herausfinden, die ein halbwegs geordnetes Zusammenleben ermöglichen. Die ganz gewöhnlichen Menschen sollte man gelegentlich auch fragen, mitreden und mitarbeiten lassen. In einer Demokratie müssen wir manche Entscheidungen zur Kenntnis nehmen, die uns vielleicht gar nicht in den Kram, aber eben in den Kram der Mehrheit passen. Ich kann Ihnen leider kein Musterland der Demokratie schildern. Es gibt viele realisierte Varianten von Demokratie und etwas mehr als unendlich viele denkbare Umsetzungen von demokratischen Prinzipien. In Österreich haben in den letzten hundert Jahren kluge Menschen eine Variante von Demokratie entwickelt, die zu einem guten Zusammenleben und einem sehr zu schätzenden Wohlstand geführt haben.

Es gibt auch kein neoliberales Musterland. Neoliberales Denken und neoliberale Prinzipien haben sich in den letzten dreißig Jahren in unsere Gehirne und in den politischen Alltag in unterschiedlicher Stärke und in unterschiedlichem Tempo quasi eingeschlichen. Passen nun die Prinzipien der Demokratie mit den Prinzipien des Neoliberalismus zusammen? Maximierung des Profits für wenige, Geschäftemacherei, schwacher Staat, Deregulierung, niedrige oder keine Steuern, das sind wichtige Eckpfeiler des Neoliberalismus.

Wer das Gold hat, macht die Regeln, meinte der ehemalige Parteigründer Frank Stronach bei der Werbung für seine Partei. Viel besser kann man Neoliberalismus gar nicht charakterisieren. Tante Mizzi jedenfalls fühlt sich bei so einer Regelmacherei ausgeschlossen. Sie verfügt nur über ein vergoldetes Halsketterl und das ist zu wenig. Deregulierung heißt weniger Regeln, die ein gutes Zusammenleben ermöglichen. Deregulierung tendiert zum Faustrecht: Der Stärkere hat Recht. Der Schutz des Schwachen bleibt auf der Strecke. Nachdem fast alle Menschen in ihrem Leben Schwächephasen durchlaufen, fühlen sich viele Menschen irgendwie ungeschützt und schlecht vertreten. Wie sieht es mit Mitbestimmung in einem schwachen Staat aus, der immer weniger Steuern einheben soll? Das Gefühl der Schwäche hat auch meine Tante Mizzi erreicht. Sie hat sehr wenig Spielraum bei Entscheidungen. Sie ist damit beschäftigt, bis zum Monatsende über die Runden zu kommen. Ihre Mitbestimmungs- und Gestaltungsmöglichkeiten beschränken sich Richtung Monatsende auf „Erdäpfel oder Nudeln". Auch einem schwachen Staat fehlt es an Gestaltungsmöglichkeiten. Welches Krankenhaus sperren wir als nächstes zu?

Geschäftemacherei und Maximierung des Profits schränken die Möglichkeiten zur Mitbestimmung und Mitgestaltung weiter ein. Die Wirtschaft ist zur dominierenden politischen Kraft geworden. Es geht in der Politik zunehmend nicht mehr um Wohlstand für alle und um gutes Zusammenleben, sondern um irgendwelche ökonomischen Zwänge, denen wir uns alternativlos unterwerfen müssen. Wir haben keine Wahl. Da braucht es auch keine politische Beteiligung. Dass viele vermeintliche ökonomischen Zwänge auf Desinformation, Fehlannahmen und fragwürdigen Algorithmen und Methoden beruhen, macht die Sache nicht besser. Wenn es keine Alternative gibt, gibt es auch keine Demokratie.

Man darf es den Menschen nicht übelnehmen, wenn sie wenig Interesse an derartiger Mitbestimmung und damit am politischen Leben haben. In vielen Ländern sinkt die Wahlbeteiligung erschreckend. Wahrscheinlich erwarten viele Menschen, vor allem jene, denen es besonders schlecht geht, nichts mehr von Mitgestaltung und Politik. Wieso soll man einen Abgeordneten wählen, der machtlos ist gegenüber einem Lobbyisten mit einem Millionenbudget? Wieso soll ein Schwacher einen Politiker wählen, der glaubwürdig verspricht, den Staat weiter zu schwächen und der dem schon Schwachen garantiert nicht helfen kann? Wieso soll man Emmanuel Macron wählen, der jenen Menschen in Frankreich, die keinerlei Perspektiven haben, glaubwürdig Steuererleichterungen in Milliardenhöhe verspricht, obwohl diese Menschen relativ wenig Steuern zahlen? Da scheint es schon klüger, bei einem starken Mann sein Mitbestimmungsrecht abzuliefern. Einen starken Mann braucht man nur ein einziges Mal zu wählen, dann ist Demokratie nicht mehr so wichtig. Starke Männer wissen ohnehin alles besser und führen uns in eine heldenhafte Zukunft, die aber meist abrupt im Chaos endet. Oder man wählt den ganz starken Staat, der alles für uns erledigt. Da erübrigt sich auch die Mitsprache und Mitgestaltung.

Die neoliberalen Prinzipien untergraben unsere Demokratie schleichend und manchmal verblüffend offen. Neoliberale Denkfabriken leisten zweifelhafte Arbeit am Untergraben demokratischer Prinzipien. „Wohlstand für alle: eine gescheiterte Idee" schreibt Franz Schellhorn von der Agenda Austria. Wir sollten klugerweise gar nicht Wohlstand für alle anstreben, meint Schellhorn. Oder lesen sie das Pamphlet der Agenda Austria „Was bringt der Mindestlohn?" Leute, es zahlt sich nicht aus, mehr Geld einzufordern! Das ist präzise zusammenfasst und auf den Punkt gebracht der Inhalt dieses Pamphlets. Aber bevor sie jetzt zu Ihrem Chef gehen und eine spürbare Gehaltskürzung verlangen, lassen sie sich von einem guten Freund begleiten und beraten. Ich kann ihnen auch einen Buchtipp geben, den ich von Frau Barbara Kolm auf der Internetseite des Friedrich August v. Hayek Instituts gefunden habe, dessen Präsidentin sie ist.

„Schluss mit Demokratie und Pöbelherrschaft! Über die Illusion der Mitbestimmung" von Andreas Tögel. Da geht es nicht darum, dass es allen gut geht. Nicht einmal fragen sollte man diesen Pöbel! Frau Barbara Kolm ist Ex-FPÖ-Abgeordnete und war bei der Bildung der Regierung Kurz Verhandlerin der FPÖ im Bereich Wirtschaft. Von der türkis-blauen Regierung ist sie in die Position der Vizepräsidentin der Österreichischen Nationalbank gehievt worden.

Seit Ausbruch des Neoliberalismus gehört es zum guten Ton, den Staat und seine Institutionen zu schwächen und madig zu machen. Der Staat kann nicht wirtschaften. Der Staat muss schwach sein. Steuern sind das Übel an sich und müssen vermieden werden. Die Verwaltung des Staates ist ein träges, übergewichtiges Wesen, das man gesundschrumpfen muss. Solange nicht in der Verwaltung gespart wird, zahlen wir keine Steuern. Wirtschaftsvertreter errechnen mit haarsträubenden Methoden ein völlig unrealistisches Einsparungspotenzial in der Verwaltung. Im Wahlkampf 2017 zur Nationalratswahl versprachen die NEOS Einsparungen in der Höhe von 19 Milliarden, die türkise ÖVP 14 Milliarden und die FPÖ 13,1 Milliarden. Leider fehlen jegliche Berechnungsgrundlagen. Bei ca. 9 Milliarden Ausgaben in der Verwaltung (je nach Berechnung) soll man 19 Milliarden einsparen? Solche Aussagen sind eine wahre Meisterleistung in populistischer Propaganda und Desinformation. Und die Menschen glauben das. Der Jahrzehnte lange neoliberale Angriff auf das Vertrauen, auf den Staat, auf Gewerkschaften, auf die EU und letztlich auf uns, zeigt Wirkung. Der Stammtisch weiß mittlerweile bestens: *„Das sind ja lauter Gauner, da gehört aufgeräumt! Politiker sind korrupt bis in die Zehenspitzen! Milliarden versickern in dunkle Kanäle! Diese Gauner regeln alles für sich!"* Die neoliberale Botschaft ist an den Stammtischen angekommen. Die Angriffe haben den Staat und seine Institutionen sturmreif geschossen. Rechte Gruppierungen erledigen den Rest. Sie ziehen grölend in Europas Amtsstuben ein und agieren tatsächlich korrupt, wie wir in Österreich von Kärnten und Ibiza wissen. Neoliberalismus ist der Türöffner für rechte, nationalistische Rabauken.

Tatsächlich gibt es Vertrauensbruch, tatsächlich gibt es Misswirtschaft und Korruption, wie halt überall. Der Stammtisch reagiert durchaus rational: „DIE wählen wir sicher nicht! DIE haben unser Vertrauen nicht verdient!" Aber die Reaktion basiert auf Desinformation. Das Ausmaß an Korruption und Misswirtschaft rechtfertigt keinesfalls eine plumpe Verallgemeinerung, zumindest nicht in Österreich. Integre Politiker, sehr gut funktionierende demokratische Einrichtungen, Schulen und Spitäler und ein vorbildlicher Sozialstaat haben in den letzten 60 Jahren zu friedlichem Zusammenleben und Wohlstand geführt. Und noch immer gibt es sehr viele Politikerinnen, die sich unermüdlich für das Wohl aller einsetzen, von der Gemeinderätin bis zum Bundespräsidenten. Sie verdienen unser aller Vertrauen. Noch ist Demokratie in unseren Landen gefestigt. Viele Menschen kämpfen für Demokratie und Menschenrechte. Aber die Stimmung hat sich geändert. Meine Eltern sind noch im Sonntagsgewand zur Wahl gegangen. Die Gasthäuser haben geschlossen gehabt, damit die Menschen nüchtern und im Vollbesitz der geistigen Kräfte das Richtige wählen. Wahlen und Mitbestimmung sind heute eher lästig und erfahren wenig Wertschätzung. Neoliberale Denkmuster und Prinzipien haben einen zweifelhaften Beitrag zu diesem Stimmungsumschwung geliefert und wesentlich zur Schwächung der Demokratie beigetragen.

KAPITEL 11

VERTEILEN UND UMVERTEILEN

Verteilungen

Mittelwerte sind besonders in der politischen Öffentlichkeit und in der Wirtschaft überaus beliebt. Aber die Information, die in Mittelwerten steckt, konvergiert rasch gegen null, ja oft sind Mittelwerte elementarer Teil von Desinformation. Wenn jemand 3.000 Euro besitzt und ein zweiter 1.000 Euro Schulden hat, dann besitzen beide im arithmetischen Mittel 1.000 Euro, das ist genauso viel, wie wenn beide tatsächlich je 1.000 Euro besitzen. Der Mittelwert bringt den Unterschied nicht hervor. Zu Recht finden sich die beiden Personen nicht in einer derartigen Statistik vertreten. In der Mathematik und Statistik gehört es zum Stand der Technik, ja es ist sogar obligat, dass zu einem Mittelwert noch Information über die Verteilung mitgeliefert wird, um die Aussagekraft zu erhöhen. Studenten, die sich weigern,

Abbildung 20: Verteilung von Licht und Schatten

eine solche wissenschaftliche Methode anzuwenden, werden in der Regel dazu aufgefordert, die Universität ohne Abschluss zu verlassen. Verteilungsfunktionen geben wichtige, wissenschaftlich relevante Auskunft über einen Sachverhalt, über einen Zustand. Varianz und Standardabweichung sind mindestens ebenso wichtige Maßzahlen wie ein Mittelwert. Im obigen Beispiel würde etwa die Angabe einer Standardabweichung mehr Klarheit schaffen.

Verteilungen sind wertneutral, ideologisch völlig unverdächtig, es ist wie es eben ist und nicht anders. Eine Verteilung ist ein Zustand, der sich freilich auch ändern kann. Die Verteilung von politischer und wirtschaftlicher Macht, von Kapital, von Arbeit und Mühsal, die Verteilung von menschlichen, materiellen und ideellen Ressourcen ist seit Jahrtausenden ein sich ständig änderndes Faktum, eine halbwegs gut messbare Tatsache. Für uns alle ist es aber legitim und Gegenstand von Ideologie und Werthaltung, solche Zustände für gerecht, unfair, für katastrophal oder für ganz ok zu finden. Hier beginnt die Politik. Da die Welt nicht stehen bleibt, kommt es ständig zu Umverteilungen von Macht, Geld und Einfluss.

Verteilen von Macht und Geld

Wir sind beim Zeitwort „verteilen" angekommen. Verteilen ist die Aktivität, eine angestrebte Verteilung herzustellen. Das kann dieselbe Verteilung wie vorher sein, dann spricht man normalerweise von beharren. Beharren hält man nicht allzu lange durch, es kommt zum anders Verteilen, also zum Umverteilen. Man kann gar nicht nicht umverteilen, das ist einfach nicht möglich und doch ist das Wort Umverteilen zu einem schrecklichen Schimpfwort geworden und wurde moralisierend als böse abgekanzelt. Ich vermute aus Mangel an nachvollziehbaren sachlichen Argumenten. Macht und Geld anders als bisher zu verteilen ist ureigener Gegenstand von Politik und allgegenwärtige Tatsache. Umverteilungen finden friedlich statt oder gewaltsam. Kriege, Völkerwanderung, der arabische Frühling, Flüchtlingsbewegungen, Revolutionen, Gesetzesnovellen, Landtagsbeschlüsse, Steuererleichterungen und Familienzuschüsse, Mindestsicherungskürzungen, Krankengeld und alle Reformen sind Maßnahmen von Umverteilung. Jede Regierung muss umverteilen oder die Welt steht still. Jede Lohnverhandlung ist Umverteilung, jeder festgesetzte Preis ist Umverteilung. Auch das Wort „verteilen" hat einen schlechten Ruf. „Zuerst erwirtschaften und dann verteilen!" heißt es. Man solle das Augenmerk auf das Produzieren richten. Diese Nichtargumentationslinie stammt noch aus dem 19. Jahrhundert, als noch fast die ganze Welt hungerte, fror und kein Dach über dem Kopf hatte. Da war freilich produzieren wichtiger als verteilen. Aber heutzutage, in Überflusszeiten rückt das Verteilen ins Zentrum. Mit intelligentem Verteilen könnten wir uns viel Arbeit ersparen. Die Frage ist stets die gleiche: WER verteilt WIE um und WAS genau wird anders als vorher?

Richtig und gerecht verteilen und teilen ist zweifelsfrei eine äußerst schwierige Aufgabe, zumal richtig und gerecht sehr subjektiv sind. Verteilungskämpfe sind keine Seltenheit. In Staaten, die sich als Teil der weltweiten Zivilisation betrachten, sollte der Teilungsvorgang zivilisiert und fair verlaufen. Zu Kreiskys Zeiten etwa hat man sich geeinigt, dass der Produktivitätszuwachs allen Beteiligten zu Gute kommt. Das hat sich für alle äußerst positiv ausgewirkt. Menschen und Wirtschaft sind aufgeblüht, Universitäten und Schulen wurden gebaut, Infrastruktur errichtet. In den letzten Jahren hat sich das Bild dramatisch gewandelt. Mächtige Interessengruppen können nicht genug bekommen, viele andere gehen leer aus. Im Zusammenhang von Verteilen fallen mir die Sättigungsfunktionen ein. Das sind jene S-förmigen Funktionen, die ein gewisses „Jetzt ist es genug!" und „Ich bin satt, danke!" nahelegen. Noch mehr hat kaum noch einen Effekt. Der Kurvenverlauf veranschaulicht auch den Pareto-Effekt, auch 80-zu-20-Regel genannt. Die Regel besagt, dass 80% der Ergebnisse mit 20% des Gesamtaufwandes erreicht werden. Die verbleibenden 20% der Er-

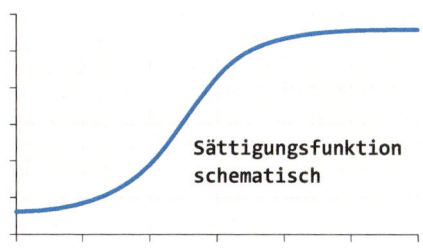

Abbildung 21: Es ist genug! Vom richtigen Maß

147

gebnisse erfordern mit 80% des Gesamtaufwandes die quantitativ
meiste Arbeit.

Die Kurve legt nahe, dass ab einem bestimmten Bereich ein Mehr
kaum etwas bringt und man das richtige Maß beim Teilen finden sollte. Es zahlt sich aus, in langen Verhandlungen das richtige Maß für
alle anzustreben. In Zeiten wie diesen ist genug da, nein, sogar Überfluss. Nicht dass jeder das Gleiche erhält, das frustriert und wird gerne
als kommunistisch bezeichnet. Wer mehr und wertvollere Arbeit leistet soll auch beim Teilungsvorgang besser berücksichtigt werden. Wer
aber den wertvolleren Beitrag leistet, ist in höchstem Maße subjektiv.
Wahrscheinlich braucht es für diese Art von Teilung lange und zähe
Verhandlungen. Dann kann der soziale Friede ausbrechen.

Matthäus-Effekt

Der Matthäus-Effekt stellt sich bei vielen Verteilungsvorgängen gewis-
sermaßen von selber ein, kann aber durch politisches Handeln gezielt
verstärkt oder gedämpft werden, je nach politischem Wollen. Das Phänomen Matthäus-Effekt ist in der Soziologie wohlbekannt, wird aber
auch in einigen Sprichwörtern thematisiert. Z. B. „Es regnet immer
dorthin, wo es schon nass ist" oder „Der Teufel scheißt immer auf den
größten Haufen". Namensgebend ist eine Stelle im Matthäus-Evangeli-
um: „Wer hat, dem wird gegeben". Der Matthäus-Effekt ist aktueller
denn je. Ungezügelter Wettbewerb, Wachstumsfetischismus und Deregulierung verstärken den Matthäus-Effekt und führen zu zerstörerischen Ungleichverteilungen von Geld, Macht und Zugang zu materiellen Gütern und nicht zuletzt zu sozialen Spaltungen, Unruhen und
Kriegen. Viele Forschungsergebnisse belegen klar die zerstörerische
Wirkung von ungleichen Verteilungen von Macht, Geld und Gütern.
Thomas Piketty etwa hat in seinem Werk „Das Kapital im 21. Jahrhundert" riesige Ungleichheiten nachgewiesen. Er hat auf die fatalen Folgen von Ungleichverteilungen aufmerksam gemacht und umgekehrt
auf die wohlstandfördernden Folgen von gerechter Verteilung hinge-
wiesen, wie sie etwa in den goldenen sechziger- und siebziger Jahren
im Europa des 20. Jahrhunderts zu beobachten waren. Heutzutage ist
hinlänglich bekannt und durch Fakten belegt, dass die Reichen

reicher und die Armen ärmer werden und dass als Folge die sozialen Spannungen steigen. Das neue, neoliberale Verteilungsprinzip lautet: Wer schon Macht und Geld hat, möge ungehindert und nichtreguliert weitere Macht und noch mehr Geld ansammeln. Verteilung also nach dem Matthäus-Prinzip.

Auf der anderen Seite stehen jene, die Pech gehabt haben und nicht als Millionär geboren wurden. Sie haben meist keinen so guten Zugang zu Bildung und müssen sich im Supermarkt länger anstellen und haben überhaupt keine Macht und wenig Geld. Sie müssen sich lange überlegen, wie sie mit dem wenigen Geld auskommen. All das lenkt vom Ansammeln von Reichtum und Macht ab. Sie müssen schon früh als Kind oder in der Jugend einer Erwerbsarbeit nachgehen und haben keine Zeit zum Lernen. Der Tellerwäscher, der es zum Millionär bringt, ist eine statistische Lüge. Von einer Million schafft es vielleicht ein einziger, statistisch vernachlässigbar. Die Durchlässigkeit von reich zu arm und verkehrt herum ist nicht gegeben.

Autokatalytisches Verhalten des Matthäus-Effekts

In der Wissenschaft allgemein und in Chemie und Physik im Besonderen spricht man nicht vom Matthäus-Effekt, sondern von autokatalytischen, sich selbst verstärkenden Reaktionen oder Verhalten. Die Kettenreaktion bei der Kernspaltung zeigt autokatalytisches Verhalten. Wird eine bestimmte Schwelle überschritten, dann geht es so richtig los. Wird die Schwelle nicht erreicht, „verhungert" die Kettenreaktion. Von Seiten der Mathematik kann man den Matthäus-Effekt sehr gut und einfach durch die folgende Funktion simulieren. Ich habe aus einer unendlichen Mannigfaltigkeit von Funktionen eine einfache Funktion, eine Zeitreihe, ausgesucht, die den Matthäus-Effekt und autokatalytisches Verhalten zeigt.

$$V_{j+1} = V_j * V_j - 2$$

Die nächste Zahl ist einfach das Quadrat der vorigen Zahl minus 2. Je nach beliebig gewählter Anfangszahl wächst die Zahlenfolge exponentiell oder oszilliert um den Nullpunkt.

Ich stelle nicht den Anspruch, dass die angegebene Funktion ein reales Modell ist. Diese Zeitreihe ist die erstbeste, die ich probiert habe. Sie ist keinesfalls das Ergebnis von langem Grübeln. Und doch können wir sehr viel daraus lernen.

Die Formel erfordert nur genau eine Multiplikation und eine Subtraktion. Das sollte hinreichend einfach sein, zeigt aber doch die gewünschte Wirkung. Ich liefere Ihnen auch gleich eine wirtschaftliche Interpretation. Das Vermögen im nächsten Jahr, V_{j+1} hängt vom Vermögen des aktuellen Jahres V_j ab. Das Vermögen im Jahr 1, nämlich V_1, ist in der Spalte „Wer hat" mit 2,01 vorgegeben. Mit obiger Formel errechnet sich das Vermögen im Jahr 2 durch $V_2 = 2{,}01^*2{,}01 - 2$ und ergibt 2,04. Das Vermögen in der Spalte „Wer nicht hat" im Jahr 1 ist mit 1,90 vorgegeben. V_2 wird errechnet durch $V_2 = 1{,}90^*1{,}90 - 2$ und ergibt 1,61, usw. In der Grafik auf Seite 151 sieht man 20 Zeitschritte.

Zeitschritt	Wer hat	Wer nicht hat
1	2,01	1,90
2	2,04	1,61
3	2,16	0,59
4	2,67	−1,65
5	5,15	0,72
6	24,54	−1,48

Tabelle 2: Wer hat, gewinnt

Die mehr oder weniger zufällig gewählte Zeitreihe bringt die wesentlichen Merkmale des Matthäus-Effektes qualitativ bestens zum Ausdruck. Die Zeitreihe zeigt unbeschränktes Wachstum, eine harte, entscheidende, angstbesetzte Schwelle und ein Oszillieren um den Nullpunkt. Gegenwärtig fürchtet sich weltweit der sogenannte Mittelstand, unter diese Schwelle zu rutschen.

In der Spalte „Wer hat" wächst das Vermögen exponentiell. Ein Vermögen von 2 stellt die absolute Schwelle dar. Wer drüber ist, hat gewonnen. Die Spalte „Wer nicht hat" simuliert eine Art Hamsterrad: wer also den Schwellwert nicht erreicht, pendelt zwischen Schulden

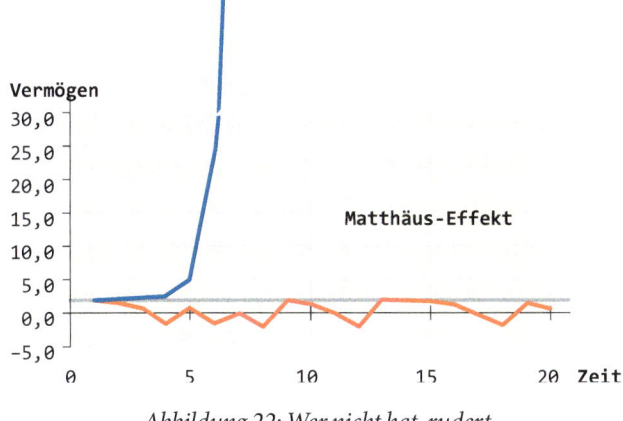

Abbildung 22: Wer nicht hat, rudert

und einem kleinen Geldbetrag. Viele Menschen haben diese Erfahrung gemacht. Sie fühlen sich eingeklemmt zwischen Arbeitslosigkeit und einem prekären Job, mit dem sie ihre Familie kaum ernähren können. Ohne zivilgesellschaftliche Regulierungsmaßnahmen wird sich in vielen Fällen des politischen, wirtschaftlichen und menschlichen Zusammenlebens der Matthäus-Effekt einstellen und stabilisieren. Die soziale Schere öffnet sich immer weiter, dies zeigen praktisch alle internationalen und nationalen Studien. Thomas Piketty hat in seinem Buch „Das Kapital im 21. Jahrhundert" die Entwicklung von Reichtum und Armut penibel aufgearbeitet und mit Zahlen belegt.

Bei sehr, sehr genauem Hinsehen könnte man vom Standpunkt der Mathematik und der Berechenbarkeit auch herauslesen, dass man die Zukunft mit keinem noch so klugen Modell berechnen kann. Das Auf und Ab im Bereich von „Wer nicht hat" ist absolut zufällig und hängt von der gewählten Rechenmaschine ab. Wenn Sie als Startwert in der Spalte „Wer nicht hat" 1,9001 statt 1,9000 wählen, erhalten Sie schon nach wenigen Zeitschritten ein völlig anderes Ergebnis. Die ursprüngliche Information ist also sehr rasch „aufgebraucht", die 17. Stelle hinterm Komma entscheidet mit. Chaotisches Verhalten wird sichtbar. Sollten Sie sich mit dieser großen Ungenauigkeit nicht abfinden wollen, empfehle ich Ihnen, den Startwert unendlich genau zu messen und die Zeitreihe mit unendlicher Genauigkeit zu berechnen. Ich gebe allerdings zu bedenken, dass Sie dafür unendlich viel Zeit und einen unendlich genauen Computer benötigen. Mainstreamökonomen sind geradezu in derartige Modelle verliebt. Und doch kann man aus obigem Modell eine präzise Aussage beweisen: Im Bereich unter der Schwelle 2 kommt es sicher zu einer Oszillation. Auch von einem Eichenblatt, das man bei Gesäuseeingang in die Enns wirft, kann man behaupten, dass es talwärts schwimmt. Aber wo es sich in 5 Tagen aufhält, ist unberechenbar, es sei denn, man vermisst die Welt mit unendlicher Genauigkeit. Ich möchte nicht so viel Zeit mit dem Berechnen von Unberechenbarem vertrödeln. Ich höre viel lieber wieder einmal in die Musik der Broadlahn hinein. Da entsteht jedes Mal eine spannende neue Welt.

Beispiele für den Matthäus-Effekt

An Hand von ein paar Beispielen möchte ich anführen, dass die gegenwärtige neoliberale Verteilungspolitik den Matthäus-Effekt aktiv fördert. Ja, Neoliberalismus ist die reale Umsetzung dieses Prinzips: Gebt denen, die haben und nehmt von denen, die nicht haben. Diese Maßnahmen summieren sich zu einem messbaren und makroskopisch sichtbaren Effekt: Die Reichen werden reicher und die Armen ärmer, während zu den goldenen Zeiten des vorigen Jahrhunderts alle ein bisschen reicher geworden sind, die einen mehr, die anderen weniger. So haben etwa von 1998 bis 2013 in Österreich die Arbeiterinnen einen Reallohnverlust von 14 Prozent hinnehmen müssen, schreibt der Rechnungshof. Die Armen werden ärmer.

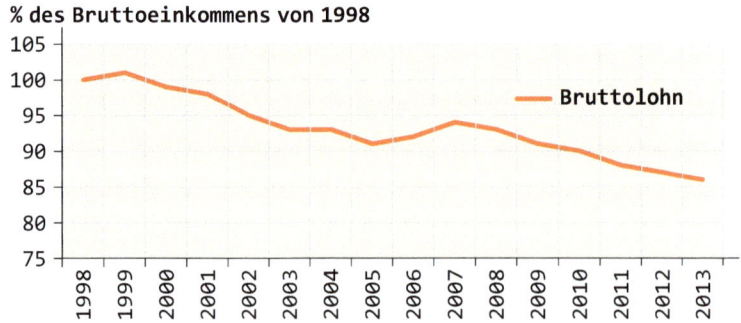

Abbildung 23: Inflationsbereinigte Entwicklung der mittleren Bruttojahreseinkommen von ArbeiterInnen

Reale Beispiele für den Matthäus-Effekt:

▷ Bei der Steuerreform 2015/2016 wurden etwa die Steuersätze von 36,5% auf 25%, von 43,21% auf 35% und von 50% auf 42% gesenkt. Allein von dieser Tarifsenkung profitiert jemand, der 200.000 Euro zu versteuern hat, mit etwa 2.353, während jene mit Einkommen unter 11.000 genau gar nicht profieren. Gebt denen, die haben!

▷ Die steuerliche Extrabehandlung des 13. und 14. Monatsgehalts bringt jenen, die wenig haben, genau nichts und jenen, die viel haben tausende Euros.

▷ Eine prozentuelle Lohnerhöhung fördert, eine fixe Lohnerhöhung bremst den Matthäus-Effekt.

▷ Niedrige Steuern auf Benzin, Diesel und Kerosin bringen allen jenen, die eine große Fahrzeugflotte, eine große Landwirtschaft haben oder die viel fliegen und damit unsere Umwelt zerstören, tausende Euro an Ersparnis, während meine Tante Mizzi sich nicht einmal ein Auto leisten kann und trotzdem Steuern für die Leberkäsesemmel bezahlen muss. Gebt denen, die haben und nehmt von denen, die nichts haben.

▷ Generell kann man sagen, dass Steuersenkungen jene bevorzugen, die haben.

▷ Bergbauernförderung. Der Bauernbund und die türkis gewordene ÖVP bestehen darauf, dass jeder Quadratmeter Grund gleich gefördert werden soll, nicht aber jeder Bergbauer. Das bedeutet, dass jene, die viel Grund und Boden besitzen, Millionen an Förderung erhalten, während kleine Landwirte, die für gesunde, biologische Lebensmittel und Diversität sorgen, fast nichts erhalten. (Schwarzbuch Landwirtschaft). Die für die Förderung nötigen Millionen zahlen wieder meine Tante Mizzi und andere Habenichtse.

▷ Familienbonus. Die türkis-blaue Regierung hat den „Familienbonus" beschlossen. Pro Kind kann maximal 1.500 Euro von der Lohnsteuer abgesetzt werden. Um diesen Betrag verringert sich die zu zahlende Steuer. Wer weniger als 1.250 verdient oder keine Steuer absetzen kann, hat leider Pech gehabt. Das sind Alleinerziehende, Arbeitslose und Mindestsicherungsbezieher. Diese Gruppe ist allerdings bei der Bezahlung anderer Steuern zur Abdeckung der Kosten des Familienbonus voll dabei. Nicht jedes Kind ist der Republik Österreich gleich viel wert. Kinder reicher Eltern sind wertvoller. Wer hat, dem wird gegeben, wer nicht hat, muss zahlen.

▷ Mit der Mindestsicherung sollen all jene Menschen unterstützt werden, die für ihren Lebensunterhalt aus eigener Kraft nicht mehr aufkommen können. Eigenes Vermögen muss „verwertet" werden, bevor gezahlt wird. Anwärterinnen auf die Mindestsicherung müssen einen finanziellen Striptease hinlegen, während unsere Millionäre ihr Geld unbeobachtet in Steueroasen verschieben. Wer nichts hat, dem wird auch das noch genommen.

▷ Landflucht: Menschen ziehen weltweit dorthin, wo schon viele sind: in die Städte, die immer größer werden. Das zeigen alle Statistiken. Menschen fliehen von ländlichen Gebieten, wo ohnehin nicht mehr viele wohnen. Neoliberales, profitorientiertes Denken erklärt die vermeintlich unrentable Infrastruktur als unfinanzierbar. Man müsse daher Spitäler, Schulen, Postämter und Polizeistationen zusperren und den öffentlichen Verkehr zurückfahren. Das verdrießt den Wirt und die kleinen Geschäftsleute, was wiederum … ach, Sie wissen schon! Der Matthäus-Effekt hat autokatalytischen, also selbstverstärkenden Charakter.

Die Aufzählung ist bei weitem nicht vollständig und summiert sich zu einem messbaren Effekt: Die soziale Schere geht auseinander. Ländliche Gebiete veröden und in den Großstädten wird der Wohnraum immer teurer.

Umverteilungen

Beim Aufteilen eines fixen Arbeitsertrages, beispielsweise von 1.000 Säcken Erdäpfel oder einer Million Euro kommt es natürlicherweise zu Interessenkonflikten unter den Anwärtern auf einen Anteil des Ertrages. Arbeiterinnen, der Staat, Geldgeber, Unternehmen und andere Interessenten rittern um einen möglichst hohen Anteil. Wenn die eine Gruppe sich zu viel vom großen Kuchen nimmt, dann bleibt für die andere Gruppe zu wenig. Ohne rechtsstaatliches Einwirken drohen Faustrecht oder der Matthäus-Effekt, der die Reichen reicher und die Armen ärmer macht. Man muss sich aber nicht tatenlos mit dem Matthäus-Effekt abfinden, sondern man kann ihm, wenn man nur will, mit viel Einsatz, Zeit und mit geeigneten Mitteln wohltuend entgegenwirken, etwa mit progressiven Steuern, einer Beschränkung hoher Gehälter im Finanzbereich und/oder der Einführung eines vernünftig hohen Mindestlohnes.

Progressive Steuern sind vielseitig einsetzbar: Vermögenssteuern, Erbschaftssteuern, Grundsteuern, gut gestaffelte Einkommenssteuern, Werbesteuern, Gewinnsteuern, Finanztransaktionssteuern, Lenkungssteuern und andere. Das muss nun nicht notwendigerweise heißen, dass insgesamt mehr Steuern eingehoben werden, das sicher nicht. Steuern sind ein perfektes Nullsummenspiel, eine wahre Umverteilungsmaschine. Ein Mehr an Vermögenssteuern bedingt ein Weniger etwa an Mehrwertsteuern. Steuern sind keine Strafe für schlechtes Verhalten, sondern wertvoller Beitrag zum Gemeinwohl. Mit progressiven Steuern kann man das exponentielle Wachstum beim Matthäus-Effekt erfolgreich dämpfen. Progressive Steuern folgen dem Prinzip: „Wer hat gibt, wer nicht hat erhält". Das hat den Effekt, dass wer mehr hat, dem bleibt noch immer mehr, um gut zu leben und wer nicht hat, ist zumindest aus dem Gröbsten heraus und kann sich endlich einmal eine Butter aufs Brot leisten.

Die Beschränkung der Höchstgehälter ist eine „G'mahde Wies'n", wie man bei uns sagt. Alle sind dafür, oder zumindest fast alle. Wenn man bedenkt, dass unsere am meisten verdienenden und sich selbst als Spitzenbanker sehenden Bankmanager vier Millionen und mehr verdienen, dann würde eine Beschränkung der Gehälter und Boni auf, sagen wir, 200.000 Euro eine spürbare Lohnkostenreduktion für die Finanzinstitute bedeuten. Schlagartig nimmt die Standortattraktivität der österreichischen Finanzwirtschaft zu. Dass die Arbeitsmoral der sehr viel sich nehmenden Banker und Spekulanten abnimmt, kann man nicht ernsthaft argumentieren. Wenn ein Jahresgehalt von sagen wir 200.000 Euro nicht motivierend sei, wäre dies wohl mehr als zynisch. Dazu käme noch die motivierende Wirkung auf die restlichen 99% der Mitarbeiterinnen im Finanzbereich, die tatsächlich oft unter schweren Bedingungen arbeiten. Für sie fällt der demotivierende Neidfaktor weg, es ergibt sich ein Spielraum für eine Gehaltserhöhung der „normalen" Mitarbeiterinnen.

Folge von höheren Mindestlöhnen

Die Erhöhung von niedrigen Löhnen und/oder die Einführung eines staatlichen Mindestlohns haben einen leicht nachweisbaren Effekt. Der Lohn von Niedriglohnbeschäftigten steigt. Jene, die wenig haben, haben ein bisschen mehr. Sonst wäre die Bezeichnung „Lohnerhöhung" irreführend. Lohnerhöhungen dämpfen den Matthäus-Effekt. Niedriglohnerhöhung trifft Menschen, die im Allgemeinen sehr viel arbeiten und schuften und am Ende können sie nicht einmal auf einen Verlängerten ins Kaffeehaus gehen. Alle Fakten und Statistiken belegen, dass in der Gruppe der Niedriglöhne mehrheitlich Frauen zu finden sind. Es ist ein ganz besonderer Skandal unserer Gesellschaft, dass deren Arbeit wenig respektiert wird. Wir sollten uns diesen Skandal nicht leisten.

Es gibt eine ziemlich gute Korrelation zwischen dem allgemeinen Lohnniveau und dem Wohlstand eines Landes. Länder, in denen auch für kleine Leute gute Gehälter gezahlt werden, gelten allgemein als beneidenswert reich, z.B. die Schweiz, Luxemburg, Dänemark, Schweden oder Norwegen. Länder, in denen Schandlöhne gezahlt werden, gelten allgemein als arm, rückständig und unterentwickelt. Ich bin der festen Überzeugung, dass es sich dabei nicht nur um eine Korrelation handelt, sondern um einen handfesten kausalen Zusammenhang. Je höher das Lohnniveau, desto reicher ist ein Land. Aber beweisen lässt sich ein kausaler Zusammenhang freilich nicht. Es wird mehrere Gründe für den Wohlstand einer Nation geben. Aber dass niedrige Löhne zu hohem Wohlstand führen, wird durch die Fakten wissenschaftlich widerlegt. Da fährt der logische Zug drüber.

Höhere Löhne können zu höheren Preisen führen. Na und? Das Schnitzel kostet halt dann überall 2 Euro mehr und am Sonntag um 3 Euro mehr. Warum nicht? Das ist in gewissen Fällen ebenfalls kein Problem. Wer will denn wirklich von schlecht bezahlten Frisörinnen bedient werden? Wer will in einem Hotel mit schlechtbezahlten Zimmermädchen übernachten? Wer will sich von einem Koch das Steak braten lassen, der sich keine Dusche leisten kann? Leute fahren gerne meilenweit, damit sie ein köstliches Essen genießen können. Wer will schon von einem übermüdeten Taxifahrer transportiert werden, der sich das Waschen der Jacke nicht leisten kann? Ein hoher Mindestlohn bewirkt ganz sicher einen Mehrkonsum.

Aus neoliberaler Sicht wirken hohe Löhne geschäftsstörend und stehen damit im klaren Widerspruch zum wichtigsten Prinzip des Neoliberalismus, der Geschäftemacherei und Profitmaximierung. Hohe Löhne könnten zu hohen Preisen und/oder weniger Profit führen. Da sich die Reduzierung des Profits wegen hoher Löhne in der Öffentlichkeit schwer verkaufen lässt, greifen in Österreich neoliberale Denkfabriken wie Eco Austria oder Agenda Austria zu mehr als fragwürdigen Scheinargumenten. Aber auch Mainstreamökonomen schlagen Fehlalarm. Ein hoher Mindestlohn führe zu Arbeitsplatzverlust, Abwanderung und einfache Arbeiten würden deswegen durch Maschinen ersetzt. Da aber in den meisten Fällen die zu verrichtende Arbeit unabhängig vom Mindestlohn ist, bleibt in erster Linie die zu verrichtende Arbeit gleich. Weil aber meine Tante Mizzi, die auch von einem höheren Mindestlohn profitiert, jetzt öfter ins Kaffeehaus gehen kann, fällt zusätzlich Arbeit an. Ein Arbeitsplatzverlust ist eher unwahrscheinlich. Eine Auswanderung von Berghütten und Friseurläden scheint ebenfalls sehr unwahrscheinlich.

Dass aber arbeitssparende Werkzeuge wegen eines einzuführenden Mindestlohnes erfunden werden, glaubt nicht einmal meine Tante Mizzi. Ich bin jedenfalls der Meinung, dass die Erfindung des Rades, des Buchdrucks, der Dampfmaschine, eines Krans, einer Waschmaschine, eines Computers oder Roboters von einer Mindestlohnforderung in Österreich völlig unabhängig ist. Rationalisierungen werden auch in Zukunft unabhängig vom Mindestlohn stattfinden und uns Arbeit abnehmen. Dass ausgerechnet neoliberale Denkfabriken den Fortschritt als Bedrohung darstellen, erachte ich für sehr bemerkenswert. Wäscherinnen! Wenn ihr höhere Löhne fordert, dann erfinden wir die Waschmaschine und ihr könnt zu Hause bleiben. Putzfrauen aufgepasst! Wenn ihr höhere Löhne fordert, dann erfinden wir einen Staubsaugerroboter und ihr werdet verarmen. Supermarktkassiererinnen Achtung! Wenn ihr höhere Löhne fordert, dann wandern die Lebensmittelgeschäfte nach Afrika aus und ihr werdet verhungern. Paketausträger! Wenn ihr höhere Löhne fordert, dann werden Drohnen Pakete austragen. Leute! Hände weg von höheren Löhnen!

Viele Artikel, in denen von neoliberalen Denkfabriken niedrige Löhne gefordert werden, sind reine Panikmache und haben mit ernsthafter Wissenschaft und Logik nichts gemein, postfaktisch also. Die Autoren mögen sich als Kassandrarufer verstehen, die die Welt vor Unheil bewahren wollen. Ihre Angstmache ist ein wichtiger Beitrag dazu, den Sozialstaat sturmreif zu schießen und die verunsicherte Bevölkerung in die Hände von Trump und Co zu treiben. Sie suggerieren mit haarsträubender Logik, dass Niedriglöhne eine alternativlose ökonomische Notwendigkeit seien, alles andere sei wirtschaftlicher Wahnsinn. Dass auch öffentlich bezahlte Wirtschaftsprofessoren sich an der Panikmache beteiligen ist traurig und untergräbt jegliches Vertrauen, ist aber weitverbreitete voll akzeptierte Realität und keinesfalls die Ausnahme. Die Botschaft, dass ein staatlicher Mindestlohn uns an den Rand des Abgrunds führt, ist freilich angsterregend. Angstmache ist möglicherweise durchaus beabsichtigt. Seid froh, wenn ihr überhaupt Arbeit habt! Leider kann auch ein hoher Mindestlohn nicht alle unsere wirtschaftlichen Probleme wie ein Wunderwuzzi lösen.

Simon Sturm fasste 2016 im A&W-Blog „Führen Mindestlöhne zu höheren Löhnen auf Kosten steigender Arbeitslosigkeit?" viele wissenschaftliche Beiträge der Mindestlohnliteratur aus den USA, Großbritannien, Deutschland und anderen Ländern zusammen, die klar zeigen, dass die Einführung von Mindestlöhnen keinerlei negativen Einfluss auf die Beschäftigung hat. Nur manche Leute aus dem Niedriglohnsektor haben etwas mehr im Lohnsackerl. In Deutschland lag Ende 2016, zwei Jahre nach Einführung eines Mindestlohns, die Arbeitslosenrate mit 2,9% so niedrig wie seit den frühen 60er-Jahren nicht mehr.

Kürzlich fasste Alan Manning[*] die Erkenntnisse der neuen Mindestlohnforschung wie folgt zusammen:

Mindestlöhne führen klar nachweisbar zu höheren Löhnen im Niedriglohnbereich, haben aber einen sehr schwachen bzw. keinen Effekt auf die Anzahl der Beschäftigten. Auch die Ländervergleichsliteratur

---

[*] Manning, Alan: The Elusive Employment Effect of the Minimum Wage, zitiert nach Simon Sturm, siehe oben.

bestätigt diese Sicht. Mindestlöhne stellen somit ein potenziell interessantes Politikinstrument dar, um ökonomische Ungleichheit am Arbeitsmarkt zu reduzieren.

Fair Verteilen

Eine faire Teilung des Arbeitsertrages stellt auch ein mutiges Zeichen an die Gesellschaft dar. Wir wollen in unserer Gesellschaft ohne Ausbeutung und Erpressung am Arbeitsplatz leben. Das ist das Mindeste, was eine Wirtschaft leisten können muss. Es ist selbstverständlich Aufgabe des Staates, geeignete Rahmenbedingungen gesetzlich vorzusehen. Viele Unternehmen in Österreich behandeln ihre Mitarbeiter fair, sie kümmern sich um das Wohl der Menschen, stehen nicht mit der Stoppuhr am Eingang, bilden selber Lehrlinge aus, und sudern nicht wegen mangelnder Fachkräfte, pressen die Mitarbeiter nicht bis zum Burnout aus, zahlen ihren Beitrag zum Gemeinwohl und liefern hervorragende Produkte. Gerade für diese Unternehmen wäre es ein wichtiges Zeichen des Respektes und der Anerkennung, wenn niedrige Löhne allgemein erhöht werden. Sie müssen nicht mehr belächelte Gutmenschen spielen, weil sie auf vermeintliche Wettbewerbsvorteile verzichten. Wettbewerbsvorteile mag man sich gerne erarbeiten durch intelligente Produkte, durch gutes Service und faire Bezahlung.

Verteilen ist stets ein Nullsummenspiel. Das was der eine erhält, wird dem anderen weggenommen. Das soll uns aber nicht davon abhalten, große Anstrengungen zu unternehmen, klug zu verteilen. Wenn wir zum Beispiel alle Samenerdäpfel, unsere Investitionsrücklage, aufessen, dann gibt es im nächsten Jahr tatsächlich nichts zu verteilen. Wenn der Staat zu wenig vom Ertrag erhält, kann er die Straßen nicht reparieren und kein Klopapier in der Schule zur Verfügung stellen, oder er muss gar die Krankenhäuser zusperren. Wenn der Bauer zu wenig erhält, setzt er im nächsten Jahr keine Erdäpfel. Wenn die Hackler nichts erhalten, können sie sich kein Butterbrot leisten, treten vielleicht in Streik, machen Revolution oder zetteln soziale Unruhen und Kriege an, wie beim Arabischen Frühling. Langfristig kommt es in diesen Fällen zu einer klaren Verlier-Verlier-Situation. Ich würde eine „kluge Verteilung" so definieren, dass die Verteilung zu einer Gewinn-Gewinn-Situation führt. Jeder ist halbwegs zufrieden, manche jammern vielleicht ein wenig, aber schließlich trifft man sich gut gelaunt bei einem Fest. Ganz einfach wird es nicht sein, diesen Zustand herbeizuführen. In einer Demokratie haben wir den Vorteil, dass wir alle mitreden können, dass wir die Beziehungen gut pflegen und in langen Sitzungen eine tragbare Lösung finden können. In totalitären Regimen bestimmt nur einer: der starke Mann. Das geht nie gut. Schließlich kann auch der stärkste Mann nicht alles besser wissen.

Ich möchte ein wenig Werbung machen für eine intelligente Teilung der Arbeit und der Löhne im Sinne des Gemeinwohls. Leben und leben lassen. Und da gehört eine Anhebung der niedrigen Löhne und Kürzung der Höchstlöhne dazu.

Durchschnittlicher Lichteinfall auf der Grabneralm

KAPITEL 12

VERTEILUNGSMOTIVE

Je nach Persönlichkeitsstruktur, nach politischem Brauchtum, nach Verfasstheit einer Gesellschaft, eventuell auch nach Wetterlage, kommen bei Verteilungssituationen und ganz allgemein bei politischen Handlungen die unterschiedlichsten Motive zum Tragen. Vom Standpunkt „Ich und die anderen" und „gut gehen" und „schlecht gehen" gibt es gemäß mathematischer Logik genau sechs Verhaltenstypen.

Neid: Den anderen möge es schlecht gehen.

Leidenssucht: Mir möge es schlecht gehen.

Geiz: Allen möge es schlecht gehen.

Gier: Nur mir möge es gut gehen.

Altruismus: Den anderen möge es gut gehen.

Gerechtigkeit und Wohlwollen: Allen möge es gut gehen.

Neid

Oberste Maxime von neidischem Handel und neidischem Verteilen ist es, dem jeweils anderen etwas wegzunehmen. Weniger wichtig ist, wie es einem selber ergeht. Denken Sie an die neidische Frau, die die Blumen der Nachbarin vom Balkon reißt und die eigenen vertrocknen lässt. Niemand hat jetzt schöne Balkonblumen. Neid steht schon seit mehr als zweitausend Jahren auf der Watchlist der Todsünden. Schon früh haben die Menschen erkannt, dass Neid geradewegs in eine Verlier-Verlier-Situation führt. Neidgetriebenes Handeln und neidgetriebenes Verteilen braucht immer einen Feind, den man bekämpfen kann und muss. Erst wenn dieser Feind restlos erledigt ist, kann man sich um die eigenen Leute und um sich selbst kümmern.

Die türkis-blaue Regierung lieferte das beste Beispiel für neidgetriebene Politik. Fast wöchentlich lieferte sie Diskussionsbeiträge, Gesetze und Verordnungen, die zum Ziel hatten, dass es anderen möglichst schlecht gehen soll. Langzeitarbeitslosen wurde durch die Streichung der Aktion 20.000 eine Perspektive geraubt, ihr Leben selber in die Hand zu nehmen. Die Kürzung und Streichung der Mindestsicherung für viele Menschen führen dazu, dass es vielen Menschen schlechter geht, aber niemandem besser. Das neue Arbeitszeitgesetz bewirkt, dass viele Mitarbeiterinnen im Fall von 12-Stundengleitzeit weniger Gehalt bekommen und die Mitarbeiterinnen weniger flexibel mit ihrer Lebenszeit umgehen können. Das Aufnahmeverbot im Staatsdienst bewirkt, dass Gerichtsentscheide länger dauern, dass wir Menschen länger auf eine Operation oder auf einen Bescheid warten müssen, dass noch immer eine einzige Lehrerin in einer Klasse 36 Schülerinnen unterrichten muss. Und den Ausländern möge es besonders schlecht gehen. Österreich sollte unter dieser Regierung besonders unattraktiv werden und wurde es auch. Die Regierung unternahm die größten Anstrengungen in diese Richtung. Und Kinder von Moslems dürfen kein Kopftuch tragen. Diesen Luxus gönnen wir den sehr wenigen Betroffenen nicht. Neidgetriebene Politik ist immer erfolgreich: Vielen geht es jetzt schlechter.

Leidenssucht und Geiz

Leidenssucht drängt uns dazu, große Anstrengungen zu unternehmen, dass es uns selber schlecht geht und dass wir bei Verteilungen den Kürzeren ziehen. Wie es den anderen geht ist weniger wichtig. Leidenssucht ist die Sucht, sich Sorgen zu machen. Sorgen machen macht uns wichtig. Die unangenehmsten Erlebnisse fallen uns zuerst ein. Wir sind umzingelt vom Bösen und von Menschen, die uns an die Gurgel wollen. Wir werden zu Opfern. Leidenssüchtige können auch keine Geschenke annehmen. Leidenssucht ist eine individuelle psychische Krankheit. Leidenssucht ist aber auch eine allgemeine politische Krankheit, die unser Handeln lähmt und zu einem sicheren Verlier-Verlier-Kreislauf führt. Die verschärfte Form der Leidenssucht ist der Geiz: Allen soll es schlecht gehen. Niemand soll von der Kartoffelernte etwas abbekommen. Wir bewahren die Erdäpfelsäcke im Keller auf. Man wird sie vielleicht in zehn Jahren noch brauchen können. Lieber sollen die Erdäpfel im Keller verfaulen, als dass man sich und den anderen einen Genuss gönnt. Der typische Geizhals sitzt mit seinen Freunden am kalten Kachelofen. Alle frieren. Er gönnt weder sich noch seinen Freunden eine wohlige Wärme. Die Holzscheiter wird man später besser brauchen können. Geiz wird im Neoliberalismus als „Sparen" schöngeredet. Deutschland hat sich im letzten Jahrzehnt als Europas Sparmeister und oberster Geizhals einen zweifelhaften Ruf erworben. Als Exportkaiser nimmt Deutschland den anderen Ländern die Arbeit weg, es gönnt den Pensionisten, die Deutschland aufgebaut haben keine würdige Pension und den Arbeiterinnen nur eine prekäre Bezahlung und lässt an den Schulen den Verputz abbröckeln. Sparen überall. Das türkis-blaue Österreich wollte sich in puncto Geiz nicht von Deutschland abhängen lassen. Der Bundeskanzler wollte Geiz, schöngeredet als „Sparen" in die Verfassung nehmen. Er weigerte sich, in die Zukunft, in Bildung, in den Gesundheitsbereich und in die Infrastruktur zu investieren und ließ die junge Generation im Regen stehen. Die Folgen kennen wir schon: Fast alle verlieren. Soll wirklich Sparen und Geiz Hauptaufgabe eines Staates sein?

Gier

Gier ist das übersteigerte Streben nach materiellem Besitz, unabhängig von dessen Nutzen. Gier zählt in der christlichen Religion zu den Hauptlastern und im Buddhismus zu einem der drei Geistesgifte. Oberste Maxime von gierigem Handeln und Gier-getriebenem Verteilen ist es, möglichst viel an sich zu reißen. Wie es den anderen geht, ist völlig uninteressant. Man will andere auch nicht schädigen, wie bei Neid. Bedürfnisse anderer sind einfach nicht relevant, sondern eher lästig. Die Sicht verengt sich auf einen selber, andere stören. Gier ist eine Sucht, die nie befriedigt werden kann. Gier wirkt autokatalytisch, also sich selbst verstärkend. In vollendeter Ausführung kennt Gier keine Grenzen und lässt sich auch keine Grenzen setzen. Oberstes politisches Ziel neoliberaler Parteien ist die vermeintliche Befriedigung von grenzenloser Gier. Es gibt kein Genug. Neoliberale Parteien wehren sich vehement gegen die Bezahlung von Beiträgen für das Gemeinwohl, insbesondere gegen Vermögenssteuern etwa. Sie wehren sich vehement gegen eine Beschränkung von Bezügen, gegen Bankenabgaben, gegen gerechte Löhne, gegen Beiträge zur Versicherung der Mitarbeiter. Alle diese Dinge schmälern den eigenen Profit und sind abzulehnen. Sie müssen beim Verteilungsprozess klein gehalten werden.

Gier-getriebene Verteilung ist wie jede andere Verteilung zunächst ein Nullsummenspiel. Was der eine zu viel erhält, bekommt die andere zu wenig. Zieht man aber auch noch den individuellen Wert und den Nutzen und weitere Folgen in Betracht, führt Gier vorhersehbar in einen Verlier-Verlier-Kreislauf. Ein Milliardär, der eine weitere Milliarde erhält, hat deswegen sicherlich kein besseres Leben. Man kann eine Milliarde nicht verkonsumieren. Er kann nicht täglich drei Mal um die Erde reisen und in fünf Luxuswohnungen gleichzeitig wohnen. Um eine Milliarde in zwanzig Jahren zur Gänze zu verbrauchen, müsste man pro Minute 95 Euro ausgeben. Da müsste man sich aber wirklich sehr anstrengen. Ein Mehr führt nicht zu einem besseren Leben, sondern höchstens zu noch mehr zweifelhafter, konzentrierter Macht. Auf der anderen Seite bedeutet eine Milliarde weniger für viele Menschen einen weiteren Verlust und führt zu einem materiell schlechteren Leben. Wir sind bei einer Null-Verlier-Situation. Kein Gewinn für den, der hat, Verlust für die, die nichts haben. Die Folge solcher schiefen Verteilungen sind soziale Konflikte bis zum Bürgerkrieg, wie wir es hautnah beim arabischen Frühling mitverfolgen konnten. Dann sind endgültig alle Verlierer.

In Österreich machte Wolfgang Schüssel den Neoliberalismus und die Gier-getriebene Politik zum obersten Prinzip politischen Handelns. Sebastian Kurz ist sein würdiger Nachfolger. Zusammen mit der neidgetriebenen Politik des Koalitionspartners FPÖ ergibt das eine ziemlich giftige Mischung, die fast alle zu Verlierern macht. Der Matthäus-Effekt kommt deutlich zum Vorschein. Wer hat, nimmt sich noch mehr (neoliberale, türkise Gier), wer nicht hat, dem wird auch das Wenige genommen (freiheitliche Neidpolitik). Es ist keineswegs überraschend, dass diese beiden Parteien sehr gut zusammenarbeiten konnten. Es ist vorhersehbar, dass diese Politik ungebremst lauter Verlierer hervorbringt. Öko-Steuern sind für die türkise Partei kein Thema, sie reduzieren den Gewinn. Bevor ein österreichisches Unternehmen, dessen Chef dem politischen Gegner nahesteht, einen öffentlichen Auftrag erhält, will H. C. Strache lieber eine vermeintliche russische Nichte ein gutes Geschäft machen lassen, gab er in Ibiza bekannt. Die Umwelt und wir sind die Verlierer dieser Politik.

Altruismus

Altruismus bedeutet Uneigennützigkeit und Selbstlosigkeit. Die Altruistin strebt danach, dass es den anderen Menschen gut geht. Das eigene Wohlbefinden steht scheinbar nicht im Mittelpunkt des Handelns. Altruismus ist eine Gegenposition zu Gier (nur mir möge es gut gehen) und zu Neid (den anderen möge es schlecht gehen). Altruisten werden von rechter Seite als Gutmenschen verhöhnt, die sogar noch die zweite Wange hinhalten, wenn sie gerade eine ordentliche Watschn abbekommen haben. Von neoliberaler Seite werden Altruisten milde als blauäugige, naive Träumer und Weltverbesserer belächelt, die nichts von Wirtschaft verstehen. Bei einem Teilungsvorgang sei die Rechnung klar: Die Altruistin erhält um etliche Säcke Erdäpfel weniger im Vergleich zum Gierigen, der ordentlich zulangt. Es entsteht eine Gewinn-Verlier-Situation.

Monotheistische Religionen rechnen anders und kommen zu einem Gewinn-Gewinn-Ergebnis für Altruisten. Geben ist seliger als nehmen, heißt es etwa im Neuen Testament. Gastfreundschaft und die gute Tat ist gleichsam Pflicht für Moslems, Juden und Christen. Geben bringt dem Geber mehr? Wer rechnet da falsch? Die neoliberalen vermeintlichen Wirtschaftsexperten oder die verhöhnten Gutmenschen? Lassen wir einmal die religiösen Pflichten und die fromme Mildtätigkeit beiseite und rechnen wir, wie es sich für einen echten Kapitalisten gehört. Der Wettkampf lautet Altruismus gegen Neid und Altruismus gegen Gier. Das Zauberwort heißt Investition. Man gibt Kapital aus, ohne unmittelbar etwas davon zu haben. Es besteht aber die durchaus in vielen Fällen berechtigte Hoffnung, dass sich die Investition amortisiert, also lohnt. Viel mehr Erdäpfel können im folgenden Jahr geerntet werden, respektable Arbeit ist entstanden, nach geraumer Zeit haben alle mehr. Man feiert ein ordentliches Fest. Es gibt nur Gewinner. Eine ähnliche, nachvollziehbare Rechnung stellen auch die Verfechter des Gebens und der Gastfreundschaft auf. Man nimmt einen Gast freundlich auf in der nicht ganz unberechtigten

Hoffnung, selbst auch einmal in den Genuss der Gastfreundschaft zu kommen. Statt bei Nacht und Nebel sich durch feindseliges Gebiet zu schlagen, hockt man bei Tee und Wasserpfeife und erzählt sich gegenseitig die spannendsten Geschichten und Weisheiten. Aus vermeintlichen naiven Träumern werden lauter Gewinner.

Im Dorf kauft der Schuster eventuell etwas teurer sein Brot beim örtlichen Bäcker, dieser wiederum kauft die Schuhe nicht bei Amazon, sondern beim Schuster. Die öffentliche Buslinie wird vom örtlichen Busunternehmen bedient und nicht vom Billigstbieter. Die Infrastruktur bleibt erhalten und abends treffen sich alle beim Dorfwirt, der auch ein gutes Geschäft macht. Der Händler schaut, dass auch der Lieferant leben kann, der Konsument lässt auch den Händler leben. Freilich kann sich das gegenseitige Leben Lassen über mehrere Ecken abspielen. Am Ende geht es allen gut. Aus einer Gewinn-Verlier-Situation werden ein Zusammenleben und Wirtschaften mit lauter Gewinnern.

Auch in der großen Politik gibt es gute Zusammenarbeit zum Wohle aller. Nach dem 2. Weltkrieg haben auf Betreiben des US-Außenministers und Friedensnobelpreisträgers George C. Marshall die amerikanischen Steuerzahler den Europäern einen hohen Kredit gewährt. Sie haben gegeben. Und dies auch jenen Ländern, die gerade millionenfachen Massenmord und das Anzetteln eines Krieges, wie es ihn vorher noch nicht gab, zu verantworten hatten. Die Rechnung? Lauter Gewinner. Die US amerikanischen Steuerzahler und Kreditgeber erlebten einen noch nie gekannten Aufschwung. Die Erzfeinde Deutschland und Frankreich versöhnten sich und starteten mit der EWG ein Projekt der europäischen Zusammenarbeit und des Friedens. Der Wohlstand gedieh messbar. Nach dem 1. Weltkrieg war die politische Grundstimmung eine völlig andere. Rache, Vergeltung und Nehmen statt Geben dominierten, die Verlierer mussten einen hohen Preis zahlen, aber auch die vermeintlichen Sieger. Manche meinen, dass diese Grundstimmung das Aufkommen des mörderischen Naziregimes sehr begünstigte. Am Ende gab es lauter Verlierer.

Geben kann also auch im Großen seliger sein als Nehmen. Der eigentliche Gewinn liegt jedoch in der Stimmung und im Lebensgefühl. Von Menschen umgeben zu sein, die einem wohlgesinnt sind und einem nicht jederzeit an die Gurgel springen wollen, befreit von

Angst und verbreitet das Gefühl, dass man stark und frei sei. Man kann sich darauf verlassen, dass einem der Nachbar jederzeit hilft. Man spaziert ohne Bodyguard auf die Grabneralm, liegt angstfrei in der Almwiese inmitten von Almrausch, trällert ein Liedchen oder stimmt einen Jodler an. Niemand trachtet einem nach dem Leben, vielleicht stimmt jemand in den Jodler ein. Ich lebe jedenfalls lieber in einer Gemeinschaft, in der Wohlwollen, Zusammenarbeit, Friede und Feste feiern vorherrschen.

Liefert das Ergebnis der beinharten Rechnung für Altruismus immer lauter Gewinner? Geiz und Neid produzieren jedenfalls zwei Verlierer, Altruismus höchstens einen Verlierer. Eins zu null für den Altruismus. Neid wird oft begleitet von Schadenfreude, eine Freude, die üblicherweise nicht sehr lange anhält. Bei der Schadenfreude sitzt man allein zu Hause und kann mit niemandem anstoßen, während die Freude, dass es einem anderen gut geht doppelt zählt. Man feiert umgeben von guten Freunden. Auch die Summe der Freuden macht den Altruismus zum klaren Sieger gegenüber dem Neid. Ein klares zwei zu null für den Altruismus.

Abbildung 24: Altruismus befreit und erweitert das Gesichtsfeld

Die Rechnung Gier gegen Altruismus ist sicher problematischer. Sowohl Gier als auch Altruismus haben einen selbstverstärkenden Charakter. Gier erzeugt noch mehr Gier und Altruismus fördert Altruismus und macht ihn auch für andere attraktiv. Aber wer überschreitet zuerst die Schwelle, die wir vom Matthäus-Effekt kennen, wo alles wie von selbst geht? Die Gier produziert zumindest in erster Näherung einen Sieger: Ich! Hauptsache mir geht's gut. Da aus der Sicht der Gier der andere gar nicht existiert oder nicht der Rede wert ist, gibt es nur einen Gewinner und keinen Verlierer. Aus der Sicht der Altruistin gibt es zumindest einen Sieger, den Gierigen. Sie haben sicher bemerkt, dass ich den Altruismus eventuell zu optimistisch geschildert habe, manche mögen auch blauäugig dazu sagen. Die Investition „zuerst geben" liefert leider nicht in jedem Fall die gewünschte Rendite und ein Gewinn-Gewinn-Ergebnis. So sehr ich es mir auch wünsche, dass die Gastfreundschaft erwidert, dass das Geschenk angenommen wird und dass Geben zu guter Zusammenarbeit oder zu einem friedlichen Zusammenleben und zu Bereicherung für alle führt: Manchmal ist die Welt auch böse. Allzu große Erwartungen können leicht zu Frust und Verbitterung führen. Man sollte sich schützen und das gierige Gegenüber zu einem Gier-Bremsmanöver animieren. Diesbezügliche Hartnäckigkeit kann sich lohnen und zu einer Gewinn-Gewinn-Gesellschaft führen. Eine Gesellschaft täte gut daran, statt milliardenschwere Propaganda für Gier, Geiz und Neid zu entfalten, das Kapital umzulenken auf gute Werbung für Altruismus. Dann kann die Haltung „Hauptsache dir geht es gut" viel öfter zu einer Gewinn-Gewinn-Situation führen. Die große Spendenfreudigkeit der Österreicherinnen spricht eindeutig dafür, dass die Bevölkerung dem Altruismus durchaus sehr aufgeschlossen gegenübersteht.

Aus eigener Erfahrung kann ich sagen, dass ich eine hohe Rendite von gelebtem Altruismus einstreifen konnte. Muttahedi hat im Krieg (gemeint ist der 2. Weltkrieg) so manche Lebensmittelmarken an Menschen im Dorf verschenkt, die sie besser brauchen konnten. Beim Schafkäseausliefern hat uns Kindern Frau Schneehuber besonders viel Trinkgeld zukommen lassen, sodass wir Kinder öfters beim Labuda eine begehrte Wurstsemmel kaufen konnten. Zwanzig Jahre nach dem Krieg betonte Frau Schneehuber noch immer, dass sie die Lebensmittelmarken von Muttahedi nie vergessen werde. Der Volksschuldirektor Werner Klug, ein gestandener Roter, der nicht aus christlichen Motiven altruistisch gehandelt hat, hat sich einen Haxen ausgerissen, damit ich ins Gymnasium gehen konnte. Und Bruno Kreisky hat mir durch seine Politik ermöglicht, gratis die Uni zu besuchen. Das alles bestärkt mich in meinem Gefühl, auf die Butterseite des Lebens gefallen zu sein. Ich durfte eine hohe Rendite des Altruismus einstreifen. Leider hat sich mittlerweile der Wind in Richtung Gier und Neid gedreht. Von neoliberaler Gier getriebene Politiker tun alles, um den Hochschulzugang zum Gegenstand von Geschäftemacherei zu machen und die Investition in Bildung zu erschweren. Studenten in den USA müssen für das Studium oft einen Kredit aufnehmen, den viele nie zurückzahlen können. Gier ist durch massive Propaganda salonfähig geworden.

Gerechtigkeit und Wohlwollen

Der 6. Typus in Verteilungssituationen ist Gerechtigkeit und Wohlwollen. Allen möge es gut gehen. Jede möge ihren gerechten und fairen Anteil an zu verteilenden Gütern erhalten. In unserem Beispiel sind es hundert Erdäpfelsäcke, die nach der Ernte zur Verteilung bereitstehen. Erfolgreiche, gerechte Verteilungspolitik bringt ausschließlich Gewinner hervor. Diese Rechnung stimmt auf jeden Fall. Die Menschheit einigt sich rasch, alle Güter und Dienstleistungen, das Geld, die Arbeit, die Mühen und die Freuden gerecht aufzuteilen, sodass es allen gut geht. Wir leben in Frieden und Wohlstand und gönnen den jeweils anderen ihr Glück bis ans Ende.

Mit seinem kategorischen Imperativ fordert Immanuel Kant gerechtes Handeln kategorisch als Selbstzweck, weil es sich eben so gehört, nicht aber weil man durch gerechtes Handeln einen anderen Zweck verfolgt, wie etwa Frieden und Wohlstand. Man handelt gerecht aus Prinzip. Das ist zweifellos sehr anspruchsvoll, erspart einem aber eine mühsame Rechnung, die ohnehin nicht zu einem eindeutigen Ergebnis führt. Ich glaube trotzdem, dass eine Überschlagsrechnung bei gerechtem Handeln als Ergebnis lauter Gewinner liefert.

Leider liegt das Problem in diesem Fall nicht an der Rechnung, die lauter Gewinner errechnet, sondern an der Definition der Begriffe

„gerecht" und „gut gehen". Vergeblich suchen Sie auch in den gescheitesten Büchern der gescheitesten Leute nach Antworten, was denn gerecht sei und wann es jemandem gut zu gehen habe. Viele meinen, was jemand als gerecht empfinde, sei individuell sehr unterschiedlich und vom persönlichem Wertesystem abhängig, sodass das Streben nach Gerechtigkeit zu heftigen Auseinandersetzungen und Krieg führen kann, statt dass es uns Frieden und Wohlbefinden bringt.

Gerechtigkeit wird in manchen Debatten wohl auch bewusst mit Neid verwechselt. Das Streben nach Gerechtigkeit zielt darauf ab, dass bei Verteilungssituationen jede Person das richtige Maß an Gütern erhält. Was immer „richtig" ist, sei dahingestellt. Bei Nullsummenspielen, wie es das Verteilen eben ist, führt das notwendigerweise dazu, dass jemand anderer dann weniger erhält, aber das ist nicht das Ziel von gerechter Verteilung. Es ist aber das Ziel von neidischer Verteilung, dass der jeweils andere weniger erhält. Neid führt dazu, dass letztlich alle weniger haben, während Gerechtigkeit lauter Sieger hervorbringt.

Die vielleicht interessanteste Definition von Gerechtigkeit lieferte die türkis-blaue Regierung Kurz-Strache. Es sei gerecht, dass jemand, der noch nichts ins Sozialsystem eingezahlt hat, auch nichts aus dem Sozialsystem erhält. Eine konsequente Anwendung dieses Gerechtigkeitsprinzips führt notwendigerweise zur Ausrottung der Menschheit, nicht aber zu einem friedlichen Zusammenleben in Wohlstand und Zufriedenheit. Der liebe Gott oder die Evolution hat uns so geschaffen, dass wir zuerst – im Schnitt 20 Jahre lang –, aus dem Sozialsystem nehmen, bevor wir noch nicht einmal die geringste Leistung erbracht haben. Von einem Baby zu fordern, dass es zuerst Leistung erbringen möge, bevor es an der Mutterbrust saugen darf, entbehrt nicht einer gewissen zweifelhaften Komik. Ich meine, dass wir zuerst in die vom Sozialsystem finanzierte Schule gehen müssen und dann vielleicht nach 20 Jahren das Gelernte umsetzen können. Die Evolution hat uns unerbittlich die Reihenfolge aufs Auge gedrückt: „Zuerst säen und dann ernten". Wenn Sie mit dem Gerechtigkeitsbegriff der Herren Kurz und Strache einverstanden sind, wählen Sie ruhig die entsprechenden Parteien, aber wundern Sie sich nicht, wenn es Ihnen nachher schlechter geht oder wir alle aussterben.

Wie man 100 Säcke mit Erdäpfeln gerecht teilen kann, mag ja noch relativ einfach sein. Wie aber teilt man 100 Säcke mit Erdäpfeln, 20 Kilo Butter, eine Erdbeertorte, 20 Wohnungen, 10.000 Euro Rendite und 2.000 Arbeitsstunden auf alle irgendwie Beteiligten gerecht auf? Wer soll überhaupt an der Aufteilung beteiligt sein? Die Aufteilung soll noch dazu unter komplizierten Nebenbedingungen erfolgen. Meine Tante Mizzi hat lieber einen großen Anteil an der Rendite, eine Erdbeertorte kann sie sich selber machen. Ein Behinderter kann leider keine Arbeitsstunden leisten, bräuchte aber dringendst mehrere Säcke Erdäpfeln, damit er nicht verhungert. Der Investor befindet sich mitten in einem zynischen Wettkampf mit seinem Konkurrenten, wer mehr Rendite aus seiner Investition herausschindet. Er beansprucht alle Erdäpfelsäcke und die gesamte Rendite, obwohl man weiß, dass er tausende Erdäpfelsäcke vernichten muss und eine Milliarde Dollar in Liechtenstein liegen hat. Butter beansprucht er nicht, das passt nicht in sein Investitionsprofil, er verzichtet gönnerisch auf die Butter. Wie soll man unter solchen Umständen gerecht verteilen?

Gerechtigkeit über Generationen

„Mir hat auch niemand geholfen" ist eine sehr menschliche, schwer zu überwindende Hürde. Viele Menschen der älteren Generation haben schwer geschuftet für schändlichen Lohn und jetzt erhalten sie eine mindestens ebenso schändlich niedrige Pension. Viele Menschen wurden erniedrigt und missbraucht sogar von nahen Verwandten, viele wurden getreten und geschlagen und schlecht behandelt wie Vieh oder wurden in die Zwangsarbeit und Todeskammern getrieben. Und viele mussten hilflos zusehen. Viele sind umgekommen, etliche sind psychisch an ihren Verwundungen gescheitert, manche haben mit viel Glück, mit einiger Hilfe und großer Weisheit die Erniedrigungen überwunden. Aber gerade einfach ist das nicht. „Mir oder meinen Verwandten und Freunden hat auch niemand geholfen" ist nur allzu verständlich. Und dann kriegen die Arbeitslosen, die vermeintlich Faulen, die Schutzsuchenden aus aller Herren Länder auch noch (sehr wenig) Geld, da sträubt sich das Gerechtigkeitsgefühl mächtig dagegen. Und doch: Wenn es der nächsten Generation besser gehen soll als der eigenen, dann muss man lernen, sich zu freuen, wenn es der nächsten Generation besser geht als der eigenen. Vielleicht sollte man nur kleine soziale Fortschritte ins Auge fassen, damit die Seele leichter folgen kann. Ich möchte ein bisschen Werbung dafür machen, dass all diesen Menschen, denen niemand geholfen hat, eine große Wertschätzung und ein Ausgleich in Form einer hinreichend hohen Pension zuteil wird. Die erlittenen Demütigungen kann man nicht ungeschehen machen, schon gar nicht indem man jetzt anderen Menschen etwa die Mindestsicherung kürzt.

Demokratie und Gerechtigkeit

In einer Diktatur, in einem totalen oder fundamentalistischen Staat oder in Ländern, wo der starke Mann herrscht, ist der Aufteilungsvorgang etwas einfacher. Hier bestimmen kleine oder große Diktatoren oder gottähnliche Wesen oder Persönlichkeiten, wie geteilt werden soll und das ist automatisch gut, richtig und gerecht. So einfach kann Gerechtigkeit auch sein. Ich bevorzuge eine Demokratie. In demokratisch regierten Ländern ist vorgesehen, dass sich die Beteiligten an einen Tisch setzen und vielleicht elendslange verhandeln mit der Aussicht, beim Teilen eine gerechte Lösung zu finden, mit der alle gut leben können, auch wenn der eine oder die andere grummeln mag. In solchen Verhandlungen kann jeder die Bedürfnisse des jeweils anderen kennenlernen, ja am Ende kann man sich sogar in die Lage des anderen versetzen. Es können neue Ideen entstehen, wie man die Güter und Dienstleistungen aufteilt, sodass es am Ende allen gut geht. Auch wenn die Verhandlungen lange dauern, können sie doch auch zu einem Produktivitätsgewinn führen. Man leistet bei Verhandlungen in einem Aufwaschen dringend notwendige Beziehungsarbeit. Da ohnehin für die Produktion der Erdäpfel immer weniger Arbeit notwendig ist, bietet es sich an, die frei gewordene Zeit in Verhandlungen und Beziehungsarbeit zu investieren und man kann zusätzlich noch eine Beziehungsarbeitsrendite lukrieren. Statt sich zu bekriegen, entsteht eine wohlwollende Art des Zusammenlebens, eine Rendite, die man gar nicht hoch genug schätzen kann. Man freut sich, wenn es dem anderen gut geht. In gute Beziehungsarbeit und geduldige Verhandlungen zu investieren, garantiert eine vielfache Rendite, auch wenn ich es nicht in Prozent angeben kann.

Im Tal des Neides

Ob in einer Gesellschaft Neid, Gier, Hass, Geiz oder Leidenssucht vorherrschen, oder andererseits Altruismus, Gerechtigkeit, Wohlwollen und Friede, ist keineswegs nur eine Frage der Religion, der Moral oder von Philosophie im elfenbeinernen Turm. Das drückt sich in vielen Facetten des Zusammenlebens aus. Auch im ganz gewöhnlichen Dorfleben. Wenn Sie beispielsweise den kleinen Ort Johnsbach im Nationalpark Gesäuse besuchen, dann erwartet sie eine wunderbare Landschaft und herzliche Gastfreundschaft. Man zeigt Ihnen gerne die schönsten Plätze, paddelt mit Ihnen die Enns abwärts und klettert die wilde Schlucht des Bruckgrabens aufwärts oder abwärts. Man führt Sie in die Überhänge der Dachl-Nordwand oder ein Nationalpark-Ranger macht Sie auf die Glühwürmchen im finsteren Wald aufmerksam. Sie können mit dem Fahrrad viele Forststraßen befahren, in drei gutgehenden Wirtshäusern und etlichen Almen einkehren und sich laben. Die Wirtsleute werden sich freuen, wenn es Ihnen schmeckt. Viele Markierungen und Hinweisschilder, Berg- und Wanderführer geleiten Sie auf den rechten Weg. Und wenn Sie Lust aufs Jodeln haben, beim Kölblwirt können Sie es lernen. Sie sind willkommen.

Weniger als acht Kilometer Luftlinie oder drei Wanderstunden entfernt erwartet Sie in der Radmer eine andere Welt. Wie Johnsbach ist auch das Radmertal ein wunderschöner Talschluss. Die Gemeinde und die immer weniger werdenden Menschen bemühen sich redlich, Gastlichkeit zu signalisieren, aber es gelingt nicht so recht. Fürstlicher Großgrundbesitz sorgt für die Ausbreitung von Neid statt für Gastlichkeit. Fahrverbote, Betretungsverbote, Schwammerlsuchverbote und Androhung von Besitzstörungsklagen trüben die Stimmung. Man fühlt sich nicht willkommen. Man gönnt den Besuchern etwa nicht das Vergnügen des Radfahrens. Solche Verbote sind beste Beispiele von Neid: kein Nutzen, nur Schaden. Sie machen mögliche Besucher zu Verlierern. Vermutlich wollen fürstliche Herrschaften und Neureiche in ihrem Tal nicht gestört werden. Dieses Brauchtum hat sich wohl seit der Kaiserzeit gehalten. Kaiser, Könige, Fürsten und Geldadelige wollen nicht vom niedrigen Pöbel gestört werden. Dass noch heutzutage hohe Herrschaften ganze Täler sperren, sollte in einer Demokratie nicht möglich sein und als Freiheitsberaubung strafgerichtlich verfolgt werden. Diese Regelung sollte auch für Fürsten, Privatstiftungen oder Stifte jeglicher Art gelten.

Statt zu lernen, wie man sich achtsam in der Natur bewegt, werden Menschen von der Natur ausgeschlossen und die Verbotsorgien und Klagsdrohungen bewirken, dass eine Region einen völlig anderen Charakter bekommt. Die Gegend droht zu veröden, Menschen wandern ab, Häuser und Almen verfallen. Interessanterweise hat Johnsbach einen Bevölkerungszuwachs in den letzten Jahren zu verzeichnen. Die Einwohnerzahl in der Radmer ist jedoch von 903 im Jahre 1991 auf 571 im Jahre 2017 zurückgegangen. Im „Örtlichen Entwicklungskonzept 4.0" der Gemeinde Radmer, 2006 ist zu lesen:

Als problematisch können Entwicklungstendenzen bei der land- und forstwirtschaftlichen Nutzung des Großgrundbesitzes beschrieben werden. In Teilbereichen ist eine zunehmende Einschränkung der Zugänglichkeit der Waldflächen zu verzeichnen. In diesem Zusammenhang ist auch die wünschenswerte Öffnung ausgewählter Forststraßen für Radfahrer zu nennen. Eine diesbezügliche Einigung mit den betroffenen Grundeigentümern konnte allerdings noch nicht erreicht werden. Diese Tendenzen schränken den Entwicklungsspielraum für einen landschaftsgebundenen Erholungstourismus als mögliches wirtschaftliches Standbein der Gemeinde ein. Bemühungen zur Hebung der Attraktivität des Radmertales als Fremdenverkehrsgebiet werden damit erschwert. Im Falle einer Einschränkung der Almbewirtschaftung ist die Gefahr einer landschaftlichen Verarmung der höher gelegenen Regionen des Radmertales mit negativen Auswirkungen auf den Ausflugstourismus (Almen, Almhütten als Wanderziel) gegeben.

Vergleichbare Verhältnisse findet man beispielsweise auch in Oppenberg, in der Strechen, im Gössgraben und im schönen Bretsteintal in den Wölzer Tauern und anderswo. Fahrverbote, mangelnde Parkplätze und mangelnde Infrastruktur, keine Hütten, keine Jausenstation, jedoch Besitzstörungsklagen prägen die „Gastlichkeit" dieser wunderschönen Täler. Es ist wohl kein Zufall. Großgrundbesitz verhindert eine gedeihliche touristische und wirtschaftliche Entwicklung. Fahrverbote finden Sie im Strechengraben schon am Beginn des Tales. Auch der Zustand der Straße in die Täler kann von einem Besuch dieser Täler abhalten.

Die Broschüre *„Unterwegs ... mit Rücksicht auf Wildtier und Umwelt"* der wunderschönen Bergregion Bretstein / Pusterwald enthält kein einziges „Willkommen" und keinerlei Hinweis auf besonders schöne Flecken Landschaft, obwohl die beiden Täler voller großartiger Schönheiten sind. Die Kernaussage der Broschüre lautet meiner Meinung nach: Wenn Sie schon in der Gegend sind, passen Sie gefälligst auf die Hirschen auf, stören Sie die Jagd nicht und halten Sie sich an die empfohlenen Routen. Sonst gibt's Besitzstörungsklagen. Leider fehlen die Empfehlungen für schöne Routen auf dem Papier und in der Natur. Es gibt praktisch keine Hinweisschilder oder Markierungen. Die gelben Taferl sucht man vergeblich.

Ich will damit keinesfalls sagen, dass die Menschen in diesen Tälern neidisch und ungastlich sind. Viele Leute bemühen sich dort, Gastlichkeit zu bieten. Im Gasthof Beren in Bretstein etwa freuten sich die Wirtsleute außerordentlich und gönnten uns den Genuss einer köstlichen Forelle. Keine Spur von Neid. Aber Gastlichkeit hat es in dieser Umgebung eben schwer. Es fehlt an geeigneter Infrastruktur. Nicht dass auf jedem Misthaufen eine Aussichtswarte installiert werden sollte und dass man in jedem noch so abgelegen Winkel eines Tales mit Lärmfahrzeugen die Stille und Beschaulichkeit vertreiben soll. Nein, dies gewiss nicht. In der Verfassung vieler Länder ist die Sozialpflichtigkeit des Eigentums verankert. Eigentum muss auch dem Wohle der Allgemeinheit dienen. Daraus leitet sich Verpflichtung ab, die Schönheiten dieser Welt der Allgemeinheit zugänglich zu machen, aber auch die Umwelt vor Zerstörung zu schützen. Menschen aus Tansania sind verpflichtet, die Serengeti zu bewahren und zugänglich zu machen, die Nepalesen den Mt. Everest und die Grundherren Österreichs die diversen österreichischen Alpentäler. Alle mögen eine angemessene Maut verlangen und Entschädigungen für die Erhaltung der Infrastruktur erhalten, aber das Recht, Fahrverbote zu erlassen soll ausschließlich vom Staat ausgeübt werden können und nicht von den

Grundeigentümern. Die Erschließung der Natur möge mit viel Umsicht und Rücksicht auf die Umwelt geschehen. Der Nationalpark Gesäuse scheint mir ein gutes Beispiel zu sein. Etliche Regionen sind vielleicht übererschlossen und der Geschäftemacherei ausgeliefert.

Die Einteilung der Welt

Die 6 Grundhaltungen bei Verteilungssituationen, die sich aus der Logik ergeben, legen eine Einteilung der Menschen in 6 Charaktere nahe. Die Neidigen, die Leidenssüchtigen, die Gierigen, die Geizigen, die Altruisten, und die Gerechten. In der Mathematik ist man bestens mit solchen Partitionen vertraut. Jedes Element einer Menge gehört zu genau einer Teilmenge, kein Element ist in mehr als einer Menge oder gar nirgendwo. Wir alle lieben solche Partitionen. Sie bringen Ordnung, Sicherheit und Orientierung in unser Leben, kurz: Wir kennen uns aus in dieser Welt. Ursprünglich wollte ich Ihnen diese perfekte Ordnung nicht vorenthalten. Ich traue es mir aber gar nicht mehr zu schreiben. Sie ahnen schon! Mein Realteil! Meine Tante Mizzi! Auf jeden Fall habe ich mich von vielen Artikeln und Büchern weiser Menschen überzeugen lassen, dass in jedem Menschen alle diese Eigenschaften irgendwie zu finden sind. Wer greift nicht einmal gierig zu oder knausert mit seinen Gütern? Wer schaut nicht auch einmal neidisch auf die erfolgreiche Nachbarin. Ja, vielleicht kann man sogar in der türkisen Partei des Herrn Kurz Altruisten oder in der FPÖ heimliche Flüchtlingshelfer finden. Auch das ist nicht auszuschließen. Manche dieser Eigenschaften sind gut entwickelt und werden selbstbewusst unter die Leute gebracht, manche führen ein kümmerliches Dasein oder sind bei dem einen oder anderen gar in Vergessenheit geraten.

Entscheidend für uns Menschen und für die Gesellschaft ist es, welche dieser Eigenschaften wir pflegen und ständig trainieren, welche uns egal sind und welche wir verkümmern lassen. Wir können uns gegenseitig zu Neid und Gier animieren oder zu Solidarität und Gerechtigkeit. Das kann zu völlig anderen persönlichen, lokalen oder politischen Grundstimmungen führen. Sperrt die Familie Flick die Strechen, will auch die Flickstiftung nicht das Gutmenschentum fördern und sperrt den Gullinggraben in Oppenberg. Der private Großbauer will plötzlich auch nicht von Schwammerlsuchern gestört werden. So veröden halt ganze Täler. Andererseits gehen die Menschen zur freiwilligen Feuerwehr oder zum Bergrettungsdienst und helfen sich gegenseitig und feiern ein Fest.

In der großen Politik hat es in den letzten Jahren in Europa einen in Wahlergebnissen messbaren und im gesellschaftlichen Leben spürbaren Stimmungsumschwung gegeben. Weg vom gemeinschaftlichen Zusammenleben, von Solidarität und Gerechtigkeit, hin zu Neid, Gier und Geiz. Rechte Parteien fördern Neid und Hass und streben danach, dass den Ärmsten noch was weggenommen wird, neoliberale Parteien fördern Gier und Geiz. Auch sozialdemokratische Parteien, die sich ursprünglich der Gerechtigkeit und Solidarität verpflichtet fühlten, haben sich mehr und mehr neoliberaler Gier verschrieben. Man denke an Tony Blair oder Gerhard Schröder. Den Grünen eilt der Ruf voraus, dass sie naive Gutmenschen seien, die nichts von Wirtschaft verstehen und sich eher um die Wachteln in der Au kümmern als um Menschen, die nicht wissen, wie sie mit ihren prekären Löhnen über die Runden kommen. Wir Menschen scheinen in einer aussichtslosen Zwickmühle zu sein.

Bühne frei für Populisten. Für Gier, Geiz und Neid zu werben ist wesentlich einfacher als für Altruismus, Gerechtigkeit und Solidarität. Wenn jeder möglichst viel an sich rafft und nichts hergibt, dann haben alle mehr, scheint doch logischer zu sein, als wenn man gibt. Wenn man den Ärmsten etwas wegnimmt, wie die Freiheitlichen propagieren, dann ist man zumindest nicht Letzter. Das kann vermeintlich besser überzeugen, als wenn man als naiver Gutmensch über den Tisch gezogen wird. Frau Gertrude, ein Opfer der Nazi hat in einem Video zum österreichischen Präsidentschaftswahlkampf von „niedrigen" Eigenschaften gesprochen, die allzu sehr von manchen Parteien und Menschen gepflegt werden. Die Wahl jedoch, ob wir die „niedrigen" Eigenschaften pflegen und hegen, oder die gemeinschaftsfördernden, wie Solidarität, Mitgefühl, sowas wie Liebe, Zuneigung und ein sich mit anderen Freuen, ist unsere Entscheidung, die wir zu verantworten haben.

Die Saat des Hasses auf den Staat, auf die Gewerkschaften und auf alle sozialen Einrichtungen, die Saat der grenzenlosen Gier, des kalten

Wettbewerbes und Augenauskratzens, die die neoliberale Propaganda von Margaret Thatcher und Ronald Reagan bis zu neoliberalen Denkfabriken gesät haben, ist aufgegangen. Die Ernte fahren rechtsnationale Fremdenhasser ein. Ein beklemmender Stimmungsumschwung ist überall spürbar. Hat man sich früher noch gescheut, offen Hass auf alles andere zu predigen und Neid zu propagieren, so ist es zurzeit zur Normalität geworden. Hassaufrufe sind mittlerweile auch im Parlament normal. In einer Nationalratssitzung schlug die Nationalratsabgeordnete der FPÖ Dagmar Belakowitsch-Jenewein vor, mit Bundesheer-Transportern solle man Flüchtlinge abschieben, *"denn darin können sie so laut schreien, wie sie wollen"*.

Die neoliberale Saat der Gier ist aufgegangen und doch bin ich, ohne eine soziologische Studie vorweisen zu können, zutiefst überzeugt, dass in den meisten Menschen Altruismus, solidarisches Handeln, Gerechtigkeit, Wohlwollen, der Wunsch nach gedeihlichem Zusammenleben mit anderen Menschen und mit der Umwelt und demokratisches Verständnis überwiegen. Milliardenschwere, üble Propaganda für Neid und Gier drängt die überlebensnotwendigen, positiven Einstellungen in den Hintergrund. Aber wie schafft man einen Stimmungsumschwung in Richtung Demokratie und zu solidarischem Handeln? Wo ist der Übergang?

KAPITEL 13

ÜBERGÄNGE

Übergänge finden

Wie kommt man vom Glauben zum Wissen, von unten nach oben, von drinnen nach draußen, von der Fremde in die Heimat, vom Misstrauen zu Vertrauen, vom Hass zur Liebe, vom Neid zum Wohlwollen, vom Nehmen zum Geben, von der Gier zu Altruismus, vom Mauerbau zum Brückenbau, von der Diktatur zur Demokratie, von Wettbewerb zu Solidarität, von Neoliberalismus zu Kooperation, vom Haben zum Sein?

Wenn ich das wüsste! – Man müsste die Übergänge finden. Man müsste manches liebevoll hegen und pflegen, anderes zurückbauen. Wie schon erwähnt, man kann Hass pflegen und ausbauen oder Liebe, Gemeinschaft oder Egoismus. Das liegt in unserer Verantwortung. Übergänge können ungeheuer reizvoll und spannend sein. Man ist noch im alten System, auf der einen Seite des Passes oder in der ursprünglichen Heimat und hat das Neue noch nicht erreicht. Wie sieht es dort aus? Wie geht es drüben weiter?

Von Chaos zu Ordnung: Die Mandelbrotmenge

Die Mandelbrotmenge liefert uns ein besonders schönes Beispiel, wie Übergänge sein können: leicht, schwer, kompliziert, einfach, chaotisch, schön. Die Mandelbrotmenge steht für alles oder nichts, sie ist ein Symbol für Vorgänge in Wirtschaft und Politik. Benoit Mandelbrot, ein französisch-US-amerikanischer Mathematiker, definierte diese relativ einfache Menge und stellt sie graphisch dar: Punkte der Mandelbrotmenge schwarz, die anderen nicht schwarz. Diese Menge kann sich sehen lassen. Aus einer einfachen Formel wird ein komplexes Gebilde. Ist eine komplexe Zahl in der Mandelbrotmenge oder nicht? Die Mandelbrotmenge basiert auf der sehr einfachen Formel:

$$z_{n+1} = z_n{}^2 + c$$

In Worten ausgedrückt besagt die Formel, dass die jeweils nächste Zahl (z_{n+1}) aus dem Quadrat der vorigen Zahl z_n plus einer beliebig gewählten Anfangszahl c errechnet wird. Eine solche Formel ist für jede Person zumutbar. Eine Multiplikation, eine Addition. Auch wenn es sich bei den Zahlen um komplexe Zahlen handelt, die aus einem Realteil und einem Imaginärteil bestehen, sehr schwierig ist das nicht. Das ändert ja nur die Art, wie addiert und multipliziert wird. Die Formel definiert eine Folge. Wenn die Folge mit dem Startwert z_0 ins Unendliche wandert, wird der Punkt z_0 weiß eingefärbt, wird die Folge vom Nullpunkt angezogen, dann ist z_0 ein Punkt der Mandelbrotmenge und wird schwarz gefärbt. Ein Computerprogramm zum Zeichnen der Mandelbrotmenge braucht weniger als 100 Programmzeilen, ist also sehr leicht zu erstellen, aber sehr schwer zu verstehen.

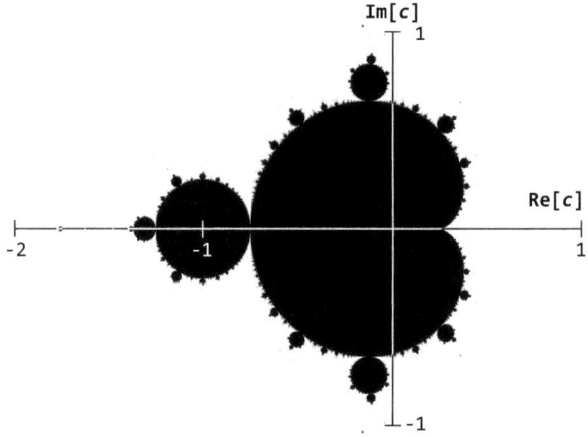

Abbildung 25: Mandelbrotmenge: das Apfelmännchen

Am Rande der Mandelbrotmenge, des sogenannten „Apfelmännchens", spielt es sich so richtig ab. Da kann die 17. Stelle hinterm Komma der Anfangszahl entscheiden, ob diese Zahl „weggeschleudert" oder „angezogen" wird. „All or nothing"! Für mich ist das „Apfelmännchen" ein Musterbeispiel von „sehr schön", „ganz einfach" und „höchst kompliziert", ein Modell für Wirtschaft und Politik.

Wenn man zoomt und genau hinschaut, bemerkt man immer neue, kleinere Apfelmännchen, die wieder noch kleinere Apfelmännchen enthalten. Das geht beliebig tief. Mandelbrot hat so etwas *selbstähnliche fraktale Strukturen* genannt. Und niemand hat sie geplant. Denken sie an den Kölner Dom. Da haben sich sicher etliche Leute genau überlegt, wie er ausschauen soll und die haben sicher auch wild gerechnet und viel Erfahrung eingebracht, damit er ihnen nicht zusammenstürzt. Das Apfelmännchen entsteht einfach so, niemand hat es so geplant. Eine kleine Änderung an der 17. Stelle hinterm Komma kann entscheidend sein, ob ein Punkt in die kalte Unendlichkeit des Universums geschleudert, oder vom Nullpunkt angezogen wird. Auch unter Menschen entstehen oft Verhaltensmuster, die niemand wirklich geplant hat. Gruppenverhalten also, das den Soziologen ziemliches Kopfzerbrechen bereitet. Über Bedingungen zur Entstehung gewissen Verhaltens oder von Chaos sollte man sich schon Gedanken machen.

Abbildung 26: Selbstähnlichkeit

Für uns Weltverbesserer sind chaotisches Verhalten und fraktale Strukturen eine gute Nachricht, sie sollen uns Trost sein, weil man mit kleinen Änderungen schon so große Wirkungen erzielen kann. Wir brauchen also nicht gleich alle Berge zu versetzen, oder ein Wunderwuzzi zu sein, um Wirkung zu erzielen, es reichen oft kleine Änderungen, aber halt die richtigen Änderungen.

Langsame Übergänge

Rasche Übergänge sind meist ungesund, man kann sich nicht akklima-
tisieren, verpasst das Schöne und man gelangt oft an einen Abgrund.
Denken Sie an die französische Revolution, an die russische, die chinesische, die Machtübernahme durch die Nazis, den arabischen Frühling. Ratzfatz, Rübe ab, die neue Zeit bricht an und schon ist alles anders, aber gewiss nicht zum Vorteil der Menschen. Und die Seele
kommt auch nicht mehr nach. Oder umgekehrt, das goldene Zeitalter
hat sich in Europa nach dem sinnlosen 2. Weltkrieg irgendwie eingeschlichen, fast unbemerkt. Jederzeit war die Rede von diesen schweren Zeiten und doch ist der Übergang von Hass und Not zu Frieden
und Wohlstand bis in die 80er- und 90er-Jahre zum Wohl der meisten
Menschen gut gelungen. Zurzeit stockt dieser Prozess merklich. Ach,
diese schweren Zeiten jetzt!

Abbildung 27: Übergänge mit allen?

Mir persönlich sind langsame Übergänge viel lieber, da kommt man oft leichter ans Ziel. Beharrlich, bedächtig, klar, bestimmt und doch auch fehlertolerant. Es könnte ja sein, dass man sich geirrt hat, dass man eine falsche Richtung eingeschlagen hat. Privat können gute Freundinnen helfen. In der Politik können die Demokratie, die freie Meinung und eine freie Presse gute Korrekturarbeit leisten. Mir fällt bei Übergängen immer das Grabneralmgebiet ein. Eine Wanderung dorthin beginnt an einem Übergang, dem Buchauer Sattel, und endet mit einer prächtigen Landschaft mit Bergen, Tälern und hunderten Übergängen. Und beim Gehen immer auf das richtige Tempo schauen! Schritt für Schritt. Am Anfang ist das Wandern meist mühselig, die Knochen tun weh, die Muskeln sind träge und überhaupt: „Za wos hatscht man da hinauf?" Und irgendwie kommt dann der Übergang. Das Schwere wird leicht, die Mühe zum Vergnügen, der Rhythmus stellt sich ein, die Gedanken fliegen und die Gegend wird weit. Das hält man dann sehr lange durch. Und gesund soll es auch sein, sagen die Ärzte. Und die Fernsicht, die Blumen und die Schafe. Heimat halt. Und schon rückt der nächste Übergang ins Blickfeld. Wenn man von der Grabneralm über die Kaiserau rechts, also westlich der Admonter Reichensteingruppe, vorbeischaut, dann hat man den Übergang von

Abbildung 28: Grabneralm in Richtung Timbuktu

Europa nach Afrika geschafft, zumindest gedanklich. Wenn die Erde nicht nach innen, sondern nach außen gekrümmt wäre, könnte man vielleicht Timbuktu sehen, das ist auch eine Heimat, die Heimat von anderen Leuten halt. Seit ich den Film „Die denkwürdige Wallfahrt des Kaisers Kanga Mussa von Mali nach Mekka" gesehen habe, wollte ich immer nach Timbuktu reisen. Mit Weltweitwandern bin ich nur bis Mhamid gekommen, einem marokkanischen Dorf am Rande der Sahara. Dort steht ein verwitterter Pfeil mit der Aufschrift „Timbuktu". Jetzt traue ich mich nicht mehr nach Mali zu reisen zu den Weltkulturdenkmälern, die die Islamisten fast zur Gänze zerstört haben, dafür schaue ich öfter von der Grabneralm in Richtung Timbuktu, in die Heimat anderer Menschen.

Einen wunderbaren musikalischen Übergang kann man von Broadlahn, meiner Lieblingsband, hören. Zuerst ein Jodler, einstimmig, leise, bestimmt und klar. Dann die 2. Stimme, das Echo. Ich muss dann immer an die Grabneralm denken, ans Gesäuse, an die Heimat. Dann kommen ganz weich das Saxofon dazu und die Bongos und ohne es zu merken ist man in einer ganz anderen Welt, vielleicht in Timbuktu. Ich denke mir halt Timbuktu, aber das kann sich ja jeder aussuchen, welche zweite Heimat sie oder er hat.

Die H-Moll Messe von J.S. Bach ist auch voll von Übergängen. Die musikalische Heimat der H-Moll Messe ist H-Moll. Wie Bach beim „et sepultus est" über viele Übergänge von H-Moll nach G-Dur kommt, in eine ganz andere musikalische Heimat, das kann ich gar nicht oft genug hören. Dabei wäre es ganz einfach von einem II-Moll Akkord (h-d-fis) in einen G-Dur Akkord zu kommen. Man ersetze das Fis durch ein G und schon ist man dort. Aber dieser abrupte Übergang klingt in meinen Ohren nicht so schön. Schließlich geht es beim „sepultus est" ja um den Übergang vom Leben zum Tod, da kann man sich schon etwas Zeit lassen, sonst verpasst man noch den eigenen Tod. Ich glaube, dass sich Bach auch Zeit lassen und den Übergang besonders schön gestalten wollte. Am Übergang ist oft nicht ganz klar, ob jetzt das D noch zu H-Moll oder doch schon zu G-Dur gehört. Manche Leute berichten von Nahtoderfahrungen. Der Übergang vom Leben zum Tod sei besonders schön, sagen sie.

Übergänge in Politik und Wirtschaft

In der Politik und Wirtschaft sind gute Übergänge besonders gefragt. Das vorliegende Buch ist der Suche nach gangbaren Übergängen gewidmet: wie kommt man vom Neoliberalismus zur Demokratie und Kooperation? Das Auffinden gangbarer Übergänge gestaltet sich äußerst schwierig. Auch das muss einmal gesagt sein. Ohne Sie, geschätzte Leserin, wird es nicht gehen. Nur FÜR Sie ist zu wenig. Auch meine Tante Mizzi muss dabei sein. Die weiß, was sich gehört. Man wird es gemeinsam probieren müssen, den richtigen Übergang zu schaffen. Schon ein Versuch lohnt sich. Man muss sich halt trauen. Und lassen Sie sich ja nicht abschrecken von den großen Schwierigkeiten und vermeintlich unüberwindlichen Hürden beim Übergang von der einen Welt zu einer noch besseren anderen Welt. Wenn es gar niemand probiert, gelingt es sicher nicht.

Aber nicht gleich die ganze Welt retten wollen, nein, nur einen kleinen Teil und davon nur ein kleines Stück. Vielleicht gelingt es Ihnen, die steuerliche Begünstigung von kapitalgedeckten Systemen abzuschaffen. Da hätten Sie schon viel erreicht. Oder Sie verwenden selber auf kluge Weise Ressourcen. Sie helfen jemand anderem, statt ihm die Augen auszukratzen. Vielleicht ist gerade Ihr Beitrag der Flügelschlag des Schmetterlings in Texas, der den erlösenden Regen über das durstige Land bringt. Aber gehen Sie es behutsam und bestimmt an, damit die Seele folgen kann und die Menschen nicht zu sehr erschrecken. Einen Schritt nach dem anderen, wie beim Wandern. Da kommt man so schön in Rhythmus und man kann ewig gehen oder halt lange Zeit die Welt retten. Und vielleicht gesellt sich jemand dazu. Man sollte gar nicht glauben, wie viele Menschen heutzutage unterwegs sind, die einem seelenverwandt sind. Und schon haben Sie Mitstreiter und es wird lustig, flockig und leicht und Sie vergessen die Mühsal.

Aber erwarten Sie nicht zu viel, das kann zu großem Frust führen. Und wenn ihnen etwas gelungen ist, freuen Sie sich doch um Gotteswillen! Und ja nicht gleich das nächste Projekt starten. Nein. Wirkungsvolle Veränderungen brauchen Zeit. Gehen Sie stattdessen auf den Großboden oberhalb der Grabneralm und legen sich ins Gras zum Nachdenken oder Vordenken oder einfach so. Und dann kommt Ihnen vielleicht eine ganz großartige neue Idee oder es kommen Menschen vorbei mit denen Sie ein Bier oder frisches Wasser trinken können. Und diese Menschen haben vielleicht auch wieder neue Einfälle, an die Sie noch gar nicht gedacht haben.

Wenn Ihnen das Gerede von der Grabneralm schon auf den Wecker geht, ersetzen Sie Grabneralm einfach durch einen Ort, wo Sie sich wohlfühlen, der Ihre Heimat ist. Nicht jeder muss die Berge schön finden. Es kann ruhig ein Wiener Kaffeehaus sein, das Sie zur Heimat erkoren haben, das kann die Wüste sein oder das Meer. Das kann auch die Heimat anderer Leute sein. Einfach ein Ort oder ein Zustand, wo Sie sich selber sehr nahe sind. Vielleicht finden Sie beim Hören des *Gloria* ihre 2. Heimat. Oder das anschließende „Et in terra pax" von Bachs H-Moll-Messe lässt Sie ahnen, wie man Frieden stiftet. Vielleicht beflügelt Sie auch die Weltmusik der Broadlahn.

Nicht alle Übergänge sind besonders kompliziert oder spannend, so manch einer ist sehr einfach. Sie kommen etwa von Teil 0 dieses Buches zum Teil 2/3 +3,14159i, indem Sie einfach weiterblättern. Da geht es um Kooperation und wie sie entstehen könnte.

Kooperation:
Imaginierte Politik
mit allen

Als Nummer dieses Teiles habe ich eine komplexe Zahl gewählt, bestehend aus dem Realteil (2/3) und dem Imaginärteil (3,14159). Die Wahl erscheint mir angemessen. Kooperation ist wesentlich komplexer als ein simples Nichts, ein schlichtes „Ich zuerst!" oder ein „Höher, schneller, weiter!" Bei Axelrods Kooperationsspiel kann jemand der klare Gesamtverlierer sein, der nur gewinnt oder unentschieden spielt. Und dies kommt nicht auf wundersame Weise zustande, sondern kann beinhart nach allen Regeln der Mathematik berechnet werden. So etwas strapaziert unsere Imagination, unser Vorstellungsvermögen. Sie haben sicher schon die Zahl Pi als Imaginärteil erkannt. Pi ist eine transzendente irrationale Zahl. Pi ist nicht eine Nullstelle eines Polynoms mit ganzzahligen Koeffizienten, wie etwa $x^2 = 1$. Es geht um mehr als Nullstellen von Gleichungen. Es geht um ein gutes Zusammenleben von uns Menschen. Der Imagination sind keine Grenzen gesetzt. Unsere Vorstellungskraft reicht über die bloße Vernunft weit ins Transzendente. Der Realteil ist die rationale Zahl 2/3. Zu Kooperation kommt man auch über Vernunft, über die Ratio. (Lat. ratio: Vernunft, planmäßiges Verfahren) und über glasklare Rechnung.

Abbildung 29: Komplexe Eigenschaften werden sichtbar: Übergänge

KAPITEL 14

DIE ENTSTEHUNG VON KOOPERATION

Axelrods Kooperationsspiel

Mit seinem Buch „The Evolution of Cooperation" hat der US-amerikanische Politikwissenschaftler Robert Axelrod einen Meilenstein auf dem Gebiet der Politik, der Wirtschaft, der Motivationsforschung, der Spieltheorie und weiß Gott auf welchem Forschungsgebiet noch geschaffen. Viele nachfolgende Forschungen gehen auf dieses Werk zurück. Im Internet finden Sie tausende Artikel und sogar im Lehrbuch für Ethik für die Oberstufen der AHS hat das Werk Eingang gefunden. Und doch sind die Ergebnisse der Forschungen auf dem Gebiet der Kooperation nicht so richtig in der täglichen Politik, der Wirtschaft und in den Medien angekommen. Robert Axelrod und seine Co-Autoren stellen sich die Frage, wie und unter welchen Umständen Kooperation auch ohne Absprache und ohne höhere Zwänge wie Moral oder Gesetze zwischen egoistischen Individuen und Gruppen entstehen kann.

Grundlage und Ausgangspunkt der Forschungen Axelrods und anderer Wissenschaftler ist das Gefangenendilemma. Zwei Personen sind wegen eines schweren Verbrechens angeklagt. Sie sitzen völlig isoliert in Untersuchungshaft und werden getrennt verhört. „Singt", also gesteht genau einer der beiden, dann wandert der Verratene für 5 Jahre ins Gefängnis, der Verräter wird freigesprochen und erhält eine Belohnung. Singen beide, dann wandern beide für 3 Jahre in den Knast, halten beide dicht, werden sie ohne Belohnung freigesprochen. Die Forscher entwickelten ein Spiel, bei dem das Prinzip des Gefangenendilemmas wiederholt angewendet wird. Forscherkolleginnen aus vielen Bereichen wurden eingeladen, Strategien und Algorithmen zur Optimierung der Punkteanzahl einzusenden. Die wechselseitige Punktevergabe erfolgte nach dem folgenden Schema:

A	B	Punkte f. A	Punkte f. B	Gesamtlohn
K	V	0	5	5
K	K	3	3	6
V	V	1	1	2
V	K	5	0	5

Tabelle 3: K: *kooperieren;* V: *verweigern*

Wenn zum Beispiel A kooperiert (K) und B verweigert (V) erhält A 0 Punkte und B 5 Punkte. Die möglichen Ausgänge eines Einzelspiels sind also: 5:0, 0:5, 3:3 oder 1:1. Unter allen eingesandten Strategien siegte stets das sehr einfache „*Tit for Tat*" von Robert Axelrod. Eine Spielerin, die die Tit-for-Tat-Strategie anwendet, beginnt die Interaktion mit einem kooperativen („freundlichen") Spielzug. Danach macht eine Tit-for-Tat-Spielerin jeweils den letzten Zug des anderen Spielers nach. Diese Strategie wurde bereits in den 1960er Jahren von Anatol Rapoport erarbeitet (https://de.wikipedia.org/wiki/Tit_for_Tat#cite_ref-1). Hat die Gegenspielerin zuvor kooperiert, kooperiert auch die Tit-for-Tat-Spielerin. Hat der Gegenspieler in der Vorrunde hingegen die Kooperation verweigert und „unfreundlich" agiert, dann antwortet der Tit-for-Tat-Spieler ebenfalls mit Verweigerung. In dem Buch „The Evolution of Cooperation" und in vielen wissenschaftlichen Arbeiten wird das Ergebnis und die Strategie eingehend analysiert. Die Analyse ist bei weitem nicht abgeschlossen.

Kooperation und Solidarität rechnen sich

Axelrods Modell spiegelt die wirtschaftliche, soziale und politische Realität sehr gut wider. Unser Zusammenleben ist vielfältig. Menschliches Handeln kann einen Gewinn für alle bewirkten, uns alle zu Verlierern machen oder zu einem Nullsummenspiel werden. Der eine gewinnt auf Kosten des anderen. Wenn man bei Axelrods Kooperationsspiel einen Einsatz von 2,5 Einheiten pro Spiel und Mitspieler verlangt, dann ist das 3:3 jenes Ergebnis, das lauter Gewinner hervorbringt, das Gewinn-Gewinn-Ergebnis also. Beide gewinnen je 0,5 Einheiten. Das 5:0 oder 0:5 entspricht dem Nullsummenspiel. Der eingezahlte Betrag wird ausgespielt. Das 1:1 ist das Verlier-Verlier-Ergebnis. Vom 5 Einheiten-Einsatz kommen müde 2 Einheiten an die Spieler zurück. Im Spiel führt die jeweilige Strategie zum einen oder anderen Ergebnis. Im realen Leben führen unsere Motivation, unsere Geschichte, unsere Gesetze und Regeln zum gewünschten oder auch unerwünschten Ergebnis, zu Prosperität oder Verderben, zu Krieg oder Frieden.

Ich möchte nun drei charakteristische Strategien näher betrachten. Spiel-Typ A spielt jedes Mal Verweigerung, Typ B spielt immer Kooperation und C spielt Tit for Tat. Die folgende Tabelle zeigt den Spielverlauf des Kooperationsspiels nach 10 Runden.

Ergebnis nach 10 Runden

A spielt immer verweigern, B spielt immer kooperieren, die Cs Tit for Tat

	A	B	C1	C2	C3	C4	Summe
A	–	10 × 5:0 50 P	1 × 5:0 + 9 × 1:1 14 P	14 P	14 P	14 P	106 P
B	10 × 0:5 0 P	–	30 P	30 P	30 P	30 P	120 P
C1	1 × 0:5 + 9 × 1:1 9 P	10 × 3:3 30 P	–	30 P	30 P	30 P	129 P
C2	9 P	30 P	30 P	–	30 P	30 P	129 P
C3	9 P	30 P	30 P	30 P	–	30 P	129 P
C4	9 P	30 P	30 P	30 P	30 P	–	129 P

Tabelle 4: Ergebnistabelle für das Kooperationsspiel nach 10 Runden

Es bedarf keinerlei großartiger mathematischer Fähigkeiten oder keinerlei gefinkelter Logik, um das Resultat des Kooperationsspiels zu errechnen. Additionen reichen. Man kann sehr leicht die Anzahl der Spielrunden variieren, aber auch die Anzahl der Spielerinnen eines bestimmten Typs verändern. Einige allgemein gültige Aussagen lassen sich aus der Ergebnistabelle und aus vielen leicht zu erstellenden Varianten ablesen.

▷ Verweigerer (A) gewinnen jedes Einzelspiel (5:0) oder spielen unentschieden (1:1) und verlieren trotzdem insgesamt, wenn genügend Runden gespielt werden und genügend kooperierende Mitspielerinnen vorhanden sind. Derartiges ist uns etwa aus der Fußballwelt nicht bekannt. Vereine, die gewinnen und unentschieden spielen, aber nie verlieren, werden Meister, nicht aber Absteiger.

▷ Kooperation (B, C) rechnet sich. Wenn eine hinreichend große Gruppe von Spielern kooperiert und sich gegenseitig vertraut, dann ist diese Gruppe die klare Siegerin. Und das nicht, weil es so nett ist, zusammen zu halten und weil wir so lieb zueinander sind, sondern weil eine glasklare Rechnung uns dieses Ergebnis liefert. Rechnen Sie ruhig nach und variieren Sie die Anzahl der kooperierenden Spielerinnen. Sie müssen dabei keine nichtlinearen Differentialgleichungen lösen. Etliche Additionen reichen.

▷ Solidarität und Zusammenhalt rechnen sich. Wenn Sie im Kooperationsspiel oder im realen Leben, in Politik und Wirtschaft dem jeweils anderen auch einen Sieg oder ein Unentschieden gönnen, dann werden Sie über kurz oder lang zum klaren Gewinner. Sie haben jedenfalls öfters Grund zum Freuen, als wenn Sie sich nur über den eigenen Sieg freuen. Auch das lässt sich aus dem Modell, ohne zu moralisieren glasklar errechnen.

▷ Rücksichtsloser Wettkampf und Ich-zuerst-Mentalität macht alle zu jämmerlichen Verlierern. Sie wissen schon: Glasklare Rechnung!

▷ Einzelkämpfer sind chancenlos. Wenn eine hinreichend große Gruppe von Mitspielern gegen Sie spielt, werden sie zu sicheren Verlierern, auch wenn sie kooperationswillig sind. Der Aufruf, jeder möge doch selber etwas etwa gegen den Klimawandel tun, geht ins Leere. Der Radfahrer, der sich bei schlechtem Wetter durch den Verkehr wühlt, macht nur für die anderen Platz und bewirkt gar nichts. Er ist der Dumme. Sein Verhalten rechnet sich nicht. Nur koordiniertes Vorgehen von vielen Menschen und vom Staat wirkt gegen den Klimawandel. Ökologisch verantwortungsvolles Handeln muss sich auch rechnen, sonst wird's nichts. Dazu braucht es andere Regeln.

Nicht auf das Verhalten der anderen zu reagieren führt zu einem Verlier-Verlier-Ergebnis. Spieler, welche immer Verweigerung spielen, werden sehr bald Verweigerung erfahren und müssen sich bald mit einem 1:1 statt einem 3:3 zufriedengeben. Spielerinnen, die immer Kooperation bieten, nicht aber reagieren, wenn sie Verweigerung erhalten, werden sehr rasch ausgenützt werden. Sie werden rasch ein 0:5 erdulden müssen. Sie machen die Verweigerer tendenziell zu Gewinnern. Zu Kooperation gehört unabdingbar dazu, klar und aufrecht Kooperation einzufordern. Tit for Tat entspricht dieser Forderung.

Das Spiel sieht vor, dass jeder Spieler nur den eigenen Spielverlauf verfolgen kann. Der Verweigerer sieht, dass er alle Einzelspiele gewonnen hat, bzw. dass er etliche Unentschieden erzielt hat. Er sieht sich (zu Unrecht) als der sichere Sieger, obwohl er in vielen Konstellationen der sichere Verlierer ist. Einzelkämpfer sind klar im Nachteil. Sie sind bei Mächtigen und Potentaten sehr beliebt. Die größte Gefahr für Mächtige geht von Solidarisierung aus. Sogar Demokratien haben genügend Tränengas auf Lager, um „gefährliches Zusammenrotten" zu verhindern. Kleine und große Diktatoren haben wirksamere Mittel gegen diese Gefahr parat. Für Margaret Thatcher und Ronald Reagan, die den Neoliberalismus richtig in Schwung gebracht haben, sowie für rechte Recken waren und sind Solidarität und Gewerkschaften die größten Feinde. Wenn tausend Menschen einzeln zu Lohnverhandlungen kommen, gibt es kein Problem, aber alle auf einmal draußen auf der Straße und im Verhandlungssaal sind sehr unangenehm. Wenn mehrere Staaten sich solidarisieren und etwa koordiniert Internetkonzerne spürbar besteuern, wenn die ganze EU Transaktionssteuern einhebt, wenn viele Länder hohe soziale Standards einführen, können alle die Verbrauchssteuern senken und müssen keinen Investorentourismus fürchten. Alle Menschen werden zu Gewinnern. Zurzeit ist die Stimmung für Kooperation und Solidarität sehr schlecht. Fast alle werden zu Verlierern.

Drei Strategietypen

Die in obiger Tabelle angeführten drei Strategien legen eine grobe Einteilung der Menschen, die zu diesen Typen neigen, nahe. Der Verweigerer oder auch der „Ich zuerst-Typ" spielt immer Verweigerung, die Altruistin spielt immer Kooperation und die Gerechte spielt immer Tit for Tat. Ich möchte Sie auch sehr deutlich darauf hinweisen, dass sich die Menschheit nicht in drei Gruppen einteilen lässt. Menschen handeln in verschiedenen Situationen unterschiedlich. Menschen handeln aus vielfältigen Motiven und handeln in unterschiedlichen Situationen unterschiedlich. Sie haben manche Eigenschaft gut entwickelt, andere wieder verkümmern lassen.

Der Gutmensch: Der Gutmensch (B) spielt stets konsequent und prinzipientreu Kooperation. Manche mögen das auch als Starrköpfigkeit interpretieren. Dieser Spielertyp wird von politisch rechter Seite als Gutmensch verspottet und von neoliberaler Seite als naiv und leichtgläubig belächelt und nicht ganz ernst genommen. Jedenfalls reagiert der Gutmensch in unserem Modell nicht auf seine Umgebung und bewirkt auch keine Verhaltensänderung bei anderen. Im Gegenteil, relativ schnell wird die Umgebung herausfinden, dass sich der Gutmensch leicht ausnützen und über den Tisch ziehen lässt. Mit anderen Gutmenschen und mit den Gerechten erzielt er hervorragende Ergebnisse. Das macht ihn zum klugen Gutmenschen. Etliche Personen, die zu diesem Typ neigen, wollen womöglich ein konsequentes Vorbild sein und andere zur Kooperation animieren. Das schlechte Ergebnis schreckt allerdings sehr ab, insbesondere, wenn überhaupt nur wenige Teilnehmer oder wenige kooperative Teilnehmer in ihrer Umgebung sind. Das geht aus dem Spielverlauf deutlich hervor. Spielen nur wenige Spielerinnen, etwa je eine von jedem Typ, dann geht der Gutmensch als eindeutiger Verlierer hervor. Er macht zusätzlich auch den Verweigerer (A) zum Sieger. In funktionierenden Gesellschaften leisten sie allerdings einen unschätzbaren Beitrag zum Wohl aller.

Der „Ich zuerst"-Typ: Der „Ich zuerst"-Typ (A) oder auch dumme Egoist wählt konsequent Verweigerung. Er reagiert ebenfalls nicht auf

Signale aus seiner Umgebung. Eine derartige Haltung lässt sich gut als Prinzipientreue, Konsequenz und Durchsetzungsfähigkeit verkaufen. Andere wiederum meinen, es handle sich um plumpe Sturheit, Dickköpfigkeit und mangelnde Vorausschau. Er blickt gebannt auf den Fünfer in der Ergebnistabelle des Kooperationsspiels. Mehr kann man als Einzelner sicher nicht erreichen. Schlimmstenfalls muss er sich mit einem 1:1 Unentschieden zufriedengeben. Von diesen Säcken und Weicheiern lässt er sich nicht besiegen, er zeigt intakte Wettbewerbsfähigkeit. Statt wie diese Gutmenschen auf 3 und auf 0 zu setzen, strebt er zielstrebig 5 oder 1 an. Er geht auch auf Nummer sicher. Eine Niederlage in einem Einzelspiel ist ausgeschlossen. In unseren Zeiten, wo Sicherheit einen besonders hohen Stellenwert hat, stellt das ein verlockendes Argument für diese Strategie dar. Mancher „Ich zuerst"-Typ mag früher mit seiner gutwilligen Kooperationsbereitschaft schon viel zu viele negative Erfahrungen gemacht haben. Ein weiteres Mal lässt er sich nicht über den Tisch ziehen und zum Totalversager mit 0 Punkten machen. Er läuft mit wehenden Fahnen in das Lager des „Ich zuerst"-Typs über. Die Spielverlaufstabelle Verweigerung gegen Kooperation bestätigt den „Ich zuerst"-Typ in seinen Überlegungen. Sowohl gegen Spieler B (50:0) als auch gegen Spieler C (14:9) siegt er bei 10 Runden überlegen. Aus seiner Sicht gewinnt er jedes einzelne Duell. Das macht ihn zum vermeintlich klugen „Ich zuerst"-Typ. Aus dieser Sicht glaubt er besonders klug zu sein.

Bei näherem Hinsehen muss man allerdings eine sehr eingeschränkte Sichtweise feststellen. Beim Kooperationsspiel sieht man tatsächlich nur seine eigene Performance. Die Ergebnistabelle 4 bringt das jämmerliche Abschneiden des „Ich zuerst"-Typs zum Vorschein: 4 mal 14:9 und einmal 50:0 ergeben den überlegenen letzten Platz und lässt ihn zum dummen Egoisten werden. Das Gesamtergebnis von 106 Punkten nach 10 Runden muss ihn wohl völlig unerwartet wie ein Keulenschlag treffen. Er ist der haushohe Verlierer. Während diese Warmduscher und Gutmenschen von ihm unbemerkt je 129 und 120 Punkte gesammelt haben, ist er bei schlappen 106 Punkten stehengeblieben. Und das schon nach 10 Runden. Steckt da etwa eine Verschwörung dahinter? Der siegesgewisse, starke Mann, der sich lange Zeit als Sieger wähnt, wird zum sicheren Verlierer und er bemerkt das gar nicht. Das macht ihn zum dummen Egoisten.

Ein schönes Beispiel für eine dumme „Ich zuerst"-Politik bietet die US-amerikanische NRA, die mächtige Waffenlobby. Sie tritt dafür ein, dass möglichst jeder nach Belieben sich bewaffnen kann, das steigere die Sicherheit. Echte Männer tragen Waffen. Wenn jemand der Einzige ist, der Waffen trägt, gewinnt dieser auf diese Weise zweifellos an Sicherheit. Der Sicherheitsvorsprung schmilzt jedoch dahin, wenn andere ebenso bewaffnet sind. Alle leben jetzt noch unsicherer. Um es mit dem Kooperationsspiel auszudrücken: Alle landen souverän bei einem müden 1:1, dem klaren Verliererergebnis. Die Kriminalitätsrate ist in den USA besonders hoch. In letzter Zeit knallen weiße Polizisten schwarze Normalbürger ab. Auch schwarze Normalbürger könnten ja bewaffnet sein.

Die Gerechte oder die intelligente Egoistin: Wir kommen zum dritten Spielertyp, der Gerechten oder auch der intelligenten Egoistin (C). Dieser Typus spielt die sehr einfache und leicht berechenbare unkomplizierte Strategie *Tit for Tat*. Für mich ist dieser Typ eher weiblich. Die kluge Egoistin ist grundsätzlich freundlich, sie startet mit Kooperation. Wenn sie ebenso freundlich behandelt wird, gibt es keinerlei Grund, etwas zu ändern. Eine Verweigerung beantwortet sie mit Verweigerung. Ziel des klugen Gutmenschen ist es, das Gesamtergebnis von 6 Punkten für beide Spieler zu erreichen. Mehr ist in der Tat nicht möglich. Sie teilt sich diesen Lohn mit der Spielpartnerin, die ebenfalls auf Kooperation setzt. Beide feiern sie den gemeinsamen Gewinn mit einem köstlichen Mahl. Eine zweifache Gewinn-Gewinn-Situation, also, keine Spur von Neid. Während der „Ich zuerst" Typ seinen Gewinn auf Kosten des als Konkurrenten empfundenen Mitspielers erzielt und sich rasch mit einem müden 1:1 zufrieden geben muss, und einer sicheren Verlier-Verlier-Situation entgegen strebt, nimmt die intelligente Egoistin ihren verdienten Lohn entgegen und freut sich neidlos mit ihrer Umwelt.

Die *Tit for Tat*-Spielerin nimmt ein beträchtliches Risiko auf sich. Sie nimmt einen Nuller in Kauf, aber auch eine sich aufschaukelnde Spirale von Rache und Vergeltung. Die Strategie erinnert sehr an das biblische Aug um Aug, Zahn um Zahn, das nur zu leicht in Gewalt und in eine Verlier-Verlier Sackgasse münden kann. In dieser Phase bewährt sich die Eigenschaft, gerecht, nicht beleidigt und nicht nachtragend zu sein, um einen Neubeginn zu ermöglichen und um der Gewaltspirale zu entkommen. Mit dabei ist eine klare Botschaft. *Ich probiere es gerne noch einmal freundlich, aber wenn du mir wieder so heimtückisch kommst, dann gibt es Saures.* Nur unter strengsten Auflagen gibt es einen 2. Versuch und nur nach ernsthaften Verhandlungen. Angesichts der ständigen Versuchung, den anderen über den Tisch ziehen zu wollen, sind solche Verhandlungen eine der wenigen Möglichkeiten, der Spirale der gegenseitigen Rache heil zu entrinnen. *Tit for Tat*-Spielerinnen brauchen Mut und die Bereitschaft zu Neuanfang. Eine Garantie für den Erfolg gibt es leider nicht. Der gerechte Spielertyp fordert vehement Kooperation ein.

Andererseits kann die Gerechte in der ersten Runde ordentlich abgezockt werden. Sie unterscheidet sich in dieser Hinsicht nicht von unklugen Gutmenschen. Aber schon auf die erste Verweigerung folgt eine Zurechtweisung, die sich gewaschen hat: *Freund, so nicht! Ich kann auch anders.* Diese klare Haltung kann in der Tat zu kooperativem Verhalten führen. Axelrod berichtet von den Grabenkämpfen im 1. Weltkrieg, wo unter extremen Bedingungen eine kooperative Verhaltensweise entstand. Die deutschen Soldaten schossen um Punkt 7 Uhr immer exakt an dieselbe Stelle. Briten und Franzosen schossen zurück, ebenso präzise, ohne jemanden zu treffen. Die Botschaft an die gegnerischen Soldaten war klar: Wir haben noch Munition und können sehr genau schießen. Die Botschaft an die eigenen Offiziere war auch klar: Hier wird scharf geschossen. Wir tun alles, um den Feind zu besiegen.

Das leuchtende Vorbild

Wie Sie sicher schon bemerkt haben, hege ich große Sympathien für den Typus der gerechten Spielerin und der intelligenten Egoistin, die genau schaut, was ihr tatsächlich langfristig guttut. Um diesen Typus der *Tit for Tat*-Spielerin der grauen Theorie und der reinen Abstraktion zu entreißen, möchte ich Ihnen meine Tante Mizzi als Vorbild nahelegen. Verzeihen Sie, wenn ich meine Tante Mizzi überzeichne und idealisiere. Sie hatte sicher auch ihre Schwächen. An Hand einer konkreten Person aber kommt vielleicht der Typus besser zum Vorschein. Sie hielt als Kellnerin in Trieben ihre meist männlichen Gäste sehr gut unter Kontrolle. So wurde es berichtet. Da gab es kein Po- oder Busengrapschen, wie das damals durchaus üblich war. *„Mit mir nicht! Und was trinkts du heute?"* Ferner ist von ihr überliefert, dass sie einem örtlichen Nazi, der *„Heil Hitler"* hören wollte, entgegnete: *„Bei uns sagt man noch immer 'Griaß God'!"* Auch bei ihr kommt wie bei dem *Tit for Tat*-Spielertypen die Klarheit, die Freundlichkeit und die Aufforderung zur Kooperation deutlich zum Ausdruck. Sie hätte dem Nazi auch sagen können: *„Wissen'S eh, Herr Nazi, wir haben schon immer 'Griaß God' g'sagt. Ich bemüh mich eh, aber garantieren kann ich nicht, dass ich auf das 'Heil Hitler' nicht vergess. Sans ma net bös!"*

Das hätte der Herr Nazi sicher als bedingungsloses Kooperieren verstanden und wäre mit Belehrungen dahergekommen: *„Heut lass ich's dir noch durchgehen".* Oder die ganz andere Version: „Bei uns sagt man noch immer *'Griaß God', sie Nazischwein!"* Das wäre vielleicht sachlich korrekt gewesen, hätte aber nicht zu einem Umdenkprozess geführt. Da wäre meine Tante eher schon im KZ gelandet. Probieren Sie selber alle drei Versionen vor einem Spiegel aus. Wie geht es Ihnen dabei? Ich jedenfalls fühle mich am wohlsten mit der klaren *Tit for Tat*-Version. Eventuell noch mit einer Ergänzung: *„Bei uns sagt man noch immer 'Griaß God'! Und wie geht es ihrer Frau Mama?"* Man sieht da gleich, dass man sich mit dieser Geradlinigkeit und Klarheit sofort neuen, wichtigeren Dingen zuwenden kann.

Gratwanderungen

Kluge Gutmenschen, also *Tit for Tat* – Spielerinnen sind Gratwanderer zwischen Blauäugigkeit und Verschwörungstheorie. Gratwanderungen sind wunderschön, faszinierend und sehr spannend, verlangen aber Trittsicherheit und ständige Aufmerksamkeit. Auf der einen Seite lockt die ständige Versuchung, den anderen über den Tisch zu ziehen und auf Verweigerung zu setzen. Auf der anderen Seite lockt die Versuchung, sich mit bedingungsloser Kooperation bei allen beliebt zu machen, sich alles gefallen zu lassen und viel zu leise Kooperation einzufordern. In beiden Fällen begibt man sich in absturzgefährdetes Gelände. Und seien wir einmal ganz ehrlich! Wer kann schon wirklich allen Versuchungen widerstehen? Um eine dauerhafte Kooperation zu erreichen, braucht es sicher ein starkes Rückgrat, klare Botschaften, viel Training und gute Freunde, sonst droht der Absturz.

Abrüstungsverhandlungen sind ein gutes Beispiel dafür. Um glaubwürdig und vertrauenserweckend zu sein und einen kooperativen Eindruck zu erzeugen, muss man selber ein paar Waffen wegschmeißen und gleichzeitig vehement dasselbe vom anderen einfordern. Gleich alle Waffen einzustampfen und sich wehrlos machen, könnte zu rücksichtslosem Ausnutzen des Vertrauens führen. Vom Gegner zu verlangen, dass er alle Waffen entsorgt, ist wohl gleichermaßen realitätsfern. Wir wünschen allen Friedensverhandlern viel Kondition und viel Geduld für lange Verhandlungen. Sie mögen auf schmalem Grat in kleinen, zielgerichteten Schritten zum Gipfel, also zu Frieden und Kooperation gelangen.

Die Unternehmerin, die den Mitarbeitern ihres Unternehmens eine gute Chefin sein will, ist auch eine Gratwanderin. Um ihre Leute zu motivieren überlässt sie ihnen viele Freiheiten und Eigenverantwortung. Sie zahlt guten Lohn und bietet faire Bedingungen. Sie setzt auf Kooperation. Es droht der Absturz einerseits, weil die Mitarbeiter es sich gut gehen lassen und das Unternehmen zu Grunde richten. Andererseits will die gratwandernde Unternehmerin den Gewinn maximieren und nicht ausgenützt werden. Sie ist versucht, dazu überzugehen, ihre Leute auszubeuten und damit auf diese Weise zu demotivieren. Es droht ihr eine Verlier-Verlier-Schleife. Gute Mitarbeiter wandern ebenfalls auf dem Grat zwischen ausgenutzt werden und dem Dienst nach Vorschrift. Auch ihnen droht ein Verlier-Verlier-Ergebnis. Klare Regeln, gute Kooperation und viele Gespräche und Verhandlungen könnten mehr Sicherheit bei der Gratwanderung bieten und beiden nutzen.

Kein Algorithmus in Sicht

Sie werden vielleicht einen Typus von Kooperationsspielern vermissen: Den absoluten Siegertyp. Bewundert für seine Klugheit, für seine Durchsetzungsfähigkeit und seine strahlende Stärke gewinnt er gegen alle die Anfänger und die Fortgeschrittenen, ja er zeigt uns, wie man gewinnt. Er führt uns aus den Niederungen der Torheit heraus und macht auch uns zu großen Siegern. Er fährt durch die Welt und lehrt uns in seinen Vorträgen, wie man reich und mächtig wird. Wir alle sind versucht, Menschen zu bewundern, die rasch entschlossen, ohne zu fackeln unsere Probleme lösen. Sie zerschmettern den Feind und zerlegen ihn in alle seine Bestandteile. Dass es dabei oft nicht zimperlich zugeht, das muss man schon in Kauf nehmen. Beeindruckt durch ihre Entschlossenheit, Durchsetzungsfähigkeit, Kraft und Zielgerichtetheit, lassen wir uns gerne von ihnen beschützen. Unter ihrer Obhut können wir ruhig die Füße hochlegen und entspannt ein Bierchen genießen. Wir brauchen das, es tut wirklich gut. Zumindest auf den ersten Blick. Alexander der Große war so einer. Er hat kurz entschlossen den gordischen Knoten mit dem Schwert durchstoßen und bei seiner ersten Auslandreise die halbe Welt besiegt. Oder nehmen Sie Dschingis Khan, Timur aus Buchara, Napoleon oder Hitler. Sie waren sehr erfolgreiche, schlagkräftige und strahlende Helden. Ihr Erfolg war allerdings nur von kurzer Dauer und von millionenfachem Mord und Barbarei begleitet. Aber beeindruckt haben sie schon und tun es bis heute.

Robert Axelrods Modell spricht eine andere Sprache. Der starke Mann wird zum Verlierer. Er kann gewiss wild entschlossen in jeder Spielrunde den Fünfer ansteuern und Verweigerung wählen, aber was dabei herauskommt, hängt von der Entscheidung des anderen Spielteilnehmers ab. Wenn auch dieser wild entschlossen einen Fünfer ansteuert, landen beide bei einem müden Einser, dem Ergebnis der Verlierer. Aber auch die grundsätzliche Kooperationsbereitschaft kann Sie auf die Verliererstraße führen. Falls Sie schon ungeduldig in diesem Buch blättern und nach der besten Spielstrategie suchen, die Sie im Spiel und im wirklichen Leben zur glorreichen Siegerin macht, muss ich Sie gründlich enttäuschen: Eine solche Strategie existiert nicht. Welche Strategie auch immer Sie wählen, die anderen Spielteilnehmer und Lebensbegleiter können Sie zur souveränen Verliererin machen.

KAPITEL 15

VERTRAUEN UND KOOPERATION

Ohne Vertrauen keine Kooperation, ohne Kooperation kein Vertrauen

Wenn Sie in Axelrods Kooperationsspiel kooperationswillig vor der Entscheidung stehen, der Mitspielerin ein „Kooperieren" zu schicken, um das angestrebte Ergebnis von 3:3 zu erzielen, überkommt Sie vielleicht ein flaues Gefühl. Wird die Mitspielerin wohl ebenfalls ein „Kooperieren" schicken für das 3:3 oder vielleicht doch eine „Verweigerung"? Und Sie stehen mit einem 0:5 ziemlich dumm da. Überwiegt in Ihnen die Zuversicht oder die Angst vor dem Verlieren, überwiegt die Vergeltung? Sind Menschen überhaupt fähig zu Kooperation? Liegt Kooperation in den Genen? Es gibt zahlreiche wissenschaftliche Untersuchungen auf dem Gebiet der Psychologie, der Soziologie und der Wirtschaft, die sich mit dem Phänomen Kooperation beschäftigen. Die „Welt" schreibt in einem Artikel:

Vertrauen ist das Fundament aller sozialen Beziehungen – und damit der Klebstoff des gesellschaftlichen Lebens. Ohne Vertrauen gäbe es keine Kooperationen, keine Verhandlungen zwischen Staaten, keine Handelsgeschäfte, keine Beziehung zwischen Arzt und Patient, zwischen Partnern oder Eltern und Kindern. Kurz: Ein menschliches Miteinander wäre schlichtweg unmöglich. Vertrauen ist eine Form gegenseitiger Anerkennung – und eine riskante Vorleistung.

Vertrauen beruht auf Erfahrung. Erfahrung mit guter Kooperation fördert das Vertrauen. Das klingt nach gegenseitiger Abhängigkeit, nach nichtlinearen Zusammenhängen, nach Unberechenbarkeit. Vertrauen und Kooperation sind zwei Seiten derselben Medaille. Vertrauen und Kooperation sind schwer zu messen. Ein Vertrauens- oder Kooperationsindex einer Gesellschaft wäre aussagekräftige Kenngröße. Ob eine Einzelperson, eine Gruppe oder gleich die ganze Gesellschaft zu Kooperation und Vertrauen fähig ist, hängt von der Geschichte und von der Erfahrung ab, die eine Person, die Gruppe oder die ganze Gesellschaft gemacht hat, aber auch von der Grundstimmung in einer Gruppe oder in einem Land. In einem Klima von Gier wird man 5:0 anstreben und bei 1:1 landen, in einem Klima von Angst und Unsicherheit wird man ein 1:1. anstreben und wohl auch erreichen; im Klima des grenzenlosen Optimismus und der Blauäugigkeit wird man ein 3:3 anstreben und ein 0:5 erreichen. Im Klima des Wohlwollens, der Gerechtigkeit und Kooperation wird man den optimalen Gesamtgewinn, ein 3:3 anstreben und mit hartnäckiger Überzeugungsarbeit auch erreichen. In einem zerbombten Land werden sich Vertrauen und Kooperation wenig entwickeln. In einem Klima der Angst wählt der Einzelne und wohl auch die Gruppe Sicherheit, nicht aber riskantes Vertrauen. Liebevoller und respektvoller Umgang miteinander wird Vertrauen und Kooperation stärken.

Abbildung 30: Vertrauen: Halten Material, Fels UND Kletterpartner?

Man muss sich das Vertrauen aber auch leisten können, wirtschaftlich und psychisch. Falls Sie in letzter Zeit gerade schmerzhafte Enttäuschungen erlitten haben, einen Vertrauensmissbrauch hinnehmen mussten, oder wirtschaftlich aus dem letzten Loch pfeifen, können Sie einen weiteren 0:5 Rückschlag nicht mehr schadlos überstehen. Sie müssen ein müdes 1:1 anstreben. Übertriebenes Sicherheitsdenken und die Angst, zu verlieren führt Sie ebenfalls zu Verweigerung und einem 1:1. Aber immerhin sind Sie dann nicht bei Null gelandet. Vielleicht werden Sie auch nicht Letzter, aber das wird Ihnen wenig helfen.

Der Vertrauensquotient

In welchem Maße reicht das Vertrauen in sich selbst und wieviel Vertrauen müssen wir in andere Menschen legen? Kann man sowas auch messen? Wenn es schon kein wissenschaftlich astreines Maß für Vertrauen gibt, so hilft uns vielleicht ein Überblick über ein ganz durchschnittliches, gewöhnliches Leben etwa von Max Mustermann, sich so einem Maß anzunähern.

Max Mustermann beginnt sein Leben nackt. Er schreit nach Essen und Nähe. Damit er nicht in die Hose donnern muss, legt man ihn in Windeln. Nicht nur, dass er seinen Lebensunterhalt nicht bestreiten kann, er macht auch anderen Mitmenschen Arbeit. Sein Lächeln erfreut zwar unser Herz, aber rein ökonomisch betrachtet, insbesondere aus einem modernen neoliberalen Blickwinkel heraus, ist so ein Baby ein Minderleister. Von Freiheit, Unabhängigkeit und Selbständigkeit ist er meilenweit entfernt. Er ist ein Sozialfall. Er braucht andere Menschen, die ihm den Hintern und die Zähne putzen. Er braucht liebevolle Eltern, die ihm das Kapital des Vertrauens mitgeben, und er sollte dringend lernen, dass er sich auf die anderen verlassen kann. Er braucht Kindergärtnerinnen und Lehrerinnen, die geduldig fordern und fördern, er braucht Steuerzahlerinnen, die den Bau der Schule finanzieren und ihm auch einmal ermöglichen zum Arzt zu gehen, wenn er krank ist. Er muss auf andere vertrauen, von Selbstvertrauen keine Spur. Dieser Zustand der Unselbständigkeit und der Abhängigkeit von anderen dauert im Schnitt circa 20 Jahre. Auch wenn Herr Mustermann eine reiche Erbschaft gemacht hat, hat er trotzdem in den ersten 20 Lebensjahren praktisch nichts zum eigenen Lebensunterhalt beigetragen. Zuerst säen und dann ernten ist seit der Vertreibung der Menschen aus dem Paradies unser Schicksal. Da lässt sich nichts machen. Zuerst sind wir hilflos, später können wir uns selber und anderen helfen. Zuerst müssen wir aus dem Sozialsystem herausnehmen und dann erst können wir einzahlen. Das ist vielleicht auch irgendwie gerecht. Das Sozialsystem, also wir alle, müssen vertrauen, dass aus dem Musterknaben ein gestandenes Mannsbild wird, das später für uns ins Sozialsystem einzahlt.

Ab 20 bis circa 65 Jahre beginnt dann die Ernte. In der Finanzsprache ausgedrückt wirft das Kapital der Bildung und des Vertrauens, das in junge Menschen investiert wurde, hoffentlich seine Rendite ab. In diesem Zeitintervall dürfen wir unsere unschuldig aufgebauten Schulden abbauen und auch für jene arbeiten, die gerade zu jung oder zu alt, unfrei, unselbständig, krank oder arbeitslos sind. Auch für jene soll gesorgt sein, die nicht einmal im mittleren Lebensabschnitt für ihren Lebensunterhalt aufkommen können, oder nur zum Teil. Jene, die besonders viel Talent, Kapital und Vertrauen gesammelt haben, mögen einen höheren Anteil an Steuern und Abgaben leisten. Statt über Steuerlast zu sudern, könnten sich diese Menschen glücklich schätzen, vom lieben Gott, von der Evolution, vom Glück, von Pallas Athene, von liebevollen Lehrerinnen oder Eltern so viel Talente, Lebensfreude, Gesundheit, Kapital und Tüchtigkeit mitbekommen zu haben. Sie mögen stolz sein, einen prozentuell höheren Steuersatz zahlen zu können und trotzdem noch in der Lage zu sein, ein besseres Leben zu führen als die weniger Tüchtigen, die als Minderleister verhöhnten Mitbürger.

Ab etwa 65 nimmt der Grad der Selbständigkeit und Mündigkeit wieder ab, individuell natürlich unterschiedlich. In dieser Zeit ist Herr Mustermann vermehrt auf andere angewiesen. Da nützt auch die vielbeworbene Eigenvorsorge nichts. Er muss darauf vertrauen, dass ihm jemand seine Pensionsfonds, seine Aktien oder seine Anlegerwohnung abkauft, damit er zu Geld kommt. Er muss vertrauen, dass sein erspartes Geld noch etwas wert ist. Er muss vertrauen, dass ihn vielleicht jemand liebevoll pflegt. Bis schließlich die Leichenstarre mit jeder Tüchtigkeit rigoros Schluss macht und er ein Hemd anzieht, das keine Taschen hat. Es könnte auf alle Menschen beruhigend wirken, wenn wir den Menschen ab 65 ein Lebensrecht und eine Würde zugestehen, ja sogar diese garantieren. Da fast alle Menschen die gleichen Lebensphasen durchlaufen, könnten wir uns leicht dazu überreden lassen, dass die mittlere Generation der gerade Arbeitsfähigen einerseits ihren Kindern den Hintern putzt und andererseits für ihre Eltern sorgt, zumindest finanziell. Es könnte die eigenen Nerven beruhigen und Vertrauen schaffen, wenn wir sehen, dass auch die Jungen, die Alten, Kranken und sogar die vermeintlich Faulen nicht unter der Brücke verkommen müssen. Wir könnten ein bisschen sorgenfreier in die Zukunft blicken. Nach dem 2. Weltkrieg haben kluge Politiker der westlichen Welt, vor allem aber in Mitteleuropa und Skandinavien ein kluges Sozialsystem aufgebaut, das auf einem Generationenvertrag beruht und zu mehr Vertrauen und einem messbaren Wohlstand geführt hat. Dieses Vertrauen führt zu höherer Bereitschaft, mit anderen zu kooperieren. Wenn es dir schlecht geht, arbeite ich für dich, wenn ich nicht (mehr) kann, arbeitest du für mich.

Grob gesagt sorgen die 20- bis 65-Jährigen für sich und für all die anderen. Nimmt man eine Lebenserwartung von 81 Jahren an, dann sind wir also in 45 von 81 Jahren fleißig und tüchtig und in 36 Jahren faul, untüchtig und verdonnert, anderen zu vertrauen. Das ergibt einen Vertrauensquotienten von $36/81 = 44,4\%$. In 36 Jahren oder 44,4% unserer Lebenszeit leben wir also von den anderen, den Tüchtigen. Wir müssen darauf vertrauen, dass sie uns ein paar Krümelchen zukommen lassen. Ziehen wir noch Arbeitslosigkeit, Krankheit und Weiterbildung in die Überlegungen mit ein, dann erreichen wir annähernd 50% Abhängigkeit von anderen Menschen. Wenn jemandem schon die Staatsquote wichtig ist, 50% könnte ein vernünftiger Vorschlag sein.

Bei Gastarbeitern, den Zuwanderern oder Zuflucht suchenden Menschen sieht die Rechnung bedeutend anders aus. Nehmen Sie die fiktive Person Achmed. Er ist mit 20 aus Syrien vor den Bomben geflohen, lernt etwas Deutsch und arbeitet ab 25. Mit 65 kann er in die verdiente Pension gehen. Mit 81 lassen wir ihn meinetwegen in Frieden sterben. Den 40 Arbeitsjahren stehen 21 Nichtarbeitsjahre gegenüber. Er kommt auf einen Vertrauensquotienten von $21/61 = 34,4\%$. Er ist also bedeutend weniger vom Vertrauen in andere abhängig als der Durchschnittsösterreicher. Er muss sich nur nach 5 Jahren in den Arbeitsprozess eingliedern und eine durchschnittliche Arbeitsperformance hinlegen. Praktisch alle ernst zu nehmenden wissenschaftlichen Untersuchungen belegen klar, dass Zuwanderer, Flüchtende oder Gastarbeiter mehr in das Sozialsystem einzahlen, als sie an

Sozialleistungen erhalten. So wirklich verwunderlich sind diese Ergebnisse nicht. Das Einwanderungsland hat sich erspart, den kleinen Ahmed aufzuziehen, für ihn eine Schule zu errichten und die Lehrerinnen zu bezahlen. Das Auswanderungsland hat rein ökonomisch betrachtet falsch investiert. Die Ernte fahren andere ein.

Nicht wer gesät hat, erntet, sondern jemand anderer. Das ist freilich nicht neu. Diese Vorgangsweise erinnert insbesondere im Zusammenhang mit dem sogenannten „Facharbeitermangel" an Kolonialismus und Sklavenhandel und heißt heute beschönigend Braindrain. Damals wurden die „Neger" auf Sklavenmärkten in den afrikanischen Hafenstädten zusammengetrieben. Man suchte die Gesündesten und Stärksten aus und setzte sie zwecks Linderung des Fachkräftemangels bei der Baumwollernte in Louisiana ein. Haben die Sklavenhalter Ausbildungskosten nach Afrika geschickt? Die Auswirkungen sind seit Jahrhunderten ähnlich. Das Auswanderungsland verliert, das Einwanderungsland gewinnt. Es dauerte etliche Jahrhunderte, bis zumindest im Gesetz den Nachkommen dieser Facharbeiter annähernd gleiche Bürgerrechte zuerkannt wurden. Real sind sehr viele davon noch immer Menschen zweiter Klasse. Ob es sich um Millionentransfer von Spitzenfußballern, um Braindrain, um Sklavenhandel oder um Flucht vor Krieg oder wirtschaftlicher Not handelt, stets ist das Auswanderungsland der sichere Verlierer. Dieser Verlust kann ein wenig dadurch gemildert werden, dass Geld nach Hause geschickt wird. Aber vordringlichste Aufgabe muss es sein, in allen Ländern für ein gutes Zusammenleben und für Frieden zu sorgen und damit die Ursachen für Auswanderung und Flucht zu beseitigen. Dann können die Gesündesten, die Klügsten und Stärksten und alle anderen in ihrem eigenen Land für noch mehr Frieden und Wohlstand sorgen und gut weitergebildete Geflüchtete können freiwillig in ihr Ursprungland zurückkehren und fairen Handel mit uns treiben.

In Österreich ist es noch nicht soweit. Der ehemalige Bundeskanzler Kurz und sein Vize Strache wollten unter dem Titel der „neuen Gerechtigkeit" die Kinderbeihilfe für Ausländer kürzen. Sie verweigerten damit einen gerechten Ausgleich und drückten sich davor, die vorher für uns von den anderen erbrachten Leistungen zu bezahlen. Unsere Bundesregierung machte Österreich zum Sozialschmarotzerland.

Ob Sie nun die neue soziale Kenngröße des Vertrauensquotienten akzeptieren oder nicht: Wir alle sind in hohem Maße voneinander abhängig. Von selbstbestimmtem Leben, von Unabhängigkeit, von Tüchtigkeit und Fleiß ist lange Zeit keine Spur. In Wahlkämpfen und Sonntagsreden ist stets nur die Rede von den Tüchtigen und Fleißigen, die mehr im Sackerl haben sollen. Welches Angebot machen diese Parteien an die andere Hälfte der Menschen? Aufgabe von uns allen, von einer Gesellschaft, eines Staates ist es, dafür zu sorgen, dass nach Möglichkeit alle in jeder Lebensphase ein halbwegs gutes Leben führen können, allen möge es gut gehen. Das braucht gute Gesetze und viel Organisation, ein ausgebauter Sozialstaat wäre ein guter Tipp. Wenn es auch den anderen gut geht, kann man gewiss etwas entspannter leben und vertrauensvoll in die Zukunft blicken und wieder einmal auf die Grabneralm gehen.

Vertrauen: Samenerdäpfel

Ich möchte dringend abraten, den Lauf des Lebens von Menschen rein von einem ökonomischen Standpunkt aus zu betrachten und nach ökonomischen Maßstäben zu vermessen. Unser Leben ist tatsächlich viel mehr. Aber sogar die äußerst kühle Rechnung ergibt, dass wir an die 50% unseres Lebens von anderen abhängig sind. Wir sind allein nicht lebensfähig. Wir brauchen Vertrauen in die anderen in der Art, dass wir uns auf sie verlassen können, auch wenn es uns einmal schlechtgeht. Wir brauchen aber auch Vertrauen in Form von Geld und Investitionskapital. Woher aber kommt das Vertrauen? Schütten Götter Vertrauen auf uns herab? Ist Vertrauen im genetischen Code verschlüsselt? Wie fängt Vertrauen an?

Rein ökonomisch betrachtet hat die Menschheit Jahrtausende gebraucht, um ein Häufchen Vertrauen in Form von Investitionskapital anzusammeln. Damit Sie mich nicht der kapitalistischen Geldgier verdächtigen, nenne ich dieses angesammelte ökonomische Vertrauen nicht Kapital, sondern einfach Samenerdäpfel. Nur wenn Sie genügend Vertrauen in Form von Samenerdäpfeln gesammelt haben, können Sie diese vertrauensvoll in die Erde legen und darauf vertrauen, mit einigem Glück im nächsten Jahr noch mehr Erdäpfel ernten zu können. Sind Sie aber knapp am Verhungern, wird Ihnen nichts übrigbleiben, als alle Erdäpfel aufzuessen und dafür erst im nächsten Jahr mangels Nahrung das Zeitliche zu segnen. Es bleibt Ihnen also kein Geld, kein Kapital, keine Samenerdäpfel und kein Vertrauen für das nächste Jahr übrig. Tausende von Jahren lebte ein Großteil der Menschheit in diesem Zustand knapp am Rande des Abgrundes oder schon jenseits davon. Erst in den letzten 50, 60 Jahren haben wir in Europa genügend Kapital, Geld, Samenerdäpfel und Vertrauen angesammelt, um entspannt in die Zukunft blicken zu können. In Europa, insbesondere auch in Österreich sollten wir dem Schicksal, dem lieben Gott, der Evolution oder wem auch immer dafür sehr dankbar sein oder irgendwelchen Göttern Brandopfer darbringen, dass wir erstmals in der Geschichte der Menschheit entspannt leben können.

Vertrauen, Geld, Kapital, aber auch Samenerdäpfel haben autokatalytischen, selbstverstärkenden, nichtlinearen Charakter mit dem Hang zur Ausbildung von chaotischem Verhalten: Eine klare Schwelle, darüber geht es steil bergauf. Unter der Schwelle ein Oszillieren am Rande des Abgrundes. Der Matthäus-Effekt lässt grüßen: Wer genügend Vertrauen, Kapital und Samenerdäpfel hat, darf zu Recht reiche Ernte im nächsten Jahr erwarten, wer wenig hat, wird im nächsten Jahr noch weniger oder gar nichts mehr haben.

Wenn wir keinen Grundstock an Kapital, an Samenerdäpfel oder an gewöhnlichem Grundvertrauen haben, müssen wir alle Kräfte mobilisieren, um gerade noch überleben zu können. Da bleibt keine Zeit, sich zu überlegen, wie man klug den Acker bewirtschaftet. Da bleibt keine Zeit, sich ein hilfreiches Werkzeug zu basteln. Da bleibt keine Zeit, eine Bewässerungsanlage zu errichten, um den Acker zu bewässern. Da bleibt keine Zeit, Infrastruktur zu errichten. Da bleibt keine Zeit, in Ruhe Neues zu lernen. Wenn der Löwe hinter einem her ist, sollte man bereits laufen können. Alle müssen mithelfen, damit zumindest die Stärksten überleben. Kinder müssen bei der Ernte mithelfen oder in Goldbergwerken schuften. Da hat Schule keinen Platz. Kinder in verlorenen Staaten „dürfen" schon im Kleinkindalter „frei" herumlaufen und vielleicht in Goldbergwerken schuften. Man vertraut nicht darauf, dass sich eine teure „Investition" in Kinder oder gar in eine Schule lohnt. Solche Gegenden, Gesellschaften oder Staaten sind schlecht dran. Sie bekommen die Schattenseite des Matthäus-

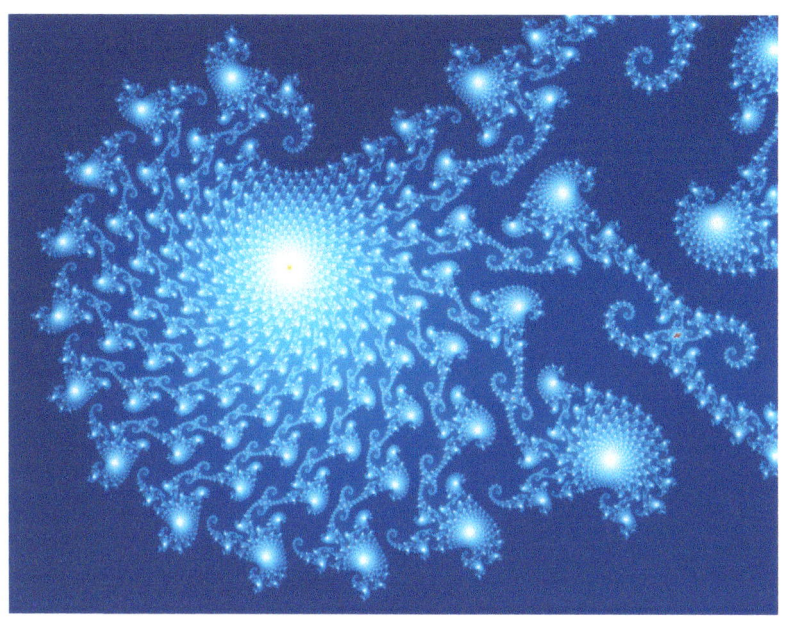

Abbildung 31: Vertrauensvoll?

Effekts zu spüren. Wer nichts hat, dem wird auch das noch genommen.

Ein Grundstock an Vertrauen und Kapital ist Voraussetzung dafür, dass es zu kooperativem Verhalten kommen kann. Vertrauen will auch aufgebaut, gepflegt und erweitert werden. Samenerdäpfel allein sind zu wenig. Man muss auch den Acker bearbeiten und die Erdäpfel einsetzen, damit man eine reiche Ernte erwarten darf. Ohne Zuversicht, dass die Erdäpfel auch wachsen, werden wir keine Erdäpfel einsetzen. Aus Angst vor einer Missernte werden wir kein Bäumchen pflanzen. Aus Angst vor Absatzschwierigkeiten werden wir keine Werkshalle errichten. Aus Angst vor einem Flop werden wir kein Anfangsunternehmen finanzieren. Aus Angst vor Zahlungsunfähigkeit wird uns die Bank kein Vertrauen in Form eines Kredites geben und wir werden weiter in der Lehmhütte wohnen. Angst erwürgt das Vertrauen und macht uns zu Verlierern. Vertrauen aber schießt nicht frisch fröhlich aus dem Boden und Angst verschwindet nicht von selber. Es braucht viel Kommunikation mit anderen Menschen, viele Ver-

handlungen, viel Erfahrung und Wissen, dass man langsam Vertrau-
en auf- und Angst abbauen kannn. Vertrauen muss langsam in gesi-
cherter Umgebung wachsen können.

Vertrauen: Geld

Eine besonders wichtige Form von Vertrauen ist Geld. Der Bauer verkauft seinen wertvollen Ochsen und erhält dafür ein paar Zettel mit
Aufschrift. Er muss vertrauen, dass er später dafür etwas erhält, was in
etwa demselben Wert entspricht. Das Vertrauen in Form von Geld
muss allerdings ständig gewissenhaft gepflegt werden. Früher, also bis
in die Siebzigerjahre, hat man zur Unterstützung des Vertrauens Gold-
barren in den Kellern der Nationalbanken gehortet. In den frühen Jahren des Neoliberalismus ist man auf besonderen Wunsch der Banken
und der Finanzindustrie von diesem Brauch abgekommen. Man müsse stattdessen den Finanzhaien und Spekulanten vertrauen, sagen sie.
Viele Leute meinen heute, dass sich das nicht bewährt hat und zu zahlreichen Finanz- und Wirtschaftskrisen geführt hat, statt Wohlstand
zu sichern.

Mitten in der katastrophalen Wirtschaftskrise im Jahre 1932 hat es
der Wörgler Bürgermeister Michael Unterguggenberger mit der Einführung des „Schwundgeldes" geschafft, Vertrauen in Wörgl zu schaffen. In einer Art Rütli-Schwur haben die Wörgler Bauern, die Kaufleu-
te, die Arbeiter und Bürger sich gegenseitig ermutigt, „Schwundgeld"
in Form von „Arbeitswertbestätigungen" anzuerkennen und diesen
Papieren zu vertrauen. Die Gemeinde Wörgl und der Bürgermeister
haben sich bei den Gemeindebürgern verschuldet und Geld in Form
von „Arbeitswertbestätigungen" ausgegeben. Die Wirtschaft in Wörgl
kam trotz (eigentlich: wegen) dieser Schulden in Schwung, während
sie weltweit schrumpfte. Das „Wunder von Wörgl" war geschehen. Be-
richterstatter aus der ganzen Welt pilgerten nach Wörgl, um sich vom
„neuen Mekka der Volkswirtschaft" zu überzeugen und davon zu berichten. Nach knapp eineinhalb Jahren war es aus mit dem Wunder.
Das Wunder wurde auf Betreiben der Nationalbank verboten. Geld-
drucken ist Macht- und Vertrauenssache. Not und Elend, Hass und
Bürgerkrieg kehrten auch in Wörgl wieder ein. Wörgl aber hat ge-

zeigt, dass gegenseitiges Vertrauen zu friedlicher Kooperation und zu materiellem Wohlstand führen kann.

Vertrauen in Form von Geld kann niemand allein produzieren, nicht einmal der Kaiser von China kann das, ja auch nicht der liebe Gott. Ein Dorf, eine Stadt, ein Land und ein Staat können Geld, also Vertrauen schaffen und sich gegenseitig vertrauen. Der Wörgler Bürgermeister hat in vielen persönlichen Gesprächen zumindest in seiner Stadt Vertrauen geschaffen. Das „Wunder von Wörgl" besteht keinesfalls darin, dass es dem Bürgermeister Michael Unterguggenberger gelungen ist, ein theoretisches, technisches Konzept umzusetzen, sondern dass es ihm gelungen ist, Vertrauen zu schaffen, der wohl wichtigsten Aufgabe von Wirtschaft und Politik. Dafür gebührt ihm ein Denkmal auf dem Wiener Heldenplatz.

Das Vertrauen in Geld, in eine Währung und in stabile Wechselkurse den Spekulanten zu überlassen ist gröbste Verantwortungslosigkeit einer Gesellschaft, wie die Wirtschaftsgeschichte der letzten Zeit beweist. Vertrauen darf kein Spekulationsobjekt sein. Besonders die Vertreter der Realwirtschaft müssten händeringend verantwortliche Politiker anflehen, den Wert des Geldes zu erhalten und nur kleine Änderungen der Wechselkurse zuzulassen oder dringend zu fixen Wechselkursen zurückzukehren. Nach dem Krieg haben unter anderen Faktoren fixe Wechselkurse für Aufschwung und Wohlstand für alle gesorgt. In den letzten Jahren mussten besonders Exportunternehmen ihre Geschäfte mit teuren Versicherungen oder teuren Derivaten gegen Kursschwankungen „absichern". Ein wahres Handelshemmnis, das noch dazu den Profit schmälert und unsereins sehr teuer kommt. Vertrauen und Vertrauen in Form von Geld dürfen nicht zur Ware und zum Spekulationsobjekt verkommen. Es ist Aufgabe von uns allen, also vom Staat, besonders genau darf zu achten, dass wir selber die Kontrolle über Vertrauen haben. Wir sollten dringendst viele Kameras auf Geld und Kapital richten statt auf Menschen.

Vertrauen: jemandem glauben

Schließlich müssen wir auch vertrauen in Form von glauben. So sehr es wünschenswert wäre, der selbstverschuldeten Unmündigkeit zu entkommen und sein Vergnügen daran zu haben, alles selber zu wissen und zu können: Es geht sich in endlicher Zeit nicht aus, unendlich viel Wissenswertes sich anzueignen. Wir müssen darauf vertrauen, dass Einstein sich bei der Relativitätstheorie nicht geirrt hat. Wir müssen dem Forscher glauben, dass die eine Variante der Lösung einer Variante der Strömungsgleichung korrekt ist. Nur wenige können sowas nachvollziehen. Wir müssen darauf vertrauen, dass sich ein Ereignis so abgespielt hat, wie es berichtet wurde, wir können selber nicht alles überprüfen. Wir müssen jemandem glauben. Wir müssen aber vor allem der Demokratie und den Institutionen des Staates glauben.

Um Vertrauen zu schaffen, brauchen wir dringend eine Art Prüfsiegel für Behauptungen, für Versprechen und für Meldungen. Ein starker und zwingender Faktencheck könnte uns vor Datenmüll schützen und helfen, Vertrauen aufzubauen und sollte so manchen Populisten zum Rücktritt zwingen.

Und überhaupt: Sich und anderen vertrauen

Wir müssen vertrauen in der Hinsicht, dass uns jemand beisteht, wenn es uns schlecht geht, wenn wir nicht oder nicht mehr selber für uns sorgen können. Wir müssen vertrauen, dass uns jemand aufhilft, wenn wir gefallen sind. Wir müssen vertrauen, dass wir zu essen bekommen, auch wenn wir nicht arbeiten. Ein liebevolles Umgehen miteinander, die Würdigung der eigenen Beiträge und die der anderen, gesicherte Pensionen und gegenseitiges zu Hilfe kommen fördern Vertrauen und Kooperation.

Kürzungen von Pensionen, der Sozialleistungen und der Löhne, das Anzünden von Flüchtlingsheimen sorgen für gut begründetes Misstrauen in andere und in die Zukunft. Wenn Sie zusehen, wie jemand einem am Boden liegenden Menschen ins Gesicht tritt, dann wird Ihnen wahrscheinlich bange zumute sein.

Wir sind angewiesen auf Vertrauen in Form von Investitionskapital, in Vertrauen in Form von Samenerdäpfel also. Nicht der Staat allein, nicht nur wenige Sammler von Kapital brauchen Kapital, Samenerdäpfel also, sondern wir alle. Die Jungfamilie braucht leistbaren Grund, um darauf ein leistbares Haus bauen zu können. Der Bauer braucht im reinsten Wortsinn Samenerdäpfel, damit er auch nächstes Jahr ernten kann. Der Unternehmer braucht Kapital, um eine neue Werkshalle errichten zu können. Vertrauen in Form von Kapital sorgt für Wohlstand und fördert die Kooperation. Kapital in den Händen von wenigen fördert Frust, Zukunftsangst, Neid, Wohnungsnot und Armut. Kapital, das im Finanzkasino, im Derivatesumpf und in den Steueroasen versumpft sorgt für eine Kreditklemme. Kapital ist nicht dazu da, um damit einen Riesenhaufen zu bilden oder Anlegerwohnungen am Stadtrand zu finanzieren, in denen niemand wohnt. Kapital ist nicht dazu da, dass Superreiche im Finanzkasino Spielgeld haben, Kapital soll für alle da sein.

Samenerdäpfel über Jahre im Keller zu lagern, macht keinen Sinn. Samenerdäpfel muss man in die Erde legen. Lange gelagerte Samenerdäpfel strapazieren das Vertrauen, dass aus ihnen neue Erdäpfel werden allzu sehr. Mit Sparen, wie es derzeit in neoliberalen Regierungskreisen modern geworden ist, kommt Kapital und das Vertrauen ins Stocken. Kapital über Jahrzehnte anzuhäufen, damit wir dann von diesem Kapital leben können ist noch sinnloser. Wir müssen dringendst davon abkommen, kapitalgedeckte Pensionssysteme zu verwenden, die es in völlig irrationaler Weise notwendig machen, so große Mengen an Kapital anzuhäufen, dass jeder damit 20 Jahre leben kann. Stattdessen müssen wir das Vertrauen stärken, dass die jeweils arbeitsfähige Generation, die gerade nicht arbeitsfähige Generation menschenwürdig versorgt. Dieses Vertrauen ist unverkäuflich, nicht handelbar und niemand soll damit Geschäfte machen. Eine Abkehr von kapitalgedeckten Pensionssystemen ist ein Gebot der Stunde und bringt Kapital mit viel Schwung unter die Leute. Statt Kapital und damit Macht den Finanzhaien anzuvertrauen, lege man dieses Kapital vertrauensvoll in die Hände derer, die damit für sich ein Haus bauen, in dem sie wohnen können. Man gebe es in die Hände des Dorfwirtes, der endlich seine Gaststube renoviert. Man lege es in die Hände des lokalen Unternehmers, der die Infrastruktur in Gang hält. Eine progressive, also fortschrittliche Vermögenssteuer (nicht vermögensbezogene Steuer) kann ebenso das Kapital in Schwung und in die Hände der Menschen bringen, die es gut real verwenden können. Fließendes Kapital kann die Realwirtschaft bewässern, zu lange gelagertes Kapital versumpft in den Finanzkasinos dieser Welt. Wir müssen sehr rasch Kapital zum Fließen bringen, bevor alte und neue Nazis in unsere Regierungsgebäude einziehen und die neoliberalen Zukunftszerstörer vertreiben. Das sollten lieber alle Menschen erledigen, denen das Wohl der Menschheit ein Anliegen ist.

Und schließlich wird es kooperationsfördernd sein, den Nachbarn zu vertrauen, der Bürgermeisterin und der Landeshauptfrau. Und der Staat wird auch Vertrauen zu den Bürgerinnen aufbauen müssen. Größtmögliche Transparenz in allen Belangen und beste Kommunikation können vertrauensfördernd sein. Wie wärs mit regelmäßigen Sprechstunden aller Mandatare und aller Regierenden? Dann könnte man, statt für die Menschen quasi von oben her zu regieren, mit den Menschen gute Lösungen finden und Vertrauen aufbauen. Alle Menschen, die sich für mehr Vertrauen unermüdlich einsetzen bitte vor den Vorhang! Tosender Applaus.

KAPITEL 16

KOOPERATION FÖRDERN

Werbung für Kooperation

Wie kann es zu einer fruchtbaren Kooperation kommen, die allen Parteien Gewinn bringt? Wie kommt es zu Beziehungen, in denen keiner der Dumme ist? Wie kommt es zu Verhalten, das von allen als halbwegs gerecht akzeptiert wird, und wo letztlich alle feiern können? Wer riskiert den ersten Schritt? Wie überwinden wir die Angst, über den Tisch gezogen zu werden? Vertrauen schaffen ist ganz gewiss ein wesentlicher Faktor zur Schaffung von Kooperation. Wir Menschen sollten hartnäckig, zielgerichtet, bestimmt und ausdauernd den eigenen Anteil an Kooperation und Gerechtigkeit ausbauen und in Schwung bringen. Mit viel Werbung und gutem Marketing lässt sich das vorhandene große Potenzial an Kooperationsbereitschaft und Menschlichkeit ausbauen und das schlummernde Potenzial an die Oberfläche bringen. Die Gewissheit, dass letztlich daraus eine stabile Gewinn-Gewinn-Situation für alle entsteht, liefert uns viel Motivation und Durchhaltevermögen.

Kooperatives Verhalten und Solidarität zu bewerben ist wesentlich schwieriger und erfordert viel Bildung, Wissen, gute Rechenkenntnis, viel Erfahrung, Vertrauen, Geduld und eine gewisse Hartnäckigkeit und etliche Argumentationsschritte mehr. „Ich Zuerst"-Populismus ist leicht verständlich, aber irreführend. Sehen wir uns die Tabelle 3 auf Seite 190 genauer an. Ein auf Verweigerung setzender Spieler erzielt ein 5:0 oder zumindest ein 1:1, während eine auf Kooperation setzende Spielerin ein 3:3 oder ein 0:5 erzielt. Die Werbung für Verweigerung ist einfach. Mit Verweigerung erreicht man 5 Punkte oder 1 Punkt, mit Kooperation 3 oder 0 Punkte. Wozu also zögern? Verweigerer verlieren nie, sie erreichen zumindest einen Punkt. Verweigerer sind vor einem Totalabsturz sicher. Ein Punkt ist garantiert. Für Kooperation zu argumentieren braucht im Modell und im realen Leben mehrere Rechenschritte und eine ganze Argumentationskette.

Gute Zusammenarbeit führt zum Gewinn von 3 Punkten mit dem Risiko, leer auszugehen. Verweigerung führt häufig zu einem 1:1. Man muss sich schon die Tabelle 4 auf Seite 191 genauer anschauen, dann am Kopf kratzen und überlegen, wie das geht, dass ein „Ich Zuerst"-Spieler verliert, obwohl er gegen jeden Gegner gewinnt (5:0) oder zumindest unentschieden spielt (1:1). Aber es ist so, wenn nur hinreichend viele Spieler auf Kooperation setzen. Ganz neu ist diese Erkenntnis nicht.

Es ist nun wirklich schon ein alter Hut, dass Kooperation lauter Gewinner hervorbringt. Es steht schon in den alten Büchern, dass Gier, Hass, Neid und Geiz zu den Lastern zählen, uns alle zu Verlierern machen und eine zerstörerische Wirkung entfalten, und dass das gegenseitige Beinstellen vernunfthemmende Angst und Panik erzeugt. Es ist schon längst bekannt, dass gute Gastfreundschaft die Nerven entspannt und unseren Horizont erweitert. Die Menschen wissen, dass die Freude an der Kunst, am Wissen und Können und die ungehinderte Verbreitung von Kunst, Wissen und Können der Menschheit große Dienste erweisen kann. Menschen helfen sich gegenseitig, sie leisten freiwillig wertvolle Dienste bei der Feuerwehr, bei der Bergrettung und bei allen möglichen Vereinen und Anlässen. Sie helfen sich gerne gegenseitig aus. Es gibt genügend Beispiele, wo Arbeitgeber und Arbeitnehmer bestens zum Vorteil aller zusammenarbeiten. Die mittlerweile schlechtgeredete Sozialpartnerschaft und das Prinzip, dass Arbeitgeber und Arbeitnehmer gleichermaßen an den Früchten des Produktivitätsfortschritts mitnaschen dürfen, hat alle zu Gewinnern gemacht. All das ist längst bekannt. Es erzeugt ein gutes Gefühl und dämmt die Angst, wenn man weiß, dass man sich auf den Nachbarn und auf all die anderen verlassen kann. Kooperation tut aber auch der Seele gut.

Der Blick aufs Ganze

Beim Werben für Kooperation können Sie jederzeit ein gutes Argument ins Treffen führen: Kooperation rechnet sich. Axelrods Kooperationsmodell zeigt beinhart, berechenbar und nachweisbar, dass es nicht unbedingt zum besten Ergebnis führt, wenn man die Maximierung des eigenen, individuellen Gewinns anstrebt. Es lohnt sich berechenbar, nachweisbar und ohne Moralisierungen, die Maximierung des Gewinns für alle anzustreben. Es lohnt sich, den Blick aufs Ganze zu richten. Bei einem Kooperationsspiel gibt es in einem Einzeldurchgang 6, 5, 5 und 2 Punkte zu gewinnen. Das Maximum von 6 Punkten ist nur über Kooperation zu erreichen und wird auf beide Spieler gerecht geteilt. Mehr ist nicht möglich. Dieses Streben nach möglichst hohem Gesamtgewinn führt in zweiter Linie zu Maximierung des eigenen Gewinns, des eigenen Wohlstands und der Lebensfreude für sich und die anderen.

In der harten Realität ist es nicht anders. Gute Kooperation macht alle zu Gewinnern. Wenn Unternehmen den Mitarbeitern gute Arbeitsbedingungen und einen guten Lohn bieten, werden sie sich für das Unternehmen einsetzen. Wenn wir den Nachbarn zu Hilfe kommen, wird auch uns geholfen. Wenn wir nicht die Meere leerfischen, gibt es mehr Fische für alle und letztlich auch für uns. Wenn wir nicht den anderen das Land rauben und den eigenen Besitz optimieren, haben alle genug Land und können die köstlichsten Früchte anbauen. Wenn wir nicht den Gewinn über Waffenverkauf maximieren, werden die Häuser, die Fabriken und Äcker bestehen bleiben und wir können die Gastfreundschaft der Syrer genießen. Wenn wir Energie und Ressourcen intelligent verwenden, haben wir alle eine bessere Luft und vernichten nicht unsere eigenen Lebensgrundlagen. Wenn wir die anderen in Frieden leben lassen, brauchen wir keine hinderlichen Mauern bauen. Wenn wir uns am Erfolg des Nachbarn erfreuen, haben wir viel mehr Freude im Leben und können öfters ein Bier miteinander trinken. Wenn es den Nachbarn gut geht, geht es auch uns gut.

Meistens können wir uns den Nachbarn nicht aussuchen, wir müssen länger mit ihm zusammenleben. Das kann unter Umständen sehr förderlich sein für gute Kooperation. Gute Beziehungen zu den Nachbarn machen sich meistens bezahlt. Als Beispiel fällt mir die Beziehung Italien – Südtirol – Österreich ein. Nach dem 1. Weltkrieg wurde Südtirol Italien zugesprochen. Seitdem brodelte es, eine „Befreiungsbewegung" wurde gegründet, ein Strommast auf der Porzescharte gesprengt, elendslange Autonomieverhandlungen geführt. Geduld und Zähigkeit bei den Verhandlungen waren gefragt, wie es bei einem demokratischen, kooperativen Prozess halt üblich ist. Das Ergebnis ist beispielhaft und kann sich sehen lassen. Italiener, wie Tiroler, wachsen selbstverständlich zweisprachig auf, die ganze Region Südtirol/ Alto Adige ist eine der reichsten Regionen von ganz Europa. Kooperation, aber auch Fleiß machen reich. Ich genieße jedes Mal das herrliche italienische Essen und die Gastfreundschaft auf den Hütten in den Dolomiten. Oder war es tirolerisch, das Essen? Na ja, eigentlich ist mir das herzlich egal. Und ob die Tofana „uns" gehört oder den Italienern ist mir erst recht egal. Dass die Angstmacher und Hetzer wieder Zäune bauen wollen an der eigentlich gar nicht mehr vorhandenen Grenze, ist mir nicht egal.

Ich meine, dass man das Beispiel Südtirol viel besser als Modell von gelungener Kooperation verkaufen sollte, auch wenn der Prozess noch gar nicht abgeschlossen ist.

Kooperationsfördernde Regeländerungen

Es gibt gute Argumente, dass sich Kooperation lohnt und dass man für Zusammenarbeit eifrig wirbt. Zusammenarbeit rechnet sich. Damit die Rechnung noch öfter und klarer für Kooperation ausgeht, sollte man eine Regeländerung in Betracht ziehen. Der häufig verwendete Appell, jeder möge doch selber durch individuelle Verhaltensänderung einen Beitrag leisten für besseren Umweltschutz und für gute Kooperation, geht oft ins Leere. Solche Appelle dienen als gute Ausrede für die Regierenden, gar nichts zu tun. Wenn sich Kooperation individuell so gar nicht rechnet, wird sie nicht stattfinden.

Sehen wir uns noch einmal die Ergebnistabelle von Axelrods Kooperationsspiel auf Seite 191 an: 5:0. 0:5, 3:3 und 1:1. Wenn beide kooperieren, ist die Gewinnsumme (6) am höchsten. Andererseits gibt es die ständige Versuchung mit einem 5:0 nach Hause gehen zu können, eine Versuchung, die allerdings in vielen Fällen zu einem müden 1:1 und einer Gesamtsumme von 2 führt, dem klaren Verliererergebnis. Eine kleine Änderung der Spielregel in der Ergebnistabelle etwa auf 5:0, 0:5, 4:4, und 1:1 (oder einem ähnlichen Ergebnis) kann die Versuchung zur Verweigerung dämmen und Belohnung für Kooperation erhöhen. Rascher dämmert dem Verweigerer, dass seine Strategie nicht zielführend ist. In der realen politischen und wirtschaftlichen Welt kann eine solche Regeländerung der Einführung von Lenkungssteuern, von Lenkungszöllen und der Förderung von Wohlverhalten entsprechen.

Nehmen wir als Beispiel für eine Regeländerung die Besteuerung von fossilen Brennstoffen und die Förderung von alternativen Energieformen wie Sonnenenergie oder intelligentem Transport. Die Welt ist sich einig. Wir wollen weniger Gestank, weniger Lärm, weniger Stau, weniger Staub, weniger Smog. Wir wollen ohne Gasmaske spazieren gehen, in ruhiger Umgebung wohnen, im wohlig warmen Wohnzimmer leben, im Verkehr rasch vorankommen und bei Bedarf sicher über die Straße gehen können. Wenn da nicht die anderen wären, könnte so etwas ein realistischer Wunsch sein. Meine Tante Mizzi, die an einer Durchzugsstraße wohnt, hat beschlossen, die Welt zu verbessern. Sie fährt nur noch mit dem Fahrrad und überlegt sich zur Energieversorgung eine leider sehr teure Kombination aus Solarenergie und Wärmepumpe anzuschaffen. Sie hat mir glaubhaft versichert, dass sie damit den Lärm reduzieren, den Schadstoffausstoß und ihre Kopfschmerzen verringern und ganz allgemein die Welt verbessern könne. Sie ist drauf und dran zum dummen Gutmenschen zu werden. Zweimal ist sie mit ihrem Fahrrad nur knapp einem Fernlaster entkommen. Öfters wurde sie von Kopf bis zum Fuß mit schmutzigem Wasser angespritzt, weil ein rücksichtsloser Raser mitten durch die Wasserlacke fuhr. Sie musste mit Staubfilter in die Stadt fahren, der Verkehr und der Lärm sind nicht weniger geworden und als Mindestrentnerin konnte sie das Angebot der Energiefirma nicht annehmen. Sie heizt weiterhin mit Öl.

Etliche meinen, dass man mit einer individuellen Änderung seiner Verhaltens-, Konsum- und Kaufgewohnheiten die Welt zum vermeintlich Besseren ändern könne. Ich glaube das nicht. Es hat zumindest in den letzten Jahrzehnten nicht funktioniert. Man wird nur zum dummen Gutmenschen, der nicht rechnen kann. Man muss jedem Menschen einräumen, eine klare Kalkulation durchzuführen. Und wenn diese so gar nicht stimmt, verflüchtigt sich die Motivation für Veränderung. Nur gemeinsames, koordiniertes Handeln derer, die dem Gemeinwohl sich verpflichtet fühlen, kann zu einer nachhaltigen Veränderung führen. Und wir alle, das ist eben eine Gesellschaft, ein Dorf, der Staat, sind aufgefordert, über lenkende Regeln gewünschte Änderungen zu fördern. Wenn der Staat eine höhere Besteuerung fossiler Brennstoffe durchsetzt, ein gutes Radwegenetz baut und den Umstieg auf Sonnenenergie fördert, wenn der Staat also lenkt, dann sieht eine kühle Kalkulation ganz anders aus. Meine Tante Mizzi kann bequem, billig und sicher mit dem Fahrrad in die Stadt fahren. Mit dem ersparten Geld kann sie mich zum Essen einladen. Mit dem Verzicht auf das Auto ist sie gezwungen, mehr Bewegung zu machen und das tut ihr gut. Sie und viele Umsteiger machen Platz für die anderen, die dann schneller vorwärtskommen. Sie kann sich den Umstieg auf eine alternative Energieform leisten, weil sich die Wärmepumpe schon in 7 Jahren amortisiert. Viele von uns sind nicht nur Fußgänger und Radfahrer. Wir profitieren vom Auto und brauchen es des Öfteren. Wenn viele auf umweltfreundliche Verkehrsmittel umsteigen, kommen auch wir Autofahrer schneller voran. Das sollte uns schon etwas wert sein. Und für jeden Cent an Steuer auf nicht erwünschte Energieformen brauchen wir um einen Cent weniger Lohnsteuer zahlen. Es bleibt mehr im Sackerl. Der Lärmpegel sinkt, es gibt weniger Unfälle, die Luft wird klarer und meine Tante Mizzi hat weniger Asthmaanfälle. Bei klugen Lenkungssteuern werden alle zu Gewinnern.

Lenkungssteuern fördern kooperatives Verhalten. Lenkungssteuern geben jedem die Chance, durch Änderung seines Verhaltens die Steuer zu vermindern oder gar zu vermeiden, während man der Mehrwertsteuer oder der Lohnsteuer hilflos ausgesetzt ist. Erfolgreiche Lenkungssteuern eignen sich aber nicht zur Konsolidierung der Staatskassa. Der Ertrag von Lenkungssteuern konvergiert mit dem erzielten Lenkungserfolg gegen null. Ganz ähnlich gelagert ist der Fall bei Lenkungszöllen. Wenn Zölle in geeigneter Höhe auf Produkte eingehoben werden, die etwa unter menschenverachtenden Umständen oder wenig ressourcenschonend produziert werden, kann das zu einer gewünschten Verhaltensänderung des möglichen Handelspartners führen. Alle gewinnen. Strafzölle dagegen lassen dem möglichen Handelspartner keine andere Wahl als ebenfalls mit Strafzöllen zu reagieren. Donald Trump führt uns mit seinen Strafzöllen eindringlich vor, wie alle zu Verlierern werden. Ich bevorzuge Lenkungszölle.

Lenkungsmaßnahmen im Allgemeinen ermutigen alle Menschen inklusive meiner Tante Mizzi, Politiker und Wirtschaftstreibende, verantwortungsbewusst zu handeln oder eben mehr für verantwortungsloses Handeln zu bezahlen und so zum Gemeinwohl beizutragen. Sie sind ein höchst demokratisches Mittel, alle Menschen am politischen Leben zu beteiligen. Jeder kann sich überlegen, auf umweltfreundliche Energieformen umzustellen, ohne dabei ein dummer Gutmensch zu sein, weil es sich eben auch rechnet. Jedes Unternehmen kann sich entscheiden, soziale Standards zu erfüllen oder eben höhere Lenkungssteuern zu bezahlen. Es braucht aber sehr mutige Politiker mit genügend Rückgrat, die mit viel Überzeugungsarbeit und gegen massives Lobbying derartige Lenkungsmaßnahmen durchsetzen.

Ein Herz für Kooperation

Sind Menschen überhaupt kooperationsfähig? Reicht der Hinweis, dass Kooperation sich rechnet? Reicht es, dass Kooperation vernünftig ist? Genügt der Appell an die Vernunft? Soziologen erforschen penibel das Verhalten von Menschen. Auch in Bezug auf Kooperation gibt es zahlreiche fundierte Studien. Solche Studien können nicht beschreiben, wie Menschen an und für sich sind, was quasi in den Genen der Einzelpersonen steckt. Sie beschreiben, wie sich Menschen in einer Umgebung, die sie geformt hat, verhalten. Niemand entkommt gesellschaftlichen Strömungen und Einflüssen. Eine in Österreich durchgeführte Umfrage etwa ergab, dass die Einführung der neuen Mindestsicherung auch von einheimischen Personen befürwortet wurde, die selbst durch das neue Gesetz einen Nachteil erdulden mussten. Das Ergebnis zeigt, dass das Verhalten von Menschen über reine Rechnerei hinausgeht. Ein reiner Appell an die vermeintliche Vernunft wird zu wenig sein, um gute Werbung für Kooperation zu machen. Entscheidungen werden durch Stimmungen beeinflusst, von Ängsten, von Zugehörigkeit und Identifikation in Gruppen. Das verstärkte Aufkommen des Neoliberalismus Anfang der 80er-Jahre des 20. Jahrhunderts hat die kooperative Stimmung der 60er- und 70er-Jahre verdrängt. Neoliberale Gier, das Bestreben, andere zu übertrumpfen, besser zu sein als alle anderen, und rücksichtslose Maximierung des eigenen Profits sind gesellschaftsfähig geworden, und führen einerseits zu gesellschaftlichem Ansehen und Reichtum, aber andererseits zu Abstiegsängsten. Viele fühlen sich nicht gut genug, um in einem gnadenlosen Wettbewerb zu bestehen. Zu diesen neoliberalen Strömungen gesellte sich etwas später rechter Neid, Nationalismus und Panikmache. Angst vor irgendwelchen Horden, die über uns herfallen, Misstrauen, soziale Unsicherheit und Angst, Letzter zu werden, sind ins Land gezogen. Neoliberale Gier führt zu rechtem Neid und Fremdenhass.

In dieser Grundstimmung gilt es, Vertrauen auf- und Ängste abzubauen. In dieser Grundstimmung gilt es, begründete Zuversicht zu verbreiten, dass jemand für einen da ist, wenn man krank, arbeitslos, jung oder alt ist. In dieser Grundstimmung gilt es, Abschied zu nehmen vom Streben, noch schöner, höher, besser und schneller als die anderen sein zu wollen. Es reicht, verantwortungsvoll seine Arbeit nach besten Kräften zu verrichten. Sie muss nicht besser sein als die Arbeit des anderen. Es reicht, gewissenhaft seinen Beitrag für das Gemeinwohl zu erbringen, es muss nicht der großartigste sein. Man muss nicht den schönsten Urlaub verbracht haben, es reicht ein schöner. Man muss nicht mehr haben. Irgendwann ist es genug. Man muss nicht als Erster auf dem Grabnerstein sein und die Grabneralm muss nicht die schönste Alm sein. Es reicht, sich an der Landschaft zu erfreuen. Es muss nicht der schönste Jodler sein, es reicht, wenn er erklingt. Es ist, was es ist. Wir müssen Werbung machen für das Sein.

Vom Haben zum Sein zu kommen, ist ein schwerer Weg, aber auch eine Rationalisierungsmaßnahme im Hinblick auf Lebensqualität und eine Steigerung der Produktivität. Wir ersparen uns den neidischen Blick auf den anderen. Wir sparen uns das ständige Messen und Vergleichen. Wir sparen uns die Angst, nicht mehr Erster zu sein. Wir sparen uns giftige Dopingmittel zu nehmen. Wir freuen uns auch, wenn es anderen gut geht. Wir freuen uns mit anderen über ein gelungenes Werk. Das ist Motivation genug. Es sind viele Menschen überall auf der Welt, die Wohlwollen, Gerechtigkeit, Frieden, Respekt, Gastlichkeit und Kooperation mit vollem Einsatz und Hingabe anstreben. All die vielen können eine ganz andere Stimmung und ein ganz anderes Lebensgefühl im Lande erzeugen.

Wie nehmen wir ihm denn?

Hat man schwere Lasten zu tragen, etwa einen Koffer, dann stellt sich die Frage: „Wie nehmen wir ihm denn?" (Zitat: Hallo Dienstmann). Beide vorne? Beide hinten? Wie viele sollen anpacken? Wann gehen wir es an? In der Politik ist es nicht anders. Wie beginnen mit der Förderung von Kooperation? Es lohnt sich auf jeden Fall, wenn viele anpacken. Dann geht es sicher leichter. Der französische Präsident Emmanuel Macron hat auch angepackt. Allein, ohne die Menschen zu fragen. Er hat an der falschen Stelle begonnen. So einfach ist es auch wieder nicht, sinnvolle politische Reformen durchzuführen. Veraltete Energieformen zurück zu drängen und auf intelligente Formen der Energieerzeugung und Verwendung zu setzen, ist längst überfällig, um vielleicht doch noch eine große Klimakatastrophe abzuwenden. Eine Lenkungssteuer auf Erdölprodukte oder volksnäher ausgedrückt, die Treibstoffpreise anzuheben, mag gute Dienste leisten. Aber Kohle, Erdöl und Erdgas sind noch immer für viele Menschen unabdingbar, um eine warme Stube zu haben und jedem eine halbwegs gute Mobilität zu ermöglichen. Eine simple Benzinpreiserhöhung schiebt auf plumpe Weise die Verantwortung für die Klimakatastrophe vor allem den Menschen im ländlichen Raum zu und schränkt gleichzeitig die ohnehin schon eingeschränkte Mobilität dieser Leute weiter ein. Die Wut der Bürgerinnen ist vorauszusehen. Man nimmt denen, die nichts haben und lässt jene ungeschoren, die haben.

Auf die Reihenfolge kommt es an. Zuerst gute Straßen und gute öffentliche Verbindungen schaffen, zuerst für gute Infrastruktur auf dem Lande sorgen, zuerst lokal Unternehmen ansiedln, damit die Menschen nicht pendeln oder auswandern müssen, zuerst den Dorfwirt unterstützen, damit er nicht zusperren muss und die Menschen nicht ins Nachbardorf zum Wirten gehen müssen. Zuerst Nahversorgung schaffen und dann den Benzinpreis erhöhen. Zuerst Arbeitsplätze auch in entlegenen Gebieten schaffen, dann braucht man nicht so weit zur Arbeit fahren. Dann hat man trotz höherer Benzinpreise eine billigere Mobilität für alle. Man erspart sich viele Fahrten. Zuerst massiv das Kerosin besteuern. Das schränkt die Mobilität von niemandem ein und liefert Kapital für den Ausbau der Infrastruktur. Zuerst informieren, dass progressive Steuern eine Steuerentlastung für die unteren Einkommen sind. Zuerst informieren, dass Österreich eine der niedrigsten Besteuerungen von Vermögen hat. Dann Vermögen sofort progressiv besteuern. Zuerst die Förderung kapitalgedeckter Pensionen einstellen und für alle eine Sparmöglichkeit in Form etwa eines Solidarkontos einrichten. Das bringt mehr Geld für den einzelnen ins Tascherl und für den Staat viel Kapital zur Förderung alternativer Energieformen. Dann wird bei bester Information ein höherer Benzinpreis von allen akzeptiert.

Zuerst die Sonnenkollektoren auf dem Dach montieren, dann wird die Stromrechnung trotz höherem Strompreis niedriger. Zuerst die Löhne und Pensionen erhöhen, dann können sich mehr Menschen eine intelligente Mobilität leisten. Zuerst das Krankenhaus im ländlichen Gebiet lassen, dann brauchen Personal, Patienten und Besucher nicht so weit zu fahren. Zuerst die Schule im Dorf lassen, dann können die Kinder zu Fuß in die Musikschule gehen. Zuerst die Steuerschlupflöcher für die Finanz- und Internetkonzerne schließen, dann müssen wir nicht mehr die Mindestsicherung für die Ärmsten des Landes kürzen und ihnen das Letzte aus der Tasche ziehen.

Auf die Reihenfolge wird es ankommen, auf gute Koordination, auf gute Information und auf mutige Menschen. Und wohl auch auf unbestechliche Politiker. Auf uns alle wird es ankommen. Aber es lohnt sich. Es wird viel Mühe und Durchhaltevermögen kosten und lange Verhandlungen brauchen, um für alle das Leben lebenswert zu machen oder zu erhalten. Aber keinesfalls auf Gelassenheit, auf die Beziehungs- und Kulturarbeit und auf das Feiern vergessen! Dann kann es gelingen.

Kapitel 17

Der starke Staat: Politik mit uns

Was kann der Staat und was nicht?

Der Neoliberalismus suggeriert, es sei das Wichtigste, den Wettbewerb in Gang zu halten, oder dass wir das Bruttosozialprodukt und alle möglichen tertiären Kennzahlen steigern müssten. Er redet uns ein, dass wir besser sein müssten als die anderen, und dass wir noch schneller und länger arbeiten und notfalls den Gürtel noch enger schnallen sollten, damit der Wohlstand nicht auswandert. Dann würden auch für uns ein paar Krümelchen abfallen. Politik von oben also. Politik der Eliten für das dumme Volk.

Ich möchte die Sorge um unser Wohl nicht den Finanzkonzernen und den gierigen Bossen und den alles versprechenden Populisten überlassen. In einem demokratischen Prozess sollen wir mit allen Menschen fehlertolerante Regeln und Gesetze zum Wohl aller suchen und finden. Vieles können wir allein. Für noch mehr brauchen wir die anderen. Und das sollen wir organisiert erledigen. In der Familie, dem Dorf, der Gewerkschaft, dem Kegelklub, der Feuerwehr, der Stadt, dem Gesangsverein, dem Land, dem Bund, in der EU, in der UNO. Das könnte zum Gewinn für alle werden. Im letzten Jahrhundert wurden tonnenweise Bücher geschrieben, ob es denn klug wäre, alles den kommunistischen Staat erledigen zu lassen, der für uns alle sorgt, oder ob denn der schlanke neoliberale Staat nicht sinnvoller wäre, wo jene die Regeln machen, die das Gold haben. Sollen wir aufgehen in der alles umschlingenden Fuchtel des Staates, der alles besser weiß, oder wollen wir in der klirrenden Kälte des neoliberalen Individualismus erfrieren? Soll die Staatsquote möglichst klein oder sehr groß sein? Viel Ablenkung und kein Inhalt. Es gibt eben etwas mehr als unendlich viele Möglichkeiten, ein Land zu regieren.

Die viel entscheidendere und spannendere Frage ist meiner Meinung nach: Wer macht was? Und das ziemlich konkret. Welche Aufgaben soll denn der Staat tatsächlich übernehmen und wovon möge er gefälligst die Finger lassen? Was macht das Dorf, was die Familien, das Land, der Bund? Soll Katalonien selbständig werden und sollen die Briten aus der EU austreten, damit sie endlich alles allein machen können? Ein Dorf ohne Umfeld ist nicht wirklich lebensfähig. Katalonien kann ohne Spanien, und Großbritannien nicht ohne die EU zum Gewinner werden.

Ein richtig starker Staat

Wir brauchen einen richtig starken Staat. Die Betonung liegt dabei auf richtig. Ein Staat soll also an den richtigen Stellen stark sein und sich an den richtigen Stellen zurückhalten. Über das „richtig" und „unrichtig" bestimmt nicht ein starker Mann, der alles besser weiß und immer Recht hat. Es bestimmen auch nicht jene, die das Gold haben und alle Regeln machen wollen. Es bestimmt auch nicht die Partei, ohne die wir nichts sind und die uns alle Sorgen abnimmt. Eine demokratisch organisierte Gemeinschaft soll in langen und schwierigen Prozessen und Verhandlungen eine fehlertolerante Grenze festlegen zwischen richtig und falsch, zwischen wünschenswert und schädlich, zwischen Verbrechen und Wohlverhalten. Alle mögen sich an der Schaffung von Regeln beteiligen und alle mögen sich an diese Regeln halten. Alle mögen sich überlegen, wie wir zusammenleben und wie wir mit den anderen umgehen wollen. Alle mögen sich überlegen, was wir wollen und niemand möge uns erklären, was wir müssten, weil es alternativlos sei. Politik ist kein Naturereignis. Politik ist in Gesetze gegossener Wille von vielen Menschen. Dieser Wille soll mit uns zustande kommen und nicht von oben herabschweben. So würde ich es mir halt wünschen und eine solche Politik einfach demokratisch nennen. Das Recht möge von uns ausgehen.

Eine detailfreudige Analyse, was wer zu erledigen hätte, würde Bände füllen. Eine Grobeinteilung ist rasch gefunden. Einige Punkte sollen beispielhaft hervorgehoben werden. Ich glaube nicht, dass es Aufgabe eines Staates ist, Reißnägel oder Autos zu erzeugen. Der Staat sollte auch keinen Menüplan für ein Restaurant erstellen, schon gar nicht in einem Vierjahresrhythmus. Er muss keine Erdäpfel anbauen und auch keine Putzfirma betreiben. Er sollte auch kein Kunstwerk schaffen, das können die Künstler besser, aber Kunst und Kultur zu fördern, das wär' schon was.

In allen Fällen, wo jeder im Laufe seines Lebens naturgemäß schwach und unselbständig ist, soll eine Instanz des Staates gestaltend eingreifen, Regeln erstellen und gelegentlich als Schiedsrichter ein Auge auf das Geschehen werfen. Stark möge ein Staat sein in Angelegenheiten der Außenpolitik, der inneren Sicherheit, der Infrastruktur, des Wohnens, der digitalen Infrastruktur, der Bildung, der Versicherungen, der Gesundheit, der Pflege, und des Vertrauens in Form von Kapital und Geld. In etlichen dieser Punkte herrscht durchaus Einigkeit. Die Umsetzung von Reformen in diese Richtung scheitert aber nur zu oft am nötigen Kleingeld. Reformen dürfen nichts kosten, heißt es schon Jahrzehnte lang. Die entscheidende Frage ist aber nicht, ob Reformen etwas kosten, sondern ob sie sinnvoll sind. Und wenn sie sinnvoll sind, dann ist es die hehre Pflicht und die wichtigste Aufgabe eines demokratischen Gemeinwesens, besonders das Eigentum und das Vermögen in die Pflicht zu nehmen, um gut mit finanziellen Mitteln ausgestattet verantwortlich intelligente Reformen durchführen zu können.

Eigentum in die Pflicht zu nehmen braucht einen weiteren Gesichtskreis als nur die egoistische enge Sichtweise von Einzelnen oder von gewinnorientierten privaten Konzernen, die verständlicherweise nur in die eigene Tasche wirtschaften möchten. Es braucht uns alle in organisierter Form, dem Staat. Der Staat muss dafür mit progressiven Grund- und Vermögenssteuern sorgen, dass der Gebrauch solcher Werte auch dem Gemeinwohl zugutekommt. Der Staat muss die Sozialpflicht des Eigentums umsetzen.

Der Grundsatz der Sozialpflichtigkeit des Eigentums findet sich bereits in der Antike, im Koran, bei Thomas von Aquin, in der christlichen Soziallehre, in der Weimarer Verfassung, in der Diskussion zum Thema Corporate Social Responsibility (Wikipedia)

Auch der Urvater des Kapitalismus, Adam Smith, schreibt im „Wohlstand der Nationen", dass private Unternehmen und freie Märkte zum Wohl der Allgemeinheit wirken (sollten). Wohnungseigentum muss dem Menschenrecht des Wohnens dienen, nicht aber der rücksichtslosen Spekulation. Der freie Zugang zu Seen, Wäldern, Bergen und Tälern muss allen Menschen ausnahmslos gewährt werden. Der Staat muss auch geistiges Eigentum, Patent- und Urheberrechte in die Pflicht nehmen. Er muss dafür sorgen, dass auch das geistige Eigentum, Patent- und Urheberrechte dem Gemeinwohl dienen. Statt Upload-Filter zu installieren, die die Verbreitung von Kunst und Kultur hindern, und Künstler über Geschäftemacherei schlecht zu bezahlen, muss der Staat (besser die Staatengemeinschaft) Kulturschaffende angemessen bezahlen, etwa in Form einer guten Förderung und einer freien Ausbildung. Statt Erfinder und Entdecker über Monopole und Geschäftemacherei schlecht zu bezahlen, müssen Patente in die Hand der Allgemeinheit gelangen. Das jetzige Patentrecht fördert nicht Kunst, Kultur, Erfinder und Wissenschaftler, sondern einige wenige Konzerne wie Google, Apple & Co, die ihre Monopolstellung missbrauchen. Ganz einfach wird die Umsetzung der Sozialpflicht des Eigentums und eines neuen Patent- und Urheberrechtes nicht sein. Das braucht eine gute Planung. Aber neidgetriebene Schwammerlsuchverbote und Betretungsverbote, Upload-Filter und Kopierverbote oder Medikamentenmonopole schützen weder die Eigentumsrechte der Künstler, Erfinder und Wissenschaftler, noch leisten sie einen Beitrag zur Sozialpflicht des Eigentums. Progressive Grund-, Vermögens-, Erbschaft-, Körperschafts- und Einkommenssteuern können das schon besser. Eigentümer kleiner Vermögenswerte sind wegen der Steuerprogression von solchen Steuern befreit. Sie kommen der Sozialpflicht des Eigentums dadurch nach, dass sie ihre eigenen Häuser bewohnen und indem sie ihr kleines Vermögen zum eigenen Wohl und dem Wohl ihrer Kinder benutzen.

Welches Spiel spielen wir?

Vertrauen hin und her! Kooperation – sehr schön! Wirtschaft und Politik mit allen – ein Traum! Die Realität sieht anders aus. Da weht ein rauer Wind, und ich kann mit meinen Ideen zusammenpacken. So wird es nicht gespielt. Ja, das ist so. Kalter Neoliberalismus, Hass auf alles Fremde, Neid und Gier dominieren die Welt. Die Globalisierung donnert auf uns zu. Angst- und Panikmache überall. Rücksichtslose

Extremisten ziehen in die Regierungsgebäude ein. Alternativloses Handeln und Unterordnen unter die realen Gegebenheiten sind gefordert, nicht aber Träumereien. Und doch! All das ist keine Naturgewalt, ist kein Gewitter, welches unaufhaltsam auf uns zurast. Die Spielregeln sind von Menschen gemacht und es liegt an uns, ein anderes Spiel zu spielen nach Regeln, die die Kooperation fördern. Ob wir ein neoliberales Spiel spielen mit zerstörerischem Wettbewerb oder ein Kooperationsspiel spielen, welches alle zu Gewinnern macht, ist unsere Sache. Nicht wer das Gold hat macht die Spielregeln, sondern wir. Wir bestimmen die Spielregeln, wir bestimmen wie gemessen wird, wir bestimmen nach welchem Kriterium sortiert wird, wer die Schiedsrichter und wer die Gewinner sind. Gehen wir's an. Viele wunderbare und verantwortungsvolle Menschen setzen sich für ein besseres und friedvolleres Zusammenleben mit anderen Menschen und der Umwelt ein, für Demokratie und Menschenrechte. Wir müssen nicht von vorne anfangen, sondern können auf einem guten Fundament aufbauen. Und vor allem viel Werbung machen für eine andere Art des Zusammenlebens und für ein kooperatives Spiel des Lebens.

Abbildung 32: Reale Blumen auf der Grabneralm

Teil 1

Kooperation:
Reale Politik mit allen

Wir haben den Übergang von der 0 zur 1 geschafft! Mit den Ziffern 0 und 1 lässt sich die unendliche Vielfalt der Zahlenwelt im Binärsystem darstellen. Die 1 als Zahl nimmt in der Welt der ganzen, der rationalen, der irrationalen, der komplexen und der transzendenten Zahlen eine ganz besondere Rolle ein. Sie ist gleichsam der ruhende Pol in der Zahlenwelt. Dem letzten Teil des Buches ist es vorbehalten die Nummer 1 zugeordnet zu bekommen. Er beschreibt die Vision einer realisierten Politik der Kooperation, die bei aller Komplexität und Unberechenbarkeit der Politik und des menschlichen Zusammenlebens Klarheit und Umsetzbarkeit erfordert. Eine gefestigte Demokratie, viele schon vorhandene gute Ansätze für ein gedeihliches Zusammenleben und viele Menschen, die dem Gemeinwohl und der Solidarität verpflichtet sind, ermöglichen einen Übergang in die Welt der Kooperation, der Solidarität und des friedlichen Zusammenlebens.

KAPITEL 18

DIE POLITIK DER KOOPERATION

Menschen aller Länder, vereinigt euch!

Schluss mit dem Klassenkampf! Proletarier kämpfen nicht mehr gegen die Kapitalisten. Kapitalisten beuten nicht mehr die Arbeiterinnen aus. Die Reichen bekämpfen nicht mehr die Armen, die Armen nicht die Reichen. Juden arbeiten mit Arabern zusammen, Araber mit Christen und Christen mit den Juden. Buddhisten arbeiten mit Hindus zusammen, die Hindus mit den Weißen, die Weißen mit den Schwarzen. Wir arbeiten zusammen. Kooperation entsteht. Aus Prinzip, weil es nützlich ist, weil das Zusammenleben mehr Freude bereitet als das gegenseitige sich Übertrumpfen. Wir leben weltweit in Frieden miteinander und feiern fröhliche Feste. Allen geht es gut, wie damals im Paradies. Wer kann schon etwas Ernsthaftes gegen eine solche Vorstellung einwenden?

Nun, leider ist die Welt auch böse und schlecht. So einfach können wir nicht das Paradies erschaffen. Die Erwartungshaltung allzu hoch zu schrauben, könnte ein böses Erwachen nach sich ziehen. Ähnlich wie bei einer Wanderung auf die Grabneralm wird man einen Schritt nach dem anderen machen müssen. Man sollte gelegentlich innehalten, um sich zu stärken und sich nach verlässlichen Begleitern umschauen, dann kann es Stück für Stück gelingen. Rom ist auch nicht an einem Tag erbaut worden. Kooperation entsteht nicht einfach so und von allein. Zur Umsetzung von Kooperation in die Wirklichkeit müssen viele Menschen zunächst eine Vorstellung entwickeln, wie denn das Ergebnis aussehen könnte. Es braucht eine Vision. Es braucht gute Planung, um zielgerichtet vorgehen zu können und viel Geduld und großes Durchhaltevermögen, um auch Widerstände und Rückschläge überwinden zu können. Es braucht eine Dorfgemeinschaft, die sich Regeln gibt, ein Bundesland, einen Staat, eine Gemeinschaft von Staaten, die UNO.

Mit lenkenden Regeln kann man den einzelkämpferischen Gutmenschen, der sonst frustriert aufgibt, zu einem klugen Gutmenschen machen, der auch kalkulieren kann. Man motiviert den klugen Gutmenschen zum Durchhalten und lässt den Verweigerer nachdenken. Gehen wir es an! Bauen wir ein Österreich, ein Europa, eine Welt nicht für die Geschäftemacher, sondern für alle Menschen. Machen wir aus einer EU der Konzerne ein vereinigtes Europa der Menschen. Niemand kann allein existieren. Wir brauchen die anderen. Viele der aufgezählten Möglichkeiten, Kooperation in Schwung zu bringen, sind gewiss viel wirksamer, wenn sie etwa in der EU oder der UNO umgesetzt werden. Eine Nichteinigung soll uns aber keineswegs davon abhalten, vieles auf lokaler Ebene zu verwirklichen. Es braucht einen mutigen Anfang: Jetzt wäre der richtige Zeitpunkt, glaube ich, eine Vision zu entwickeln. Vielleicht kann die Umsetzung gelingen. So schwer ist es dann auch wieder nicht. Manches geht ganz einfach, wenn der politische Wille vorhanden ist: „Der Nationalrat hat beschlossen …"

Abbildung 33: Kooperation beim Klettern

Ziel einer kooperativen Politik

Ziel einer kooperativen Politik ist es, das geistige, das seelische, das kulturelle und das materielle Wohl und das Beziehungswohl für alle anzustreben. Dazu ist es notwendig, den Schwerpunkt unserer Arbeit und all unserer Energie und unseres Strebens von der Schaffung von materiellen Gütern auf ein viel allgemeineres Gemeinwohl zu lenken. Viele hilfreiche Werkzeuge helfen uns in materiellem Überfluss zu leben, sodass wir getrost die Erwerbsarbeitszeit senken können. Wir können unsere Energie und unseren Forschungsdrang auf die Schaffung von wertvollen Kulturgütern richten und Kapital in die Bezahlung von Beziehungsarbeit stecken. Wir können unser Augenmerk getrost von Anhäufung von materiellen Gütern loslösen. Und das ist gar nicht schwer. Wir müssen es wollen und den zwar riesigen Widerstand etwa der Finanzindustrie überwinden. Das Ansinnen, das allgemeine Wohl anzustreben ist nicht so revolutionär, wie es vielleicht klingen mag. In Österreich haben wir sehr viel Arbeit in diese Richtung bereits erledigt. Wir haben ein Pensionsumlagesystem, das uns von der Notwendigkeit befreit, riesige Haufen von Kapital anzuhäufen. Wir haben ein gutes Krankenversicherungssystem, eine nicht-gewinnorientierte Arbeitslosenversicherung, einen noch guten Zugang zu Bildung. All das befreit uns zumindest zum Teil aus der Abhängigkeit von Finanz- und Versicherungskonzernen. Wir brauchen keine roten Teppiche für Investoren, um sie ins Land zu locken. Wir geben lieber von vornherein unser Kapital für die Kranken- und Altersversicherung nicht aus der Hand. Das wichtigste Kapital jedoch ist das Vertrauen in die anderen. Dieses Vertrauen ist unverkäuflich, nicht handelbar und muss keinerlei Rendite im üblichen Sinne abwerfen. Vertrauen wirft automatisch eine Gemeinwohlrendite ab. Eine gute Finanzpolitik ist auch eine gute Sozialpolitik.

KAPITEL 19

DAS NEUE PENSIONSSYSTEM

Privatisierung kapitalgedeckter Pensionssysteme

Ziel des neuen Pensionssystems ist es, das öffentliche Umlagesystem zu stärken und kapitalgedeckte Privatpensionsformen in die Selbstständigkeit zu entlassen und von der Kittelfalte des Staates zu befreien. Kein Cent Förderung für die Zukunftsvorsorge! Kein Cent Steuergeld für Betriebspensionen! Mit der für uns Steuerzahler attraktiven Null-Cent-Förderung der jetzigen Zukunftsvorsorge erspart sich der Staat Milliarden. Unserem zu Tode gesparten Bildungssystem kann mit einem Teil der Ersparnis auf die Beine geholfen werden. Mit dem anderen Teil kann für die zukünftigen Generationen beispielsweise günstiger Wohnraum geschaffen werden. Ein weiterer Teil wird in das Umlagesystem umgeleitet.

Die zweite Säule des Pensionssystems, die betriebliche Pension, wird von der Bevormundung durch den Staat befreit. Wer sein Vertrauen in die Finanzhaie dieser Welt investiert, soll dies auf eigene Verantwortung tun. Das ist nicht mehr Sorge des Staates und von uns allen. Statt des Prinzips der aufgeschobenen Besteuerung, wo erst bei Bezug der Zusatzpension (viel weniger) Lohnsteuer und Sozialabgaben anfallen, wird der versprochene Gehaltsanteil sofort ausbezahlt und wie jeder andere Gehaltsbestandteil steuerlich und abgabentechnisch behandelt. Das betrifft ebenso die 0,75% der Bemessungsgrundlage für Öffentlich Bedienstete. Was nun die begünstigte Person mit ihrem jetzt um 0,75% höheren Nettogehalt macht, soll ebenfalls nicht die Sorge des Staates sein. Der Gehaltsempfänger kann gerne einen Teil des Nettogehalts an sein Unternehmen oder an eine Pensionskassa zwecks Aufbewahrung zurückzahlen, um dann später eine steuerfreie Pension genießen zu können. Der Staat möge sich auch in diesem Fall nicht einmischen.

Abfertigung ganz neu

Alle Beschreibungen und Hinweise zur sogenannten Abfertigung NEU liefern ein klares Ergebnis: Die Abfertigung NEU ist eine Bevormundung der Menschen. Es wird eine Art Sparbuch mit beschränktem Zugriffsrecht durch den Eigentümer angelegt. Das Geld auf diesem Sparbuch gehört zwar dem Eigentümer, er darf aber nur dann auf sein eigenes Geld zugreifen, wenn er gekündigt wird oder in Pension geht. Die Abfertigung NEU schützt auch nicht vor Kündigung. Die Abschaffung dieser höchst eigenartigen Konstruktion ist ein Gebot der Stunde. Die bisher angesparten Gelder werden umgehend an die Eigentümer, also an uns, überwiesen. Die vom Arbeitgeber laufend zu zahlenden 1,53% des Bruttogehalts landen auf dem Konto des Dienstnehmers. Die Abgabenquote wird um 1,53 Prozentpunkte gesenkt. Je nach Steuerklasse bedeutet dies bis zu 2% Gehaltserhöhung netto. Mehr Netto vom Brutto!

Die Zustimmung zur Abschaffung der Abfertigung NEU und zur Beendigung der Förderung kapitalgedeckter Pensionen ist von einem Großteil der Bevölkerung zu erwarten. Der Dienstgeber muss keine Rückstellungen mehr machen, er hat die Gehälter vollständig ausbezahlt, er kann sich seinem eigentlichen Geschäftsfeld zuwenden. Von der Realwirtschaft ist ein klares Ja zu erwarten. Der Dienstnehmer hat statt (oft leerer) Versprechen das Geld in der Kralle. Der Steuerzahler jubelt, weil er weniger andere Steuern zahlen muss. Bleiben als mächtige Gegner die Finanzkonzerne, denen ein Milliardengeschäft entgeht. Wir sollten uns nicht so sehr Sorgen um die Finanzindustrie machen. Tosender Applaus! Feierstimmung überall. Tatsächlich können diese Maßnahmen sofort umgesetzt werden. Eine Regierung und der Nationalrat müssen es nur wollen. Der Nationalrat hat beschlossen …

Die Folgen der Privatisierung kapitalgedeckter Pensionssysteme

Das Ende der Förderung von kapitalgedeckten Pensionssystemen in Österreich, aber vor allem in der weiten Welt, wird die Welt nicht zur Gänze retten, es kann aber ein entscheidender Meilenstein hin zu einem intelligenten Wirtschafts- und Sozialsystem sein. Das kann der

Windstoß auf dem Piz Lunghin im Oberengadin sein, der den Wassertropfen vom Einzugsgebiet der Nordsee in das der Donau lenkt oder von der Donau in die Adria. Das kann einer der Flügelschläge von Schmetterlingen sein, die das zerstörerische Unwetter von Pusterwald in den Bretsteingraben lenken. Allein in Österreich geht es um mehrere zehn Milliarden Euro, die vom Derivatesumpf der Finanzindustrie in die Realwirtschaft und in die Hände von uns allen gelenkt werden, um den realen Wohlstand zu bewässern. Um diesen Betrag muss sich die Republik weniger am Finanzmarkt kapitalisieren. Der rote Teppich, der den Investoren gelegt werden muss, kann entscheidend kürzer ausfallen. Das Standortargument verliert seine Wichtigkeit. Wir befördern nicht zuerst das Kapital ins Ausland, um es dann mit Kniefall vor den Investoren wieder herein zu bitten. Der Geld- und Kapitalkreislauf ist geographisch und zeitlich viel kürzer. Das Geld kommt sofort unter die Leute und muss nicht jahrzehntelang in den sogenannten Steuerparadiesen auf Erlösung warten.

Junge Menschen können in Wohnungen leben, die ihnen gehören, statt ihrer Pensionskasse. Junge Menschen können sich auf die eigenen Häuser Solaranlagen bauen und so ihre Energierechnung langfristig verkleinern, statt zur Sicherung ihrer Pension in Erdgasleitungen und Atomkraftwerke zu investieren. Profitgier kann nicht mehr das Argument sein, dass wir mit hohen Renditen unsere Pensionen sichern müssten. Wir müssen nicht mehr den Konzernen die Daumen drücken, dass sie es schaffen, die Löhne zu kürzen, um den Profit zu steigern. Einem Kurssturz an den Börsen, so bedrohlich er auch sein mag, können wir mit etwas mehr Gelassenheit entgegensehen. Es ist nicht unsere Rücklage, deren Wert sinkt. Die Realwirtschaft kann sich darauf konzentrieren, statt den Profit zu maximieren, einfach Güter und Dienstleistungen für alle herzustellen. In der großen weiten Welt geht es tatsächlich um tausende Milliarden Euro. So wünschenswert es auch ist, gemeinsam in Europa das Gespenst steuerlich geförderter kapitalgedeckter Pensionen zu verbannen, eine Uneinigkeit darf keineswegs als Ausrede gelten, gar nichts zu tun. Österreich kann allein und im Einklang mit allen EU-Verträgen alle Förderungen einstellen. Es wird uns trotzdem nicht der Zorn des blitzeschleudernden Zeus treffen. Freilich bedarf es auch noch anderer Maßnahmen, deren Auswirkungen im Vergleich wohl weniger dramatisch sind. Der Nationalrat hat beschlossen …

Das Solidarsystem: ein demokratisch kontrolliertes Umlagesystem

Ziel des Solidarsystems ist es, das gegenwärtige Umlagesystem zu stärken, die Menschen über dieses System bestens zu informieren, das kapitalgedeckte Privatpensionssystem von jeder staatlichen Einmischung und Förderung zu befreien und eine staatlich garantierte Veranlagungsmöglichkeit für alle zu schaffen.

Der Nationalrat möge beschließen:

1. Das Umlagesystem wird gestärkt und zum Solidarsystem erweitert.
2. Mit 60 erwirbt jede Person das Recht auf eine Mindestpension in vernünftiger Höhe aus dem Solidarsystem.
   Die höchste Pension aus dem Solidarsystem ist höchstens dreimal so hoch wie die Mindestpension. Der Anstieg erfolgt linear nach der Summe der aufgewerteten Einzahlungen. Der Anstieg erfolgt so, dass den Höchstbetrag höchstens 5% der Personen erhalten. Das fördert die Neigung, die Mindestpensionen zu erhöhen.
3. Frauen und Männer werden gleichbehandelt. Das Verhältnis der an Frauen und an Männer ausbezahlten Summen ist gleich dem Verhältnis der in Pension befindlichen Frauen und Männer.
4. Die Pensionsbeiträge bleiben im Wesentlichen gleich. Je ein Drittel zahlt der Arbeitgeber, ein Drittel der Arbeitnehmer und ein Drittel der Staat aus Steuermitteln, insbesondere aus Vermögens- und Erbschaftssteuern.
   Für die Anlageerträge aus der Zukunftsvorsorge ist wie bei jeder anderen Sparform am Quartalsende eine KEST von 25% jährlich zu entrichten. Es wird mehr Steuergerechtigkeit hergestellt. Um exakt diesen Betrag müssen die Steuerzahler weniger andere Steuern zahlen.
5. Leistungszusagen und Zahlungen an Pensionskassen in Bezug auf Betriebspensionen unterliegen der sofortigen Besteuerungs- und Sozialabgabenpflicht, wie jeder andere Lohnbestandteil auch, ob er nun ausbezahlt wird oder nicht. Die zukünftige Betriebspension

ist dafür lohnsteuerfrei.

Für Anlageerträge bei Betriebspensionen ist ebenfalls eine 25%ige KEST zu entrichten.

6. Die Zahlungen des Bundes an die Bundespensionskasse für Bundesbedienstete und Landeslehrerinnen in Höhe von 0,75% der Bemessungsgrundlage kommen entweder dem Umlagesystem zugute und erhöhen die künftige staatliche Pension oder werden versteuert ausbezahlt (mehr Netto vom Brutto).

7. 1,53% des Bruttogehalts, die als „Abfertigung NEU" an Pensionskassen gehen, werden direkt abzugsfrei der Dienstnehmerin überwiesen. (Senkung der Abgabenquote, mehr Netto vom Brutto).

Aufarbeitung der Vergangenheit:

Inhaber einer privaten Zukunftsvorsorge haben die Möglichkeit, innerhalb eines Jahres den Vertrag zu kündigen und die Auszahlung inklusive der versprochenen Zinsen zu erwirken. Der Vertrag kann selbstverständlich unter den neuen Konditionen weiterlaufen. Begünstigte von Leistungszusagen oder Betriebspensionszusagen über die Pensionskassen haben ebenfalls die Möglichkeit, den Vertrag zu kündigen und sich nach Abzug von Einkommensteuer und Sozialversicherung den Nettobetrag plus die versprochenen Zinsen auszahlen zu lassen. Für nicht gekündigte Verträge sind nach einem Jahr die Einkommensteuer und Sozialversicherungsbeträge aus den Rücklagen des Unternehmens, welches die Pensionszusage getätigt hat, oder von der Pensionskassa zu entrichten. Der Rest des Geldes verbleibt bei den Unternehmen oder den Pensionskassen. Menschen, die sich für diese Variante entscheiden, werden bestens über Vor- und Nachteile dieser Variante, insbesondere über Risiken der Veranlagung, informiert. Die später auszuzahlende Betriebspension unterliegt nicht mehr der Einkommens- oder Lohnsteuerpflicht.

Das private Zusatzpensionssystem

Private Zusatzpensionen sind reine Privatsache und werden in die Unabhängigkeit entlassen. Die für eine Privatpension angesparte Summe gilt als Vermögen, wie jedes andere Vermögen auch. Der Staat und damit der Steuerzahler übernimmt keinerlei Haftung, es gibt keinerlei Förderung oder Steuerbegünstigung. Man darf davon ausgehen, dass die Personengruppe, die für diese Pensionsform in Frage kommt, hinreichend für sich selber sorgen kann, und eine Garantie des Staates und von uns Steuerzahlern überflüssig ist.

Das Solidarsystem: So einfach geht's

Manches sieht auf den ersten Blick kompliziert aus und erweist sich doch als ganz einfach. „Der Nationalrat hat beschlossen ..." und schon haben wir ein hervorragendes allen dienendes Pensionssystem, dem man vertrauen kann. Allgemeiner Jubel, Applaus von fast allen Seiten! Freilich, juridisch betrachtet müsste man es ein wenig besser ausformulieren, um Zweideutigkeiten zu vermeiden. Und so ganz neu sind die Ideen auch wieder nicht. Weise Politiker und Staatsmänner (es waren fast keine Frauen dabei) haben ein ähnliches System vor langer Zeit geschaffen, sodass uns das vorgeschlagene System nicht allzu fremd erscheinen sollte. Im Zuge neoliberaler Desinformation sind uns die Grundgedanken intelligenten Zusammenlebens und solidarischer gegenseitiger Unterstützung etwas abhandengekommen. Mit viel Werbung und guter Bildung kann man gewiss sehr rasch Vertrauen in das Solidarsystem gewinnen. Die Zustimmung fast aller Bevölkerungsgruppen ist gewiss, eventuell droht Widerstand von Seiten der Finanzindustrie.

Die Realwirtschaft profitiert auch vom Solidarsystem: Man kann argumentieren, dass sie höhere Gehälter zahlt, weil mehr Netto vom Brutto übrigbleibt. Sie zahlt die Gehälter sofort, statt Pensionszusagen verwalten zu müssen oder den Pensionskassen das Geld zu überlassen. Es ergeben sich keinerlei Mehrbelastung. Kredite und Finanzierung werden leichter zugänglich und billiger, weil der Kapitalstrom von der Spekulation und den Finanzwetten hin in die Realwirtschaft und zu den Menschen umgelenkt wird.

Mehr Netto vom Brutto für fast alle Bürger. Es entsteht ein vertrauenswürdiges Pensions- und Sparsystem, für das wir gegenseitig garantieren und das vom Staat, also von uns, beaufsichtigt wird. Dieses Pensionssystem ist weder handelbar noch irgendwie verkäuflich oder Gegenstand von Geschäftemacherei.

Das Solidarsystem ist für alle billiger.

Das Solidarsystem ist finanzierbar, wenn wir wollen. Jedenfalls finanzierbarer als alles andere.

Aus dem Titel der betrieblichen Pensionen sind höhere Steuereinnahmen im Milliardenbereich zu erwarten und/oder geringere Ausgaben. Um exakt diesen Betrag müssen die Steuerzahler weniger andere Steuern zahlen. Um exakt diesen Betrag werden die Pensionskassen, Banken und Versicherungen entlastet. Sie müssen sich nicht mehr um so viel Kapital kümmern. Es entstehen in den Banken freie Kapazitäten, die dazu genutzt werden können, zu überlegen, wie man die Menschen und die Realwirtschaft über das Solidarsystem mit Kapital versorgt, statt es im Finanzkasino versumpfen zu lassen. Mit einem Pensionsantritt mit 60 müssen nicht mehr die Arbeitslosigkeit junger Menschen und Computerkurse für Ältere finanziert werden.

Das Solidarsystem ist gerecht. Wer mehr hat, zahlt mehr ein und erhält eine höhere Pension.

Das Solidarsystem schafft Gendergerechtigkeit und beendet eine skandalöse Ungleichbehandlung von Frauen und Männern.

Es gibt keinerlei Grundlagen, dass die Arbeit von Frauen weniger wert sein sollte und dieser Bevölkerungsgruppe deshalb eine geringere Pension zustehe. Das Solidarsystem schafft Generationengerechtigkeit. Die junge Generation muss im aktuellen Pensionssystem noch immer das Umlagesystem finanzieren, erhält aber später nur noch eine geringe umlagefinanzierte Pension. Gleichzeitig sollen junge Menschen ihren eigenen Geldhaufen aufbauen. Das stellt eine nicht zu duldende Doppelbelastung dar.

Das Solidarsystem schafft Freiheit für die ältere Generation.

Ab 60 möge jede Person befreit von Erwerbszwang das tun, was sie am besten kann. Diese Generation muss nicht mehr Computerkurse absolvieren, um sich für einen Job zu qualifizieren, den sie gar nicht kann und will. Jede Person über 60 kann über Bildungs-, Kultur- und

Beziehungsarbeit viel mehr zum allgemeinen Wohl beitragen. Flexibel, wie sie dann sind, können sie gelegentlich auch einmal auf der Skihütte aushelfen und ihre Eltern öfters besuchen. Die Alten machen Platz und geben der jungen Generation die Gelegenheit, frühzeitig in den Erwerbsarbeitsprozess einzutreten, statt stumpfsinnig im Hotel Mama zu wohnen.

Allein durch die Nichtförderung von kapitalgedeckten Pensionsformen erspart sich der Staat, also wir, in Österreich viele Milliarden. Weltweit wären es tausende Milliarden, die in den realen Wirtschaftskreislauf und zu den Menschen zurückfließen könnten. Das Erpressungspotenzial und die Macht, die von so viel Kapital ausgeht, und die unsere Demokratie zu ersticken droht, werden entscheidend gemildert.

Wir müssen nicht den Finanzkonzernen trauen, sondern uns selber. Das ist bedeutend einfacher und ratsamer. Selbstvertrauen schadet nie. Wir setzen der zukünftigen Generation keine Atomkraftwerke, keinen Atommüll und keine Gaspipelines vor die Nase, sondern Kindergärten, Schulen und Universitäten. Das ermächtigt die künftige Generation, ihre eigenen Ideen umzusetzen und ein noch besseres Pensionssystem zu schaffen.

Kapitel 20

Das Solidarkonto

Mit dem Solidarkonto wird ein staatlich kontrolliertes Anspar-, Finanzierungs- und Zusatzpensionssystem geschaffen. Jeder Bürger hat ein Recht auf das Solidarkonto, ein staatliches „Sparbuch" mit garantierten inflationsbereinigten null Prozent Zinsen. Bis zu einer Höchsteinlage von vielleicht 200.000 Euro garantiert der Staat für die Einlage. Auch für Unternehmen besteht die Möglichkeit, bis zu einem vernünftigen Höchstbetrag das übriggebliebene Geld für spätere Investitionen in einem solchen Generalsparbuch zu lagern. Jeder kann jederzeit auf seine eigenen Einlagen zugreifen. Aus einem solchen Generalsparbuch wird auf der anderen Seite der Betrachtung ein Investitionsfonds, aus dem dann Kredite für Menschen und Unternehmen nach Zustimmung von weisen Menschen vergeben werden können. Man kann es auch als eine Art Staatsanleihe, eine Crowdfunding Plattform oder als Zusatzpensionssystem betrachten. Der Staat verschuldet sich bei seinen Bürgern, die Menschen gewähren sich gegenseitig unter der Aufsicht des Staates Kredite und jeder Bürger kann beschließen, sich sein Kapital finanzmathematisch als Rente auszahlen zu lassen. Dem Bedürfnis der Menschen, für die Zukunft vorsorgen zu können und einen Notgroschen auf der Seite zu haben, kann auf diese Weise mit dem geringsten Risiko entsprochen werden. Nur der Staat, also wir alle, können uns gegenseitig solche Garantien geben. Für dieses Anlage- und Kreditsystem bedarf es keiner Werbung, sondern nur der guten Information.

Abbildung 34: Gut gesichert

Kapitel 21

Versicherungen

Gemeinwohlversicherungen

Versicherungen, insbesondere Pflichtversicherungen, sind ein klassischer Fall einer Aufgabe einer Gruppe, einer Gemeinschaft oder meinetwegen eines Staates, der sich zur Zivilisation zählen will. Hier versagen der Markt und die Wettbewerbsfähigkeit. Das Wort „Pflicht" nimmt den Teilnehmerinnen die Freiheit. Eine Versicherung ist schon seit Jahrtausenden eine Vereinbarung vieler Menschen. Wenn dein Haus brennt, zahle ich und es zahlen die anderen Versicherten mit. Wenn mein Haus brennt, zahlst du und es zahlen die anderen Versicherten mit. Am Schluss muss null herauskommen. Da bleibt für Riesengewinne, für Boni, für hohe Gehälter, für Kursgewinne und Dividenden kein Platz. All das erhöht unnötig die Kosten und damit die Prämie der Versicherungsteilnehmer zu deren Schaden. Jede Versicherung muss eine bestimmte Minimalgröße haben. Zwei Personen können sich nicht gut gegenseitig feuerversichern. Ab einer bestimmten Größe spielt es aber keine Rolle mehr, ob noch mehr Menschen sich versichern lassen. Eine Zusammenlegung etwa der Sozialversicherungen bringt keine Effizienzsteigerung, sondern höchstens mehr zentrale Macht und eine komplexere Verwaltung. Um statistische Schwankungen von Schadensfällen abzufangen, braucht es eine gewisse Rückstellung. Das kann der Staat viel besser und praktiziert es ständig. In praktisch allen katastrophalen Schadensfällen muss immer der Staat einspringen. Staaten sind die größten Rückversicherer. Denken Sie an die AKW-Desaster, die Ölkatastrophen, die Hurricane-Schäden, an verheerende Hochwässer. Der Staat, also wir, müssen zahlen. Das Einzige, was einem halbwegs freien Markt überlassen werden könnte, ist die Abwicklung von Schadensfällen, das Eintreiben von Prämien und die Vermeidung von Versicherungsbetrug. Diese Tätigkeiten kann man unter die Rubrik „Verwaltung" einordnen.

Eine gute Versicherung zum Wohle aller ist jene, die Schaden nach Möglichkeit vermeiden hilft, Versicherungsbetrug verhindert, den tatsächlichen Schaden umgehend rückerstattet, freundlich die Schadensfälle abwickelt und am Schluss genau null Gewinn macht. Das steht in krassem Gegensatz zu den privaten Versicherungen. Die beste Versicherung im neoliberalen Sinne ist jene, die alljährlich ihre Milliardengewinne macht und ihren Bossen und Eigentümern Millionen in die eigenen Taschen spült. Freilich, diese Milliardengewinne gehen auf Kosten der Versicherten und damit auf Kosten von uns allen. Wollen wir das wirklich?

Wenn Sie ein Fan von gewinnorientierten, privaten Versicherungen sind und eine optimistische und eher weltfremde Sicht haben, empfehle ich Ihnen einen Spaziergang durch das Londoner Finanzzentrum Canary Wharf, einen Besuch der Wallstreet oder des Frankfurter Finanzzentrums: Voll Stolz können Sie Ihren Kindern erklären, dass Sie das alles durch Ihre Versicherungsprämien erfolgreich mitfinanziert haben. Sie können auf die vielen Meldungen von Milliardengewinnen von Versicherungskonzernen stolz sein: Das war ich, oder zumindest zum Teil. Wenn Ihre Lieblingssendung im Fernsehen gerade wieder einmal unterbrochen wird durch Versicherungsreklame: Daumen hoch! Sie haben es ungefragt mitfinanziert. Ich frage noch einmal: Wollen Sie das wirklich? In Österreich wird zurzeit heftig debattiert, wie man die Kosten für die Pflege in den Griff bekommen könne. Was immer man macht, die Pflege kostet so viel, wie sie eben kostet, egal ob wir die Pflege über die Steuer finanzieren, über eine staatliche Versicherung, über die Bundesländer, über die Gemeinden oder gar über eine gewinnorientierte Versicherung. Es ist, was es ist und es kostet, was es kostet. Wenn man das Versichern den gewinnorientierten Versicherungskonzernen überlässt, dann kostet es eben mehr. Wir müssen dann eben auch noch die Kosten für die teure Werbung, für die Beratung, für die Boni der Manager, für Millionengehälter der Versicherungsbosse und für die Dividenden der Eigentümer und für die Glaspaläste der Versicherungen zahlen. Das sollten wir uns ersparen. Das sind viele Milliarden, die wir besser in den Bau von Universitäten, Schulen und Infrastruktur investieren und die wir für eine bessere Bezahlung und eine bessere Ausstattung von Pflegeeinrichtungen ausgeben.

Konkret bedeutet dies, dass jede Pflichtversicherung staatlich oder gemeinwohlorientiert sein sollte. Zwecks Motivation für bestehende Versicherungsunternehmen, sich dem Gemeinwohl zu verpflichten, möge der Gewinn einer Versicherung einer 99,9 prozentigen Gewinnsteuer unterzogen und hohe Gehälter auf ein vernünftiges Maß reduziert werden. Jene Mitarbeiterinnen, die die Versicherung organisieren und das Unternehmen vor Versicherungsbetrug bewahren, mögen einen respektablen Lohn erhalten. Werbung ist nicht nötig, Beratung wenig, wenn es klare Versicherungsbedingungen gibt. Eine Versicherung muss weder handelbar sein und schon gar nicht verkäuflich. Eine Versicherung ist eine Art Rütli-Schwur: Wir helfen uns gegenseitig.

„Der Nationalrat hat beschlossen …!" So einfach ist das. Einer Drohung, dass dann alle Versicherungen in das Londoner Finanzzentrum auswandern, können wir gelassen entgegensehen. Es finden sich genügend Menschen für einen Rütli-Schwur und für die Organisation einer Versicherung, die dem Gemeinwohl verpflichtet ist. Das hätte ich schon gleich vergessen! So einfach ist alles zusammen doch wieder nicht. Sehr mächtige Versicherungsbosse und eine Milliardenlobby wehren sich vehement.

Sparpotenziale bei Versicherungen

Bei einer korrekten Schadensbehandlung ist das Einsparpotenzial bei der Schadensauszahlung gleich null. Was es wiegt, das hats! Bei wirklich allen Versicherungen ist dieser Teil an Kosten der bei weitem größte. Bleibt also ein Sparpotenzial bei der Abwicklung. Betrachten wir einmal die ideologisch unverdächtige Kfz-Haftpflichtversicherung. Jeder Schaden muss inspiziert werden. Das kostet Zeit und Geld. Möglicherweise müssen kritische Schadensfälle mit Hilfe von Anwälten und Gerichten abgeklärt werden. Das kostet erst recht Zeit und Geld. Eine Versicherungsangestellte kann x durchschnittliche Schadensfälle pro Monat abwickeln. Sie braucht ein Büro, wo sie ihre Arbeit verrichten kann. Die Benützung eines Büros kostet Geld, das wird sich nicht vermeiden lassen. Durch die Zusammenlegung aller Kfz-Haftpflichtversicherungen kann eine Versicherungsangestellte wieder nur x Fälle pro Monat in dem gleichen Büro bearbeiten. Das Einsparungs-potenzial konvergiert gegen null. Bleiben die Streitfälle, die über An-wälte und Gerichte abgewickelt werden. Alles zusammen summieren sich diese Posten zu unvermeidlichen Verwaltungskosten.

Oder denken Sie an die Krankenkassen. Ein Patient beantragt nach einem Unfall einen speziellen Rollstuhl. Eine Angestellte der steiri-schen Gebietskrankenkasse untersucht den Fall und entscheidet, ob er genehmigt wird oder nicht. Nach Zusammenlegung aller Gebiets-krankenkassen zur österreichischen Gesundheitskasse (ÖGK) ent-scheidet dieselbe Person, jetzt Angestellte der ÖGK, ob der Rollstuhl genehmigt werden soll und braucht für diese Entscheidung exakt gleich lang in einem Büro, das Geld kostet oder auswärts, was erst recht Geld kostet. Mit der Zusammenlegung der österreichischen Ge-bietskrankenkassen veranstaltete die türkis/blaue Regierung ein pom-pöses Alibitheater, das viel Staub aufgewirbelt und nichts gebracht hat. Aber auch Staub aufwirbeln kostet. Sollte eine Zusammenlegung der Sozialversicherungen tatsächlich Milliarden an Kosten ersparen, wie suggeriert wird, dann muss man wohl mit denselben Argumenten alle Kfz-Haftpflichtversicherungen, alle Feuerversicherungen und alle möglichen Versicherungen zu einer einzigen Generalversiche-rung zusammenlegen.

Krankenversicherung

Krankenversicherungen verdeutlichen am allerbesten, dass staatliche Systeme den gewinnorientierten haushoch überlegen sind.

▷ Staatliche Krankenversicherungen brauchen keine teuren und ris-kant zu veranlagenden Rücklagen. Der Staat gleicht über Steuern aus.

▷ Staatliche Gesundheitssysteme brauchen keinerlei teure Reklame. Die Menschen ersparen sich Milliarden und werden nicht ständig von Werbung verfolgt.

▷ Staatliche Gesundheitssysteme brauchen keine teuren Versiche-rungsberater, die ins Haus kommen oder in den teuren Glaspalästen residieren.

▶ Staatliche Krankenversicherungen brauchen keine Glaspaläste, die auf Kosten der Versicherungsnehmer in Finanzzentren errichtet werden.

▶ Staatliche Versicherungen brauchen keine Manager, die Millionen an Gehältern und Boni kassieren. Die Menschen ersparen sich wiederum Milliarden.

▶ Staatliche Versicherungen brauchen keine sündteuren Anwaltsbüros. Menschen können ohne juridische Beratung zum Arzt gehen. Wieder winken Milliarden an Einsparungen gegenüber privaten Versicherungen.

Ich glaube, wir können jetzt einen Strich machen. Tausende Milliarden weltweit kann man einsparen durch ein intelligentes staatliches Gesundheitssystem und eine staatliche Krankenversicherung. Der Staat kann in der Tat wirtschaften. Nicht umsonst hat Barack Obama mit den Demokraten in den USA verzweifelt versucht, ein intelligenteres staatliches Gesundheitssystem gegen den erbitterten Widerstand der Republikaner und der privaten Versicherungskonzerne einzuführen.

Rechnen wir einmal ganz konkret nach. Österreich gibt für das Gesundheitssystem circa 11% der Wirtschaftsleistung aus. Die USA benötigen mehr als 16% für ein viel schlechteres System. Und trotzdem sind Millionen (arme) Menschen nicht einmal versichert. Würden die USA ebenfalls nur 11% des BIP für Gesundheit ausgeben, könnten sie sich jährlich mehr als tausend Milliarden ersparen. Diese Einsparungen würden allerdings auf Kosten der Versicherungs- und Finanzkonzerne gehen. Man kann den Widerstand von dieser Seite durchaus verstehen. Da macht sich auch teures Lobbying bezahlt.

Was kann man daraus für Österreich lernen? Ein staatlich finanziertes Gesundheitssystem ist jedem gewinnorientierten System haushoch überlegen. Das Krankjammern des Gesundheitssystems kommt von Seiten der Finanz- und Versicherungsindustrie und wird von neoliberalen Parteien und Lobbyisten massiv betrieben. Empörung und eine völlig irreale Erwartungshaltung in nicht mögliche Einsparungen werden geschürt. Milliarden könnten eingespart werden durch eine bessere Verwaltung, sagt man. Die österreichischen Krankenkassen geben 1,78% für Verwaltung aus, der Rest wird für Gesundheitsleistungen ausgegeben. Das Einsparungspotenzial ist sehr überschaubar. Einschränkungen der Leistungen gehen auf Kosten der Bürger. Gesundheit kostet. Die Vision des neuen Gesundheitssystems beschränkt sich darauf, das alte zu belassen und die Kompetenzstreitigkeiten zwischen Bund, Land und Krankenversicherung zu lösen. Meiner Tante Mizzi ist es herzlich egal, wer ihren Rollator finanziert.

Pflegeversicherung

Ähnlich wie die Pension ist auch die Pflege großen Begehrlichkeiten der Versicherungs- und Finanzindustrie ausgesetzt. Ähnlich wie bei der Pension kostet auch die Pflege, was sie eben kostet, egal, ob die Kosten über kapitalgedeckte Versicherungen bezahlt werden oder über eine solidarische. Bei einer solidarischen Versicherung ersparen wir uns das Anhäufen von Kapital, all die Werbung, die Boni und Glaspaläste. Ähnlich wie bei der Pension soll auch die Pflege über Arbeitgeberbeiträge, über Arbeitnehmerbeiträge, über ganz gewöhnliche Steuern und über progressive Vermögenssteuern finanziert werden, insbesondere über progressive Erbschaftssteuern. Das wär's.

Kapitel 22

Finanzwirtschaft

Kapital in die Hände von Menschen

Es geht ums Geld. Es geht um Kapital, um Samenerdäpfel, es geht um
Vertrauen, es geht um den Handel von Geld und Kapital, um die Ver-
mittlung zwischen denen, die diese Dinge haben und jenen, die sie
brauchen. Es geht um die Aufbewahrung und um die Anhäufung von
Geld, Kapital, Samenerdäpfel und Vertrauen. Wie Sie sicher wissen,
macht es keinen Sinn, Samenerdäpfel jahrelang zu lagern und anzuhäufen. Samenerdäpfel muss man rasch in einen gut vorbereiteten
Acker legen, damit man reiche Ernte einfahren kann. Es geht um sinnlosen frivolen Handel in Nanosekundenschnelle. Es geht um Wetten
im Finanzkasino im Ausmaß von tausenden Milliarden. Es geht um
eine unglaubliche Anhäufung von Pseudoarbeit. Es geht um Macht.
Um sehr viel Macht! Viele meinen, dass die Finanzindustrie die eigentliche Macht über die Realwirtschaft, über die Staaten und über uns
alle innehat. Das soll sehr ungesund sein, ja sogar eine echte Katastrophe für die Menschheit darstellen.

Welche Vision hat die kooperative Politik in Bezug auf die Finanzwirtschaft und wie kann man diese Vision umsetzen? „Der Nationalrat hat beschlossen …? Wir werden uns etwas gedulden müssen.
Nicht alles geht auf einmal. Bei Versicherungen und Pensionen, einem Teil der Finanzwirtschaft, kann ein Staat relativ unabhängig agieren. In der Finanzwirtschaft im Allgemeinen ist die Ausgangslage wesentlich komplexer und international verwobener. Man hat es mit vielen mächtigen Gegnern zu tun, die von Kooperation wenig halten.
Das soll uns nicht abhalten, eine Vision für die zukünftig kooperative
Finanzpolitik zu entwickeln.

Wir alle einzeln und wir alle in organisierter demokratischer
Form, also der Staat, sollten in einem kooperativen Staat die Verant-
wortung und Kontrolle des Geldes, des Kapitals, des Vertrauens in die
Hand nehmen. Nicht die Kapitalisten haben all das Kapital, nicht der
Staat, der alles besser weiß, sondern wir Menschen einzeln und in gut

organisierter Form haben genügend Kapital. Der Häuslbauer hat genügend Kapital, um sein Haus zu bauen, der Bauer, um seinen Traktor zu kaufen und meine Tante Mizzi hat eine hinreichend hohe Pension, damit sie sich auch manchmal ein Schnitzerl leisten kann. Menschen aller Länder vereinigt euch! Auf zum inversen Klassenkampf, der den klassischen Klassenkampf rückgängig macht. Nicht Menschen kämpfen gegen Menschen, sondern wir Menschen kämpfen für genügend Kapital in den eigenen Händen. Und dem Kapital ist das ziemlich egal. Ganz einfach wird das nicht sein. Probieren zahlt sich aus. Reichlicher Lohn winkt für uns alle.

Ziel einer Finanzpolitik, die uns allen dient und nicht nur wenigen, muss es sein, die irrwitzige Irrfahrt des Kapitals im Derivatekasino zu bremsen, Spekulation einzudämmen und die unglaubliche Menge an Kapital von der Finanzindustrie in die Realwirtschaft und in die Hände von uns allen zu lenken. Viele der Maßnahmen sind schon längst von vielen Menschen gefordert worden.

Scheinwerfer und Kameras auf die großen Geldströme! Das Bankgeheimnis schützt die großen Geldströme, nicht aber Menschen. Kameras weg von Menschen! Und wenn Tante Mizzi ihrem Enkerl einen Fünfer in die Hand drückt, ist das wirklich nicht so wichtig, aber die reißenden Ströme müssen unter Beobachtung stehen.

Sofortige Einführung der Finanztransaktionssteuer auf wirklich alle Transaktionen. Diese Steuer macht Hochgeschwindigkeitshandel sinnlos. Die Finanztransaktionssteuer kann teilweise die Mehrwertsteuer ersetzen und hat auch eine erwünschte Nebenwirkung. Regionale Produkte werden billiger im Vergleich zu Produkten, die handelstechnische Weltreisen hinter sich haben. Da eine Finanztransaktionssteuer praktisch keinerlei Auswirkung auf die Realwirtschaft hat, kann ein Land unabhängig von anderen Ländern eine solche Steuer einführen. Freilich, eine Sanierung des Budgets darf man sich nicht erwarten. Eine Finanztransaktionssteuer dämmt unerwünschte Spekulation und Derivatehandel ein und die Einnahmen sinken. Aber das ist ja gerade der Sinn der Sache. Wenn ein Staat Kriminalität eindämmen will und dabei erfolgreich ist, dann wird die Kriminalität weniger und wandert ins Ausland ab.

Progressive Besteuerung von lagerndem Kapital und Vermögen. Wer hat, der darf einen höheren Beitrag zum Gemeinwohl leisten und auf diesen Beitrag stolz sein. Diese Steuer kann zum Teil die Steuer auf Arbeit ersetzen. Nicht der viel schwerer zu berechnende Kapitalertrag soll wird besteuert, sondern das Kapital. Kapital, das gerade zur Errichtung von Werkshallen und anderen dem Gemeinwohl dienenden Einrichtungen benützt wird, ist von dieser Steuer ausgenommen. Das motiviert, das Kapital in die Realwirtshaft und in unsere Hände umzulenken. Progressive Kapitalsteuern dämmen die Motivation für Spekulation wirksam ein. Unsere Arbeit möge reichlich entlohnt werden. Für das Kapital reicht eine Rendite von null Prozent. Eine Rendite um oder unter null kann das Kapital ermutigen, mehr unter die Leute zu kommen. Sogar die OECD fordert für Österreich eine Anpassung der Grundsteuer an den Durchschnitt. Eine progressive Ausführung der Grundsteuererhöhung führt sicher nicht zum Auswandern von Grundstücken und Immobilien.

Rigorose Eindämmung des Hochgeschwindigkeitshandels mit Kapital, Währung und Geld. Für viele Finanzprodukte reicht es völlig aus, den Preis nur selten im Jahr neu festzusetzen, es reicht auch, die „Produkte" nur an wenigen Tagen im Jahr zu handeln. Aktien etwa müssen verkäuflich sein, damit man das eingesetzte Kapital zu Geld machen und damit eine schöne Reise buchen kann, aber das muss nicht von einer Nanosekunde auf die andere sein. Ein Wechselkurs muss nicht jeden Tag neu festgesetzt werden, es reicht halbjährlich. Das hilft den Exporteuren und den Importeuren. Sie sparen Milliarden an Versicherungskosten gegen schwankende Wechselkurse und macht ihre Produkte billiger für uns. Ein Verbot von schnellem Handel und die Transaktionssteuern können einen wertvollen Beitrag zur Eindämmung von Spekulation leisten.

Für viele der Maßnahmen ist es gewiss viel günstiger, sie zusammen mit Partnern in der EU umzusetzen, aber eine Nichteinigung darf kein Alibi sein, gar nichts zu tun. Eine Finanztransaktionssteuer kann jedes Land für sich einführen. Eine neue Kapitalflucht ins Ausland ist wegen einer Kapitalsteuer nicht zu erwarten. Ja, es wäre sogar wünschenswert, wenn Kapital auch nach Rumänien, nach Usbekistan oder nach Mali fließt. Ob aber Kapital in Derivaten der Bank Austria steckt oder in Panama versumpft, macht keinen allzu großen Unterschied. Und die Republik Österreich vergibt Banklizenzen und kann ein Derivateverbot an Lizenzen knüpfen.

Allgemeiner großer Jubel. Wir sind gerettet, haben mehr Geld im Tascherl und sind gegen eine weitere Finanzkrise abgesichert! Oder zumindest ein bisschen besser.

Spielen, Wetten

Tausende Milliarden Euro lagern weltweit in Finanzwetten. Dieses Kapital wird dadurch uns Menschen, der Realwirtschaft und den Staaten entzogen. Durch Finanzwetten, also Derivate aller Art entsteht genau nichts, ein spekulatives Nichts. Swaps, Futures, Hebeln und wie all das Zeugs heißt, bringen ausschließlich dem Anbieter Gewinne und dem Anleger einen sicheren Verlust, bestenfalls sind sie eine Art Versicherung. Ein sofortiges Verbot von Derivaten für Banken, eine hohe Besteuerung oder die Finanztransaktionssteuer kann all das Kapital wieder zurück in die Realwirtschaft lenken. Das kann auch die Republik Österreich im Alleingang machen. Freilich, ein gemeinsames Vorgehen ist zweifellos anzustreben. Sportwetten oder von Glücksspielkonzernen angebotene Spiele sind legalisierter Betrug. Der Gewinner ist stets und mit praktisch hundertprozentiger Wahrscheinlichkeit der anbietende Konzern. Die Gewinn-Versprechen sind statistische Lügen. Sie suggerieren Gewinne, die es statistisch bei Wetten gar nicht gibt. Werbung für Wetten und Glücksspiele muss dringendst aus Konsumentenschutzgründen verboten, Wetteinsatz mit mindestens 20% des Einsatzes besteuert werden. Für all jene Personen über 18, die sich eine spannende Unterhaltung über Wetten und Glücksspiel kaufen wollen, soll es eine personenbezogene „Spielkarte" mit monatlich sehr kleinem Maximaleinsatz geben. Alle Wetten und alle Spiele, ob im Kasino, im Internet oder beim Automaten des Wirten laufen über diese Karte. Dadurch werden die Spielmonopole überflüssig, der Wirt kann einen Automaten aufstellen und der Pokerrunde legal ein Hinterzimmer zur Verfügung stellen. Im Sinne des Konsumentenschutzes informiert jeder Spielautomat, jeder Croupier im Kasino alle drei Minuten eine Minute lang, dass der Spieler der sichere Verlierer ist. Beim Kauf eines Glücksloses muss der Käufer dreimal nach 10-minütiger Lesezeit unterschreiben, dass er sich einverstanden erklärt, sein Geld nie wieder zu sehen.

KAPITEL 23

MIT STEUERN STEUERN

Steuern als Beitrag für das Gemeinwohl

Keine Gesellschaft kommt ohne Steuern aus. Das war schon immer so und wird immer so sein. Steuern sind ein wertvoller Beitrag, den alle entsprechend ihren Möglichkeiten leisten und auf den jeder stolz sein kann. Steuern sind keine Strafe. Da würde ja mit der Lohnsteuer das Arbeiten bestraft werden. Steuern sind keine Enteignung, bei Enteignung geht es um Besitzwechsel, oft im Grundbuch vermerkt. Oder aber alle Steuern sind Enteignung, auch die Mehrwertsteuer auf die Leberkässemmel. Der Neoliberalismus hat mit den Wortwaffen „Strafe" und „Enteignung" im Zusammenhang mit Steuern den Begriff „Steuer" gewaltig in Verruf gebracht. In einer kooperativen Gesellschaft wird man viel Werbung, hervorragendes Marketing und viel Überzeugungsarbeit benötigen, um das Wort „Steuern" positiv zu besetzen. Über die persönlich geleistete Steuer ist man üblicherweise geteilter Meinung. Ich zum Beispiel zahle eindeutig zu viel Steuern und die anderen zu wenig. An diesem verräterischen Satz können Sie genau beobachten, dass auch bei mir das Marketing noch nicht ganz gegriffen hat. Der Stolz auf meinen Beitrag für das Gemeinwohl ist noch schamhaft im Verborgenen.

Der kooperative Staat ist verpflichtet, sorgsam mit den eingehobenen Steuern umzugehen, jederzeit Rechenschaft über die Verwendung abzulegen und Ein- und Ausgaben offen zu legen, d. h., transparent zu halten. Er bessert alle Schlaglöcher aus, baut Schulen, Kindergärten und Universitäten und bezahlt die Kindergärtnerinnen, Lehrerinnen und Ärztinnen gut. Aus all diesen Verpflichtungen ergibt sich eine bestimmte Gesamthöhe an Steuern, die man nicht messen und nicht vorhersagen kann, die man aber mit einer gewissen Fehlertoleranz ansteuern soll. Aus dieser relativ fixen, aber nicht genau bekannten Gesamthöhe lässt sich messerscharf schließen, dass das Zahlen von Steuern ein reines Nullsummenspiel und eine perfekte Umverteilungsmaschinerie ist. Was der eine an Steuern nicht bezahlt, muss eben die andere zahlen. Was nicht an Erbschaftssteuer eingefordert wird, muss über eine höhere Lohnsteuer eingehoben werden. Was der Superreiche nicht zahlt, muss Tante Mizzi zahlen. Was Google, Microsoft und AirBnB nicht zahlen, zahlt der Wirt von nebenan.

Ein neidfreies Steuersystem

Wer mehr hat, zahlt mehr. Wer mehr hat, dem bleibt auch mehr, der möge auch ein wenig besser leben. In einem neidfreien Steuersystem trachtet man nicht danach, dass es anderen schlechter gehe, sondern dass es allen gut gehen und jeder seinen gerechten Beitrag zum Wohle aller leisten möge. Wer mehr Talente auf seinem Lebensweg mitbekommen hat und glaubt, tüchtiger zu sein, darf sich freuen und stolz darauf sein, mehr zum Gemeinwohl beitragen zu dürfen. Das muss freilich von uns allen, also dem Staat gut organisiert und keineswegs freiwillig sein, damit nicht jene, die viel Steuer zahlen, zu dummen Gutmenschen werden, die sich ausnützen lassen, während etwa andere mit Hilfe von zahlreichen Anwälten das frivole Spiel der Steuervermeidung spielen und den anderen den Stinkefinger zeigen.

Progressive, also fortschrittliche Steuern jeder Art, Lenkungssteuern, Lenkungsmaut und Lenkungszölle sind wertvolle Eckpfeiler eines neidfreien Steuersystems. Diese Besteuerungsarten fördern ein kooperatives und friedliches Zusammenleben und wirken effektiv dem Matthäus-Effekt entgegen:

▷ Wer hat, gibt, wer nicht hat, erhält dankend.

▷ Wer noch mehr hat, gibt noch mehr. Wer mehr hat, dem bleibt auch nach der Zahlung von Steuern mehr. Er ist in der Lage, ein besseres Leben zu führen.

Progressive Steuern

Wie jede Steuer haben progressive Steuern einen Umverteilungs-effekt. In diesem Fall von oben nach unten. Sie setzen den inversen Matthäus-Effekt um. Man nimmt nicht dort weg, wo nichts ist und wirft Güter nicht dorthin, wo schon ein großer Haufen ist, sondern genau verkehrt herum. Das wirkt ausgleichend und entspannend und es ist gerecht. Nicht so reiche Leute dürfen sich freuen. Es bleibt ihnen ein bisserl mehr im Sackerl. Progressive Steuern sind charakterisiert durch einen steuerfreien Sockelbetrag und einen Steuersatz, der mit der Höhe des zu versteuernden Betrages steigt. Progressive Steuern, also fortschrittliche Steuern, stehen in krassem Gegensatz zu der vom Neoliberalismus geforderten sogenannten „Flat Tax", die den Matt-häus-Effekt verstärkt.

Progressive Lohn- und Einkommenssteuern

In Österreich gibt es eine progressive Lohn- und Einkommenssteuer, allerdings mit sehr hohem Anpassungsbedarf. In einer solidarischen Gesellschaft sind hohe Einkommen mit einem viel höheren Steuer-satz von bis zu 90% zu versteuern. Mit Hilfe eines gar nicht so kompli-zierten Steuertarifs kann die Nettogehaltskurve an eine Sättigungs-funktion angenähert werden. Etwa 300.000 Euro netto sind genug, mehr gibt es nicht, so viel kann ein einzelner Mensch gar nicht verdie-nen. Sättigungsfunktionen gehorchen auch dem Prinzip: Für mehr Brutto gibt es mehr Netto. Sie erinnern auch an ein „Es ist genug!" oder an ein wohliges „Ich bin satt!" und „Das reicht!" Um das System noch einfacher zu machen und der Umverteilung von unten nach oben entgegenzuwirken, gibt es keine Frei- und Absetzbeträge. Diver-se Förderungen für Familien, für das Wohnen und wofür auch immer werden viel gerechter über direkte Zuwendungen und Transferleistun-gen erreicht, also über eine höhere Familienbeihilfe oder eine Mietbei-hilfe, nicht aber über Frei- und Absetzbeträge. Das ist Sache des politi-schen Willens und der Mathematik. Ob auf dem Lohnzettel eine hohe Steuer und hohe Zuwendungen etwa für Familien vermerkt sind oder eine niedrige Steuer und eine niedrige Zuwendung, wirkt sich nur auf die nichtssagende Steuerquote und die Statistik aus, nicht aber auf das, was letztlich im Sackerl von uns Menschen und in der Staatskasse ist. Auch das 13. und 14. Monatsgehalt ist normaler Gehaltsbestandteil. Die Nichtbesteuerung dieses Gehaltsbestandteils begünstigt ebenfalls hohe Einkommen. Mit Hilfe des Steuertarifs und ein wenig Mathematik kann man leicht auch ohne Sonderbehandlung des 13. und 14. Monatsgehalts einen vernünftigen Ausgleich schaffen und niedrige Einkommen niedrig besteuern und hohe Einkommen hoch.

Progressive Grund- und Immobiliensteuern

Die Grund- und Immobilienpreise steigen weltweit in Ballungszentren auf Rekordhöhe. Einer der Gründe ist skrupellose Spekulation, ein anderer Grund ist die missbräuchliche Verwendung von Grundstücken und Immobilien als Anlagegüter. Anlageberater raten zum Kauf von Immobilien. Wohnungsnot und eine Immobilienblase, die jene aus dem Jahr 2008 bei weitem übersteigen wird, sind die unausweichliche Folge. Auch diese Blase wird platzen, nur weiß niemand, wann und wo. Es ist höchste Zeit, diesem Treiben entgegenzuwirken. Der bei weitem nicht freie Wohnungsmarkt hat kläglich versagt. Das Menschenrecht auf Wohnen darf man nicht der Profitgier von Finanzkonzernen überlassen. Wir alle, also der Staat und wir haben die verdammte Pflicht, Verantwortung zu übernehmen.

Mit einer massiven Erhöhung der in Österreich viel zu niedrigen Grundsteuer kann wirkungsvoll einer Immobilienblase entgegengesteuert werden. Eine progressive Gestaltung der Grundsteuer hat den Charme, dass etwa meine Tante Mizzi mit ihrer Zimmer-Küche-Kabinett-Wohnung nicht von dieser Steuer betroffen ist, Grundstücks- und Häusersammler sehr wohl. Wer immer über viel Kapital verfügt, um den Menschen ganze Täler, riesige Waldflächen, Grundstücke, Häuser und Wohnungen vor der Nase weg zu kaufen oder darauf zu sitzen, wird eine jährliche Steuer von 5% des Verkehrswertes locker wegstecken und darf sich rühmen, auf diese Weise zum Gemeinwohl beizutragen. Jeder Quadratzentimeter Grund ist in Österreich grundbücherlich erfasst. Wenn man sich ein wenig bemüht, kann man also leicht leerstehende Wohnungen und Immobilien erfassen. Auf Leerstand ist der Höchststeuersatz anzuwenden. Das ermutigt die Besitzer solcher Immobilien, diese zu vermieten, zu renovieren oder neue Wohnungen für uns Menschen zu errichten. Das ermutigt alle, weniger Fläche von unserem schönen Land zu verbauen. Vermietete Wohnungen, in denen jemand mit Hauptwohnsitz wohnt, unterliegen einem niedrigeren Steuersatz. Betroffen von der Steuer sind natürliche und juridische Personen, insbesondere Pensions- und Immobilienfonds und dergleichen. Grundsteuerflucht ist nicht zu erwarten. Niemand packt sein Penthouse und flüchtet damit bei Nacht und Nebel vom Brandnertal in Vorarlberg nach Liechtenstein.

Was der Staat an Immobiliensteuer einhebt muss er nicht über andere Steuerarten einheben. Jeder Cent Immobiliensteuer kann etwa zum Bau von Wohnungen verwendet werden oder zur Senkung der Lohnsteuer auf niedrige Einkommen beitragen, sodass die Kaufkraft steigt. Progressive Grundsteuern begünstigen auch privates Wohnungseigentum. Wer immer die Wohnung oder das Haus besitzt, in dem er wohnt, zahlt keine erhöhte Grundsteuer und hat gleichzeitig eine perfekte Pensionsvorsorge. Für institutionelle Anleger soll es keinesfalls profitabel sein, Immobilien zu horten. Ein besonders finanzstarker Kreis von Interessenten für den Kauf von Immobilien fällt mit einer hohen Grundsteuer weg. Ich würde mich sehr wundern, wenn die Preise weiter steigen würden. Wenn aber die Preise gegen jede Vernunft trotzdem weiter steigen, erhöht das wiederum das Steueraufkommen. Mieten kann man durch rigorose Mietobergrenzen am Steigen hindern. Der Staat, die Städte, das Land und die Gemeinden sollen ihrer Verantwortung nachkommen, leistbare Wohnungen für alle zu errichten. Das kann die Mietpreise weiter unter Druck bringen. Die Stadt Wien etwa hat durch ihren Gemeindebau schon vor Jahrzehnten in vorbildlicher Weise dafür gesorgt, dass in Wien noch immer Wohnen relativ günstig ist. Der Verkauf der BUWOG-Wohnungen der Regierung Schüssel an private Anleger statt an die Bewohner ist noch immer ein beispielloser Skandal, der uns alle massiv Schaden zugefügt hat.

Progressive Vermögenssteuern

Statt Arbeit zu besteuern ist es wesentlich sinnvoller, Vermögen jeglicher Art progressiv zu besteuern. Dem Vermögen macht das gar nichts aus, den arbeitenden Menschen, die dann weniger Lohsteuer zahlen müssen, sehr wohl. Die Wirkung ist durchaus vergleichbar mit der Wirkung von Grund- und Immobiliensteuern. Aber leider gibt es kein „Grundbuch" für allgemeine Vermögenswerte. Transparente nationale und internationale Kapitalflüsse und hohe Strafen bei Falschangaben können die Besitzer von Vermögenswerten ermutigen, ihre Vermögenswerte klar zu deklarieren und brav Steuern zu zahlen und darauf auch stolz zu sein. Anders als bei Grund- und Immobiliensteuer wird es freilich ohne internationale gute Zusammenarbeit nicht gehen. Da auch andere Staaten aus dem letzten Finanzloch pfeifen, kann man bei gutem Willen befreundete Länder zu einer gemeinsamen Vorgehensweise zum Vorteil aller überreden. Gemeinsames solidarisches Handeln kann erfolgreich Steuerflucht und einen tödlichen Steuerwettbewerb eindämmen. Und wieder steigt die allgemeine Kaufkraft, da weniger Verbrauchssteuern eingehoben werden müssen. Das Einkaufen wird billiger.

Progressive Erbschaftssteuern

Für progressive Erbschaftssteuern gilt Ähnliches wie für Vermögenssteuern. In nächster Zeit werden sehr viele Güter vererbt werden. Das sagen uns wissende Menschen. Erben, die leistungsfrei und sozusagen in der sozialen Hängematte liegend, noch in die Hose donnernd zu hohem Vermögen gekommen sind, muss man dringendst auffordern, einen Teil des Erbes der Allgemeinheit zur Verfügung zu stellen. Durch einen ausreichend hohen Freibetrag kann erreicht werden, dass nur die 5% Reichsten des Landes in Form einer Erbschaftssteuer zum Gemeinwohl beitragen dürfen. Aus der Statistik weiß man aber, dass damit weit mehr als die Hälfte des vererbten Wertes erbschaftssteuerpflichtig wäre. Erbschaftssteuern treffen nicht gerade die Ärmsten. Wer viel hat soll auch mehr geben. Andererseits kann Tante Mizzi erbschaftssteuerfrei ihre Zimmer-Küche-Kabinett-Wohnung vererben und niemand muss die gerade reifen Früchte auf ihrem Kirschbaum zählen, um die Höhe ihrer Erbschaftssteuer zu erheben.

Lenkungssteuern

Lenkungssteuern sind unverzichtbarer Bestandteil eines neidfreien Steuersystems. Steuern sind prinzipiell keine Strafe. Im Speziellen ermutigen Lenkungssteuern den möglichen Zahler, sein Verhalten in eine erwünschte Richtung abzuändern. Was immer ein gesellschaftlich erwünschtes Verhalten ist, sollen nicht ein besserwisserischer Staat oder ein kleiner oder großer Diktator bestimmen, sondern wir alle in einem gut strukturierten demokratischen Prozess. Nach einer gewünschten Verhaltensänderung werden die Steuereinnahmen aus Lenkungssteuern wohl sinken. Unerwünschtes Verhalten wird weniger. Lenkungssteuern können also nicht der Budgetsanierung dienen. Wenn der Staat erfolgreich eine Kerosinsteuer einführt, wird der Flugverkehr weniger. Wenn der Staat eine CO_2-Steuer erfolgreich einführt, kann das nur heißen, dass der CO_2-Ausstoß sich verringert und damit auch die Steuereinnahmen sinken. Wenn der Staat erfolgreich die Finanztransaktionssteuer einführt, kann das nur heißen, dass unerwünschte Finanztransaktionen zurückgehen, etwa Hochfrequenzhandel, und sinnvolle Finanztransaktionen kaum betroffen sind. Damit sinken auch die Steuereinnahmen aus diesem Titel. Das gilt natürlich auch für andere Lenkungsmaßnahmen des Staates. Wenn der Staat erfolgreich Drogenhandel bekämpft, dann wandert der Drogenhandel ins Ausland aus und das Ziel ist erreicht.

Lenkungssteuern regen zu mehr Kooperation an, und machen aus einem naiven Gutmenschen, der sich über den Tisch ziehen lässt, einen klugen Gutmenschen, der durch kühle Rechnung sein kooperatives Verhalten rechnerisch untermauern kann.

Ökologische Lenkungssteuern

Leben ist auch Energieumsatz. Seit der Vertreibung aus dem Paradies ist der Mensch auf der Jagd nach Energie, um sich erwärmen zu können, Maschinen zu betreiben, Güter zu bewegen und was weiß ich sonst noch alles zu erledigen. Ganze Wälder wurden abgeholzt und Landstriche zu Wüsten gemacht, die Luft verpestet und das Klima geschädigt. Auf der anderen Seite weiß man, dass das Fünftausendfache der von uns benötigten Energiemenge von der Sonne auf uns niederprasselt. Eine spürbare Besteuerung unerwünschter Energieformen trägt zur Kostenwahrheit bei und bewirkt eine generelle Verhaltensänderung. Besteuerung unerwünschter Energieträger und gleichzeitiger Ausbau von Radwegen und des öffentlichen Verkehrs macht alle zu Gewinnern, wie etwa die Niederlande oder Dänemark uns deutlich vor Augen führen. Die sprichwörtliche Radfahrerin fährt nun in großen Gruppen in frischer Luft und auf sicheren Radwegen. Der Autofahrer fährt ungehindert und stau-frei viel schneller durch die Gegend. Und das sollte jedem etwas wert sein. Schließlich ist ja fast jeder von uns auch Autofahrer oder zumindest Nutznießer von Autofahrten und auch die sollen nicht zu Dummen gemacht werden.

Appelle, jeder möge für sich individuell energie- und ressourcenschonend leben, werden keine nachhaltige Änderung herbeiführen. Es verdrießt jeden, tausende Euro mehr für eine intelligente Heizung auszugeben, um dann von Rauch und Gestank von Nachbars Ölheizung eingenebelt zu werden. Es verdrießt eine Radfahrerin im dichten Verkehr, sich der Gefahr, dem Gestank und Staub auszusetzen. Ohne Lenkungssteuern wird erwünschtes Verhalten bestraft und kooperative Menschen werden zu ausgenutzten Idealisten.

Es gehört zu den seltsamsten Verhaltensweisen der Menschheit, wenn in heißen Ländern Klimaanlagen mit Strom aus Kohle- oder Ölkraftwerken betrieben werden. Ökologische Steuern und staatliche Förderung von direkter Sonnenenergie schaffen Abhilfe und machen aus ausgenutzten Idealisten kluge Rechner. Und das ganz bestimmt zum Gewinn für (fast) alle. Energie aus Erdöl und Kohle wird spürbar teurer und hoch besteuert, damit sich eine Investition in Sonnenenergie lohnt. Ganz bestimmt wird auf längere Sicht von der Sonne erzeugte Energie billiger als es Erdölenergie je war. Sonnenenergie muss nicht weit transportiert werden, sie ist fast überall verfügbar und sie gehört uns allen. In gleicher Weise werden biologisch, umweltschonend und sozial verträglich hergestellte Produkte steuerlich begünstigt und umgekehrt andere Produkte hoch besteuert. Dann kann auch meine Tante Mizzi sich gesunde Lebensmittel kaufen und ist nicht mehr auf billiges Junkfood angewiesen.

Lenkungssteuern auf weitgereisten Strom, auch wenn er ökologisch hergestellt ist, schützen uns vor den Stromautobahnen, die unser Land über tausende Kilometer zerstückeln. Solche Lenkungssteuern motivieren kluge Politiker, Strom lokal zu produzieren. Die Sonne scheint fast überall demokratisch auf uns herab. Ökologische Lenkungssteuern ermutigen die Stahlindustrie, einen Großteil ihres Stroms selber zu produzieren. Kleine, lokale Ausgleichskraftwerke sorgen dafür, Spitzenbedarf abzudecken. Kluge Wissenschaftler setzen ihre Intelligenz in der Energieforschung ein und kommen hoffentlich zu noch nicht gedachten Ergebnissen in der Energieerzeugung und Verwendung. Sie meinen, dass die Rendite der Energiekonzerne sinkt? Das könnte schon passieren, sollte aber nicht unsere Sorge sein. Wir überlegen uns, wie wir gut zusammenleben können.

Kerosinsteuer

Dass Flugzeuge jeder Art – staatlich subventioniert – unser aller Luft verpesten dürfen, und uns unfreundlich beschallen, gehört zu den Absurditäten des Neoliberalismus. Es ist Zeit, diese Absurdität zu beenden: „Der Nationalrat hat die Einführung der Kerosinsteuer beschlossen …". So einfach ist das! Für eine internationale Besteuerung braucht es noch ein wenig Verhandlungsgeschick und Aufklärung. Das lächerliche Wettbewerbsargument steht auf tönernen Füßen. Ja, wir wollen nicht überflogen werden und verzichten gerne auf den Lärm und die Abgase. Bei Einigkeit auf EU-Ebene löst sich das Wettbewerbsargument ohnehin in ein flockiges Nichts auf, beziehungsweise führt uns zu einem glorreichen Sieg im Wettbewerb um saubere Luft und weniger Lärm.

Die Kerosinsteuer hat auch einen Lenkungseffekt. Die Fluggesellschaften können auf die Idee kommen, intelligentere Energie einzusetzen. Menschen, die fünfmal zum Shoppen nach London fliegen, fällt ein, vielleicht nur zweimal zu fliegen, dann aber länger zu bleiben und Kurzurlauber werden angeregt, zu Langurlaubern zu werden und sich etwas genauer mit der Gastkultur zu beschäftigen. Und wer immer sein Vergnügen mit dem Fliegen hat, dem wird das auch ein paar hundert Euro wert sein. Und alle müssen um diesen Betrag weniger Verbrauchssteuer zahlen. Eine Kerosinsteuer macht alle zu Gewinnern.

Lenkungsmaut

Unfreundliche Beschallung und Verpestung der Luft finden nicht nur in der Luft, sondern auch zu ebener Erde auf unseren Straßen statt. Dazu kommt noch vermehrte Staubildung und Unfallgefahr. Grund genug, die Subvention des LKW-Verkehrs einzustellen, die Maut spürbar zu erhöhen und auf alle Straßen auszudehnen, um die bedrohliche Mautfluchtbewegung einzudämmen. Das wird zwei Folgen haben: Der LKW-Verkehr nimmt ab (Hurra!) und die transportierten Güter werden teurer (ebenfalls Hurra!). Erstere Folge führt zu Volksfesten im transitgeplagten Wipptal, im mautfluchtgeprägten Ennstal, auf der motorradlärmgeplagten Hahntennjoch-Straße und in vielen anderen Gegenden. Wir alle können eine bessere Luft atmen, weniger im Stau stecken und uns in der Unfallstatistik verbessern. Die höhere Maut soll unbedingt von den Transportunternehmen auf die Preise der transportierten Güter abgewälzt werden. So kann auch die Transportlobby als Befürworter einer hohen Maut gewonnen werden. Eine hohe Maut macht weitgereiste Güter teurer, und weniger weltgewandte, regionale Produkte günstiger.

Hohe Transportkosten regen die Fantasie von Anfangsunternehmerinnen an. Sie könnten auf die Idee kommen, in eine Erdäpfelwaschmaschine zu investieren und statt tonnenweise die ungewaschenen Erdäpfel von Hamburg nach Mailand zu transportieren und die gewaschenen wieder zurück zu karren, werden die Erdäpfel in Hamburg gewaschen, zu Pommes Frites verarbeitet und dort auch billiger verkauft.

Hohe Transportkosten führen dazu, unsere Politiker, die von sich glauben, etwas von Wirtschaft zu verstehen, zum Nachdenken zu bringen. Ist es wirklich ökonomische Vernunft, Brasiliens Urwälder abzuholzen, dort für ein paar Jahre Soja zu produzieren, diese Soja nach Österreich zu transportieren, sie unseren Schweinderln zu füttern und diese dann mit unserem Steuergeld gefördert nach China zu verkaufen? Mir kommt das, rein wirtschaftlich gedacht, ziemlich idiotisch vor.

Eine hohe Maut bringt unsere Politiker dazu, das Leerfahrten verursachende Kabotage-Verbot aufzugeben. Auch das bewirkt bis zu einem Drittel weniger LKW-Verkehr. Eine hohe Maut führt dazu, dass unsere Straßen nicht mehr als Lagerplatz missbraucht werden, wie es bei „Just in Time"-Produktion der Fall ist. LKWs umkreisen auf unsere Kosten den Zielort, um genau rechtzeitig ihre Ware zu liefern.

Eine hohe Maut fördert die Verlagerung des Güterverkehrs von der Straße auf die Schiene. Dass es billiger ist, 20 stinkende LKWs samt Fahrer auf die Reise von Berlin nach Wien zu schicken, statt einem praktisch autonom fahrenden, umweltfreundlich mit Strom betriebenen Zug die Transportarbeit zu überlassen, gehört zu den besonderen Absurditäten des gegenwärtigen Wirtschaftssystems. Unternehmen sollen und müssen kühl kalkulieren. Zurzeit ergibt vermutlich die Rechnung, dass es für ein Unternehmen günstiger ist, notwendigen Transport den LKWs zu überlassen. Aus Axelrods Modell wissen wir, dass oft schon eine kleine Regeländerung Kooperation fördern und alle zu Gewinnern machen kann. Eine Lenkungsmaut und Investitionen in die Bahn haben das Potenzial, das Ergebnis der kühlen Kalkulation in Richtung Zugfahren zu ändern und alle zu Gewinnern zu machen. Freilich könnte es sein, dass die Transportlobby eine andere Rechnung aufstellt. Aber wir sollten uns mehr um die Anliegen der Menschen kümmern.

Eine hohe Maut trägt nicht zuletzt dazu bei, den gesundheitsschädlichen, lärmenden und klimakillenden Verkehr einzudämmen, ohne die Mobilität einzuschränken. Eines der weltweit größten Probleme ist das viel zu hohe Verkehrsaufkommen. Nicht einmal individuelle, selbstfahrende, autonome Elektrofahrzeuge können dieses Problem lösen. Die Politik, die Forschung und das Kapital wird in kooperativ geführten Ländern in Richtung weniger Verkehr gelenkt. Das schafft Wohlstand für alle. Fortschritt und Produktivitätssteigerung heißt noch immer, mit weniger Aufwand die nötigen Güter und Dienstleistungen bereitzustellen. Das heißt aber auch weniger Mühe und weniger Arbeit im Transportwesen. Nur mutige Politiker können den Menschen reinen Wein einschenken: Weniger Verkehr heißt auch weniger Arbeitsplätze.

Eine Umlenkung des Kapitals von der Straße auf die Schiene und vom Transportwesen im Allgemeinen auf Kultur und Bildung sowie eine Erwerbsarbeitszeitverkürzung können dabei gute Dienste bei der Abfederung von Arbeitsplatzverlusten sein. Eine Umstellung von heute auf morgen wird es ohnehin nicht spielen. Die Alternative ist ständiger Stau, das Ersticken im Lärm und in den Abgasen und ein fortschreitender Klimawandel, was uns gewiss noch größere Probleme bringen wird. Damit die Verteuerung der Mobilität nicht auf Kosten der Menschen in entlegenen Gegenden geht, ist ein Ausgleich in Form von Direktzuwendungen erforderlich, damit auch für diese Menschen die Mobilität aufrecht bleiben kann. Bauern erhalten Geld, um die Felder zu bestellen. Sie haben die Freiheit, teuren Diesel zu kaufen, oder ihre Produktionsweise umzustellen. Unternehmen erhalten eine Förderung, wenn sie in ländlichen Gebieten ihre Güter produzieren oder ihre Dienstleistungen anbieten. Sie tragen dazu bei, dass Menschen im Ort arbeiten, essen und einkaufen können und nicht in die Stadt ziehen müssen.

Lenkungszölle

Donald Trump erteilt uns zurzeit eine erstklassige Lektion in Wirtschaftskunde. Strafzölle und plumpe Protektion führen auf der anderen Seite zu Strafzöllen und plumper Protektion. Der mögliche Handelspartner hat keine Wahl als ebenfalls mit Strafzöllen zu antworten. Es gibt Handelskrieg. Im Modell von Robert Axelrod kann man dies schön nachvollziehen. Bedingungslose Verweigerung (Strafzölle) führt zu bedingungsloser Verweigerung und macht alle zu Verlierern. Bedingungslose Kooperation (erzwungene Zollfreiheit) bewirkt ebenfalls keine Verhaltensänderung bei den anderen, sondern macht die so agierenden zu Gutmenschen und letztlich zu frustrierten Verlierern und Verweigerern. Die erzwungenen Freihandelsverträge mit afrikanischen Ländern sind ein abschreckendes Beispiel.

Kooperation entsteht durch eigenes kooperatives Verhalten und durch hartnäckiges Einfordern von kooperativem Verhalten des anderen. Lenkungszölle können eine Verhaltensänderung bewirken und zu kooperativem Handel führen. Voraussetzung ist, dass die Käuferin bestimmen kann, was sie kaufen will und die Freiheit hat, nein zu sagen. Kein Land soll sich das Recht in sogenannten Freihandelsverträgen wegverhandeln lassen, selber zu bestimmen was es kauft. Kein Land soll geklagt werden dürfen, weil es ein Produkt nicht kauft oder eine Dienstleistung nicht in Anspruch nimmt. Jedes Land soll frei über seinen Grund und Boden verfügen. Jedes Land möge selber bestimmen, mit welchem Pestizid es seine Äcker vergiftet. Jedes Land möge selber bestimmen, was in den Regalen der Geschäfte und Märkte angeboten wird.

Mit Lenkungszöllen oder auch Lenkungssteuern werden alle Produkte und Dienstleistungen belegt, die eine unerwünschte Wirkung haben oder auf unerwünschte Weise hergestellt werden. Weise Menschen mögen in einem demokratischen Prozess klären, was unerwünscht ist und was nicht. Ich meine, dass Lenkungszölle und Lenkungssteuern für alle Produkte und Dienstleistungen eingehoben werden sollen, die die Umwelt belasten oder gar vergiften, die nicht ressourcenschonend hergestellt werden, die unter menschenverachtenden Bedingungen produziert werden. Unternehmen sind aufgefordert, ihre Produktionsweise offen zu legen, jederzeit Kontrolle und Gewerkschaften zuzulassen, allen Mitarbeitern respektable Bedingungen zu bieten und gute Gehälter zu zahlen. Das ist fair auch gegenüber Unternehmen, die schon jetzt verantwortungsvoll gegenüber Menschen und Umwelt produzieren und bietet den anderen Unternehmen die Möglichkeit zu reagieren und ebenfalls verantwortungsvoll zu produzieren. Lenkungszölle haben nichts mit Abschottung zu tun. Sie sollen und können zu einer gewünschten Verhaltensänderung des möglichen Handelspartners beitragen. Das macht alle zu Gewinnern und führt zu fairem Handel.

KAPITEL 24

SICHERHEITEN

Mit Unsicherheit umgehen

Absolute Sicherheit gibt es nicht. Im ganzen Leben müssen wir lernen, mit Unsicherheiten zu leben. Sicherheit bleibt ein zentrales Thema im Alltag, in Politik und Wirtschaft. Nicht zu Unrecht hat die damalige österreichische Bundesregierung den EU-Vorsitz in der 2. Hälfte 2018 dem Thema Sicherheit gewidmet. Leider hat man sich zu wenig darum gekümmert, wie man zu mehr Sicherheit kommt, stattdessen hat man in noch nie dagewesenem Ausmaß Verunsicherung, Angst- und Panikmache betrieben. Die Pensionen seien unsicher, das Gesundheits- und Bildungssystem seien krank. Wilde Horden berauben uns, ganze Völkerschaften sind hinter uns her, ja sogar Frauen und Kinder aus aller Herren Länder trachten uns nach dem Leben. Neben dieser Panikmache kommen noch die realen Fakten der Verunsicherung hinzu. Die realen Löhne werden gekürzt, Frauen droht ganz real die Altersarmut. Die Bildung wird krank gespart. Im Gesundheitsbereich muss gespart werden, Krankenhäuser werden gesperrt, hohe Selbstbehalte drohen. Die Mindestsicherung ist schon gekürzt, die Erwerbsarbeitszeit verlängert, die Arbeitslosigkeit hoch. Das alles verunsichert tatsächlich nicht über Panikmache, sondern ganz real. Wir müssen trotzdem nicht tatenlos zusehen, wie das Unglück über uns hinwegrast wie ein Tsunami. Vertrauen schaffen in uns selber und in die anderen kann das Gefühl der Sicherheit verstärken und lässt uns mit mehr Gelassenheit, ohne Panik und ohne Blauäugigkeit, in die Zukunft blicken.

Bildungssicherheit

Es ist Zeit, die Schnäppchenjagd nach billiger Bildung, Wissenschaft und Forschung zu beenden. Ein kooperatives Bildungsszenario tritt

in den Vordergrund. Die längst fälligen Bildungs- und Wissenschafts-
milliarden werden freigegeben. Die Forscher sind aufgefordert zu forschen, statt um Drittmittel zu betteln und endlose Formulare auszufül-
len. Patentrechte von forschungsgeförderten Unternehmen gehen an
den Staat. Die Privatwirtschaft fördert die Forschung durch Zahlung
höherer Steuern, dafür kann sie die Forschungsergebnisse gratis umsetzen, aber keinesfalls monopolistisch. Die Forscher sind befreit vom
Zwang, nur profitträchtige Forschungsergebnisse zu liefern. Entspre-
chende Verhandlungen zwecks Austausches von Forschungsergebnis-
sen mit dem Ausland sind im Gange. So kann man Bildungssicherheit
herstellen.

Die Idee, dass eine billige Bildung, eine billige Forschung und eine
billige Wissenschaft dem Wohlstand der Menschen dienen, wird feier-
lich mit der Aufführung des Mozartrequiems im Wiener Stephans-
dom zu Grabe getragen. Die schwere Arbeit der Kindergärtnerinnen,
der Lehrerinnen, der Krankenpflegerinnen, der Krankenschwestern
und Ärzte, der Wissenschaftlerinnen, der Forscher und aller Sonstigen wird nicht nur mit einem feuchten Händedruck honoriert, sondern über eine kräftige Gehaltserhöhung wertschätzend abgegolten.
Wir alle haben es verdient, von gut bezahlten, ausgeruhten und ausge-
glichenem Personal gepflegt, operiert und gebildet zu werden. Das ist
die beste Investition in eine sichere Zukunft und trägt zur Förderung
des Vertrauens und zum Abbau von realen Ängsten bei. Aber sterben
müssen wir alle. Wir wissen nur nicht wann.

All dieses Mehr an Bildungssicherheit erleben wir nur deshalb,
weil der Nationalrat beschlossen hat, dass mehr Geld in die Bildung
fließt.

Informationssicherheit

Fake News überall. Wir sind überschwemmt von einer Informations-
flut, eigentlich Desinformationsflut. Niemand und wirklich niemand
kann für sich allein feststellen, ob eine Meldung korrekt, halb oder
ganz gelogen ist, und ob ein Faktum wahrheitsgetreu wiedergegeben
wurde oder irreführend ist. Wir können nicht überall gleichzeitig
sein. Wir verschwenden unendlich viel Zeit und Ressourcen, um den

Informationsmüll von den gut geprüften Fakten zu trennen. Zur Befreiung der Information von jeglichem, auch subjektiv empfundenem Informationsmüll braucht es eine rigorose Trennung von Information und Geschäftemacherei. Es braucht eine klare Trennung zwischen einer Meinung und einem Tatsachenbericht. Es braucht eine gute Klassifizierung von Meldungen im Bereich zwischen gut geprüften Fakten, ungeprüften Vermutungen, Halb- und Ganzlügen. Es braucht gute Kriterien, um zwischen zuverlässigen und unzuverlässigen Quellen unterscheiden zu können. Die Durchführung von Faktenchecks oder eine Punktevergabe für die Verlässlichkeit führt freilich nicht eine besserwisserische Regierung, ein kleiner oder großer Diktator durch, sondern unabhängige Institutionen, wie Universitäten oder Presseagenturen. Auch eine Abstimmung mittels „Gefällt mir" führt gewiss nicht zu einer vertrauenserweckenden Klassifizierung. Eine weitere Kennzeichnung einer Informationsquelle als „werbefrei" kann einen wertvollen Beitrag zur Filterung der Daten leisten. Und jeder Bürger ist frei, gut geprüfte und gründlich gefilterte werbefreie Nachrichten zu konsumieren oder lieber doch Fake News von mehr oder weniger unzuverlässigen Quellen. Es ist jedem freigestellt, durch Werbung zugemüllte Desinformationen zu suchen und zu kaufen. Wie jeder will. Das spart zumindest für jene Gruppe viel Geld und Zeit, die werbefreie Zeitungen und werbefreies Internet, werbefreies Fernsehen und werbefreie soziale Medien kauft und konsumiert. Leider kann man mittels Faktencheck nur ehrliche, ganze Lügen von belegbaren Fakten trennen. Wie aber filtert man die viel häufigeren Halblügen und all das Nichtgesagte heraus, die Nährstoffe von Hetze, Propaganda und Desinformation?

Jede kooperative Regierung, gesamtstaatlich oder regional stellt jedes Gesetzesvorhaben oder andere wichtige Informationen auf einer Plattform allen Medien gratis zur Verfügung. Die Information beinhaltet die Absicht des Gesetzgebers, eine gut verständliche Begründung in Kurz- und Langform, die die gut begründete Meinung der Regierung und der Opposition enthält. Sollten Zahlenangaben im Spiel sein, ist es unabdinglich, eine wissenschaftlich fundierte Berechnung dieser Zahlen offenzulegen. Ein Hinweis etwa, dass durch die Gebietskrankenkassenzusammenlegung eine Milliarde eingespart werden könne, weil nicht genannte Experten dies irgendwie berechnet hätten, ist eindeutig unzureichend. Es darf als selbstverständlich angenommen werden, dass alle Berechnungsgrundlagen offengelegt werden und allen zugänglich sind. Informationssicherheit zu stärken ist ein lohnendes Ziel. Wir Steuerzahler sparen uns Millionen, weil die Regierung keine Werbeeinschaltungen in bevorzugten Medien mehr schalten muss und wir alle sind bestens informiert, wir können auf das Original zugreifen und gespannt die Interpretationen in den verschiedenen zuverlässigen Medien verfolgen. Gute Information von Seiten der Regierung darf nicht Tauschobjekt für freundliche, gewogene und kritiklose Berichterstattung sein.

Soziale Sicherheit

Soziale Unsicherheit breitet sich zur Zeit auf der ganzen Welt aus. Überall begegnen wird geschürten und realen Ängsten und Sorgen. Die Kaufkraft sinkt, auch in reichen Ländern. Die Industrieregionen in den Rostgürteln der USA und Großbritanniens veröden, prekäre Jobs sind die Regel. Die Hoffnung auf Wohlstand in den mittel- und osteuropäischen Ländern weicht der bitteren Enttäuschung. Wann kommen endlich wir dran? Wir warten schon so lange. Das zarte Pflänzchen des arabischen Frühlings ist restlos zerbombt, Vertrauen gründlich zerstört.

Wenn man sieht, wie jemand einem auf dem Boden liegenden Menschen ins Gesicht springt, dass das Blut aus der Nase hervorquillt, dann fördert dies Angst, nicht aber Zuversicht. Wenn man schadenfroh Menschen im Mittelmeer ertrinken lässt und Helfer bestraft, kommen Zweifel in die Menschlichkeit auf. Wenn man den Menschen die Löhne kürzt, dann fördert dies eine ganz reale Zukunftsangst. Wenn man sieht, wie überall die Pensionen gekürzt werden, dann wird einem bang. Wenn man sieht, wie die Mindestsicherung gekürzt und prekäre Arbeit zur Normalität wird, dann zerstört dies das Vertrauen und fördert Angst. Wenn die Mittel für öffentliche Einrichtungen gekürzt werden und das Gesundheitssystem totgespart, schwindet die Hoffnung. Der Gedanke, dass einen auch selbst ein Unglück treffen könnte, lässt sich nicht so leicht unterdrücken. Schließlich ist jeder selber im Lauf seines Lebens annähernd die Hälfte der Lebenszeit unfähig, für sich selber zu sorgen. Angst essen Seele auf.

Es geht auch anders. Vertrauen auf gegenseitige Unterstützung kann aufgebaut werden. Wenn Du alt bist, zahle ich Dir eine Pension, wenn ich alt bin, zahlst Du. Wenn ich krank bin, arbeitest Du für mich, wenn Du krank bist, arbeite ich für Dich, ohne Selbstbehalt und ohne Vorbehalt. Wenn Du keine Arbeit hast, arbeite ich für dich. Wenn ich Hilfe brauche, hilfst Du mir. Wenn ich sehe, wie andere liebevoll miteinander umgehen, keimt Hoffnung auf. Aber ganz so von allein kommt Vertrauen nicht zustande. Wir müssen die Pflege von Vertrauen gut organisieren.

„Der Nationalrat hat beschlossen …“: In Österreich wird die Mindestsicherung erhöht. Jede Bezieherin kann ein würdevolles Leben führen. In Österreich wird der Mindestlohn auf 1.800 Euro pro Monat erhöht. Das stärkt bei Lohnverhandlungen die Verhandlungsposition von Mitarbeiterinnen und erhöht die Kaufkraft. In Österreich wird die Mindestpension angehoben. Das stärkt das Vertrauen in die Zukunft. In Österreich erhalten Ärztinnen, Pflegepersonal, Sozialarbeiterinnen, Kindergärtnerinnen und Lehrerinnen ein würdiges Gehalt. Das stärkt die Kaufkraft und das Vertrauen. Milliarden, die jetzt als Förderung von kapitalgedeckten Pensionen an die Finanzindustrie verschenkt werden, werden zu den Menschen umgelenkt, Steuerschlupflöcher werden geschlossen. Was macht der Staat mit so viel Geld? Die Frisörinnen können endlich ins Kaffeehaus gehen, und das Gastronomiepersonal zur Friseurin. Nach Erhöhung des Mindestlohns kostet halt das Menü um einen Euro mehr und das Haareschneiden um zwei. Der Wirt gibt die Teuerung an die Gäste weiter und wandert noch immer nicht nach Kasachstan aus.

Arbeitszeitsicherheit

Schon in biblischen Zeiten war die Einteilung der Lebenszeit in Jahre und Monate zu grob. Ein Siebentage- Rhythmus hat sich weltweit bestens bewährt und hat an Aktualität nichts eingebüßt. Schließlich haben wir weniger werdende Erwerbsarbeit und unendlich viel Kultur- und Beziehungsarbeit zu leisten. Eine intelligente Trennung von Erwerbsarbeit einerseits und Beziehungs- und Kulturarbeitszeit andererseits ist dringend notwendig. Aber diese Einteilung wollen wir nicht den Maschinen überlassen, denen es egal ist, wann sie arbeiten. Diese Einteilung nehmen wir selber vor. Und Reißnägel muss man ja wirklich nicht am Sonntag erzeugen, aber für eine gemeinsame Familienwanderung auf die Grabneralm müssen alle zugleich Zeit haben. Religiöse Feste muss man gemeinsam feiern und nicht an einem zynischen individuellen Feiertag. Beziehungsarbeit soll nicht in Konflikt mit Erwerbsarbeit stehen.

Die Arbeitszeiten werden in einem kooperativen Staat den realen Gegebenheiten angepasst, die Erwerbsarbeitszeit (die Tages-, die Wochen-, die Jahres- und die Lebenserwerbsarbeitszeit) verkürzt und die dringend notwendige Kultur- und Beziehungsarbeitszeit verlängert. Die Erwerbsarbeitszeit übersteigt im Normalfall zunächst einmal 34 Stunden pro Woche nicht. Erwerbsarbeit wird von Montag bis Freitag im Zeitintervall von 6:00 bis 18:00 und am Samstag von 6:00 bis 12:00 erledigt. Arbeit außerhalb dieses Zeitraums und mehr als 34 Stunden Arbeit pro Woche wird mit dem doppelten Stundenlohn vergütet. Das entschädigt Menschen, die in der Nacht oder am Wochenende erwerbsarbeiten müssen und an der Kultur- und Beziehungsarbeit gehindert werden. Das motiviert Manager, etwas längerfristig zu planen und nicht am Vortag sagen zu müssen: „Und morgen Sonntag brauchen wir dich auch!" Uns alle motiviert das, den Einkauf schon am Samstag um 12 Uhr erledigt zu haben und wir können uns ungestört mit unseren Freundinnen der Kulturarbeit widmen oder auf der Grabneralm einen Jodler anstimmen.

Innere Sicherheit

Österreich ist weltweit eines der sichersten Länder. Da kann man gut sorgenfrei leben. Damit auch das Gefühl von Sicherheit sich frei entwickeln kann, braucht es statt Desinformation und Panikmache eine statistisch korrekte Information über die Situation der Sicherheit im Lande. Leider sind Verbrechen auch bei uns nicht ausgemerzt, das dauert noch eine Zeitlang. Wenn ein Verbrechen passiert, darf ein Hinweis auf die Gesamtstatistik nicht fehlen. Menschen sind nun einmal geneigt, aus einem Einzelereignis auf die Zukunft zu schließen, und die kennt wohl niemand. Das Zusperren von Polizeistationen aus Sparsamkeitsgründen oder Geiz fördert ganz gewiss nicht das subjektive Sicherheitsempfinden, das Zusperren von Polizeistationen ist ein massiver Eingriff in die Infrastruktur des Landes. Das soll keineswegs heißen, dass wir einen Polizeistaat errichten sollen. Dass man mit Polizeipferden effizient die Cyber-Kriminalität bekämpfen kann, kommt mir eher unwahrscheinlich vor. Wahrscheinlich wollte der damalige Innenminister mit Polizeipferden den Fremdenverkehr ankurbeln. Leider nehmen Polizeipferde auch Polizeiarbeitsplätze weg. Nach Aussage von Herrn Strache ersetzt ein Pferd mehrere Polizistinnen.

Äußere Sicherheit

Wenn wir den Menschen das Wasser abgraben, kommen sie zu uns. Wenn wir Menschen das Land rauben, kommen sie zu uns. Wenn wir den Menschen die Fische wegfischen, kommen sie zu uns. Wenn wir sie zwingen, unsere geförderten Äpfel zu kaufen, statt ihre eigenen, kommen sie zu uns. Wenn wir mit unseren Waffen ihre Häuser zerbomben, kommen sie zu uns. Sie kommen zu uns als Flüchtlinge, als Soldaten, als Terroristen, sicher nicht als Touristen. Meine Tante Mizzi würde sagen: Anderen das Wasser abgraben, das gehört sich nicht. So behandelt man keine Menschen nicht. Immanuel Kant würde wohl den kategorischen Imperativ bemühen: Wir graben aus Prinzip den anderen nicht das Wasser ab. Anhänger des Nützlichkeitsdenkens, des Utilitarismus also, kommen nach gründlichen Berechnungen zum Schluss: Es lohnt sich nicht, den anderen das Wasser abzugraben.

Auch wenn wir, also der Westen nicht für alle Missstände auf dieser Erde verantwortlich sind, ist es an der Zeit, Verantwortung für jene Missstände zu übernehmen, die wir verursacht haben. Es ist an der Zeit, genau zu rechnen, ob es sich denn wirklich lohnt, rostende Grenzmanagementzäune in Spielfeld und am Brenner zu errichten und Stau an den Grenzen zu verursachen. Lohnt es sich wirklich, Milliarden in die Errichtung und Betreuung von sogenannten Auffanglagern in den libyschen Buchten auszugeben, wo es doch bekanntermaßen gar keine gesamtlibyschen Verhandlungspartner gibt und manche Küstenwache Teil des Schlepperwesens ist?

Um gut für die äußere Sicherheit zu sorgen, braucht man auch die anderen. Für die Lösung des Jahrtausende alten Migrationsproblems ist viel Geduld erforderlich und die Rettung der ganzen Welt dauert noch etwas länger. Es empfiehlt sich, Versprechen zur Lösung all dieser Probleme zu misstrauen. Es hilft auch nicht, gute Ratschläge an Kapitäne zu erteilen, wo denn die Schiffe mit Flüchtlingen landen könnten. Und schon gar nicht hilft es, die Alpenrepublik einzäunen zu wollen. Und doch sind wir nicht ganz zur Untätigkeit verurteilt. Ein Versuch, die Ursachen für Krieg, für Migration und für ungerechte wirtschaftliche Verhältnisse zu erforschen, kann ein guter Anfang sein. Es könnte sich lohnen, zu helfen jene Missstände zu beseitigen, die man selbst verursacht hat. Es könnte sich aber auch lohnen, gut nachzurechnen, ganz abgesehen von Moral, Ethik und Gutmenschentum.

Etwa Solaranlagen für sich und die Menschen in heißen Zonen zu errichten, kann zu einer Gewinn-Gewinn-Situation führen. Mit diesen Anlagen kann man effizient die lokalen Klimaanlagen betreiben. Man erspart sich den Transport von Strom, schont die Umwelt und macht so angenehm kühl. Statt Menschen das Wasser abzugraben, um die auf geraubtem Land errichteten Ölpalmenplantagen zu gießen, rechnet es sich ganz gewiss für alle Menschen, Brunnen zu errichten und mit dem Wasser sorgsam das Land zu bewässern. Das ergibt eine Perspektive für alle und dämpft die Motivation, durch die Wüste nach Libyen zu marschieren und von dort das Mittelmeer überqueren zu wollen. Das stärkt ein gutes Zusammenleben mit anderen Menschen und ist ein wichtiger Beitrag zur äußeren Sicherheit. Wir können morgen damit beginnen, wenn wir wollen und dazu noch versuchen, andere zu überreden, desgleichen zu tun. Aber ganz so ratzfatz wird der Weltfriede nicht ausbrechen.

KAPITEL 25

FAIRER HANDEL

Endlich komme ich zu einem ganz einfachen Kapitel. Wenn es um Handel geht, ist Fair Trade die Lösung! Österreich, die EU und die ganze Welt schließen Handelsverträge nach dem Fair-Trade-Prinzip ab. Vergessen sind die WTO und all die Unfreihandelsverträge. Kein Investorenschutz, kein Klagerecht von Konzernen, die meinen, dass sie in der Geschäftemacherei durch Umwelt- und Sozialgesetzgebung gestört werden würden. Jedes Land sorgt durch kluge Ausschreibungen für seine Infrastruktur, jedes Land sorgt für seinen eigenen Grund und Boden. Jedes Land handelt kooperativ mit den nahen und fernen Nachbarn. Ein neues Patentrecht sorgt dafür, dass gute Ideen, Wissen und Forschungsergebnisse ungehindert die Welt umkreisen können. Ein wirklich freier Handel, bei dem Käufer und Verkäufer frei von Erpressung und Zwang handeln, sorgt für Frieden und Wohlstand. Zur Not können Lenkungszölle potenzielle Handelspartner ermutigen, Waren zum Wohle aller Menschen und der Umwelt zu produzieren und zu handeln. Friedliche Arbeitsteilung. Niemand nimmt dem anderen die Arbeit weg. Das wär's. Applaus von allen Seiten. Hab ich etwas vergessen?

Kapitel 26

Kein Patent aufs Medikament!

Das derzeitige Patent- und Urheberrecht schützt nicht jene, die es schützen sollte, sondern sichert großen internationalen Konzernen beim Verwerten der Ideen von Erfindern, Entwicklern und Künstlern eine Monopolstellung zu. Dieses Patentrecht ist neidgetrieben und regelt, was die anderen nicht dürfen. In einer zivilisierten Welt der Kooperation und Verständigung sollten derartige Gesetzeswerke keinen Platz haben. Erfinder und geistige Eigentümer sollen reichlich entlohnt werden, aber nicht über Monopolstellung für die Vermarktung und über neidische Geschäftemacherei. Besonders Arzneimittelkonzerne machen Milliarden Gewinne über das Monopol für Medikamente, die sie oft selber gar nicht entwickelt haben. Das grundlegende Wissen über die Wirkung von natürlichen oder künstlichen Stoffen stammt noch immer von öffentlichen Universitäten. Die Öffentlichkeit lässt sich willenlos Rechte auf die Vermarktung dieses Wissens billig abkaufen. Damit muss jetzt Schluss sein. Die Entwicklung von Medikamenten darf nicht der Geschäftemacherei und Profitgier überlassen werden. Schließlich geht es um Leben und Tod von Millionen von Menschen.

Ein guter Teil der steigenden Kosten für Gesundheit wird von überzogen hohen Preisen für Arzneimittel verursacht. Andererseits versorgt etwa Indien mit seinen Generika die halbe Welt mit leistbaren Medikamenten. Ein kluges Patentrecht lässt alle Klagen der Pharmaindustrie abprallen. Es würde sich sehr lohnen, sich in der EU anzustrengen und die eigentümlichen Patentregelungen aufzuweichen, die der Menschheit großen Schaden zufügen und weltweit tausende Tote verursachen. Eine weltweite Abschaffung des Patentrechtes auf Medikamente würde nicht, wie von Pharmakonzernen behauptet, zum Stillstand der Medikamentenentwicklung führen, sondern im Gegenteil zu einer segensreichen Blütezeit. Es gibt auf unserer Erde etwas mehr als unendlich viele Wirkstoffe in unendlich vielen Dosen. Nur eine sehr winzige Anzahl von Wirkstoffen kann in endlicher Zeit in einem aufwendigen Prozess auf Wirkung und Nebenwirkung geprüft werden. Die wichtigste Entscheidung bei der Entwicklung von Medikamenten ist die Auswahl der Substanzen, die geprüft werden sollen. Nehmen Sie einmal an, dass die zerriebenen Kerne der steirischen Maschanzker-Äpfel eine hervorragende blutdrucksenkende Wirkung ohne nennenswerte Nebenwirkung hätten. Kein nach Gewinn strebender Pharmakonzern könnte eine solche Untersuchung durchführen. Das Ergebnis würde zum Ruin dieses Unternehmens und zu einer Blütezeit der Maschanzker Apfelsorte führen. Deshalb ist es längst an der Zeit, bestbezahlten Forschern die Freiheit zu geben, auch solche Medikamente entwickeln zu lassen, die keinen Profit für die Pharmakonzerne bringen, dafür aber Millionen Menschen das Leben retten oder zumindest erleichtern.

Dazu bräuchte es Regierungen, die der Korruption durch die Pharmaindustrie widerstehen. Gerade einfach ist das nicht. Fangen wir einmal an, heute Patente auf Tiere und Pflanzen abzuschaffen, und morgen „Kein Patent aufs Medikament" umzusetzen.

KAPITEL 27

DIE INFRASTRUKTUR

Die reale Infrastruktur

Infrastruktur ist eine Sache der Allgemeinheit. Die Errichtung von Forststraßen, Straßen, Brücken, Bahnlinien, Seilbahnen, Abwasserkanälen und Zuwasserleitungen, von Telefon- und Internetanbindungen, die Erschließung von Bergen und Tälern, das zur Verfügung-Stellen von Strom, Postdiensten und öffentlichem Verkehr, all das darf nicht der billigen Geschäftemacherei überlassen werden. Es soll nicht der Profit von wenigen optimiert werden, sondern das Angebot an Infrastruktur für alle. Es macht auch keinen Sinn, eine private Frank-Stronach-Autobahn von Graz nach Weiz zu bauen und gleich 20 Meter daneben aus Wettbewerbsgründen einen Red-Bull-Highway. Im Deutschland des 19. Jahrhunderts hat man versucht, aus provinzieller fürstlicher Sicht ein Eisenbahnnetz zu errichten. Das hat nicht funktioniert. Die Strecken waren nicht koordiniert und entlegene Gebiete wurden nicht erschlossen. So hat sich auch im aufstrebenden Kapitalismus Deutschlands die Einsicht durchgesetzt, dass der Kapitalismus ohne übergeordneten Staat nicht funktioniert und der Ausbau eines Bahnnetzes besser dem Staat überlassen werden sollte.

Auf der anderen Seite hat sich der Staat durch den Ausbau von Infrastruktur den Ruf eingehandelt, nicht wirtschaften zu können. Das Errichten und Betreiben von Infrastruktur ist im engen wirtschaftlichen Sinne meist nicht profitabel. Ein Spital in Bad Aussee, eine Bahnstrecke durch das Gesäuse oder eine Buslinie von Mariazell nach Admont werden nie Gewinn abwerfen. Das erkennen auch gewinnorientierte Unternehmen wie etwa FlixBus, die mit einer „Rosinen aus dem Kuchen"-Geschäftsidee wohl die Strecke Wien—Graz bedienen, nicht aber die Strecke von Tamsweg nach Unzmarkt. Sie brüsten sich, mit dieser „genialen" Idee klüger zu sein als der Staat. Und doch sind gerade die Errichtung und das Aufrechterhalten von Infrastruktur für das Gemeinwohl höchst gewinnbringend. Auch entlegene Gebiete können mit guter realer Infrastruktur für Besiedlung und Bewirtschaftung attraktiv gemacht und als Lebensraum erhalten werden. Das darf auch etwas kosten. Und das kann ganz gewiss Migrationsbewegung vom Land in die Stadt, von Ost- nach Nordeuropa oder von Afrika nach Europa etwas eindämmen. Man erspart sich die Errichtung von Zäunen und Auffanglagern an der Stadtgrenze oder in Libyen, wo man ohnehin kein Recht hat, eine Mauer zu errichten.

Es macht auch wenig Sinn, den Postdienst aus ideologischen Gründen zu privatisieren und einen Wettbewerb der Briefträger zu veranstalten. Jetzt fahren 3 Autos zu mir und bringen je einen Brief oder ein Paket. Mir kommt es sinnvoller vor, wenn nur ein Briefträger zu mir fährt und 3 Briefe oder 3 Pakete mitnimmt. Das könnte eine Entlastung für die Umwelt, für die Luft und den Verkehr sein. Und billiger wär's wohl auch. Da könnte man sogar die Briefträger etwas besser bezahlen und wir hätten noch immer eine bessere Infrastruktur, mehr Briefkästen und mehr Postämter. Wir müssten nicht unsere Briefe selber abholen.

Die Errichtung von Infrastruktur, etwa der Bau von Straßen und Wegen, zwingt uns über die eigenen Grundgrenzen hinauszublicken, uns auf ein etwas höheres Betrachtungsniveau zu begeben und das Ganze nicht aus den Augen zu verlieren, ohne Details zu missachten. Wer soll die Trassenführung bestimmen? Der Grundeigentümer? Der starke Mann? Ewige Debatten? Auch eine Volksabstimmung ist hier nicht zu empfehlen, da schlägt das Florianiprinzip zu sehr durch. Bei der Errichtung von Infrastruktur kommt es natürlicherweise zu Konflikten zwischen den Interessen der Allgemeinheit und lokalen Interessen der Grundeigentümer, der Dörfer, Städte und Regionen nach dem Motto: Wir wollen die beste Infrastruktur, aber nicht auf unserem Grund. Ein kooperativer Blick auf unsere Erde und verantwortetes Eigentum könnten gewiss sehr hilfreich sein.

Infrastruktur für alle

Eine Gesellschaft, die sich der Zivilisation verpflichtet fühlt, und ein Staat, der seine Verantwortung übernimmt, müssen eine gute Infrastruktur für alle bereitstellen, auch wenn die kurzsichtige ökonomische Rechnung nicht aufgeht. Auf lange Sicht wird mit guter Infrastruktur Wohlstand gefördert. Der Staat, also wir alle, muss dafür sorgen, dass genügend Sonnenenergie lokal erzeugt wird, um zerstörerische Stromautobahnen unnötig zu machen. Wir müssen durch lokale Produktion die Transportwege verkürzen, um unsere Welt weiter bewohnbar zu erhalten. Wir müssen Schienen verlegen, um die noch notwendigen Transporte mit autonom fahrenden und saubere Energie nutzenden Zügen zu erledigen. Wir müssen bis in die hintersten Täler für Zufahrt, Wasser, Strom, Telefon und Internet sorgen. Wir müssen dafür sorgen, dass im Talschluss eine Jausenstation errichtet wird. Wir müssen dafür sorgen, dass die steilen Wiesen und Almen weiterhin gepflegt werden. Dafür ist es notwendig, die Bergbauern, die durch schwere Arbeit die Landschaft erhalten und pflegen, zu fördern, nicht aber die Großgrundbesitzer, die am Beginn des Tales die Fahrverbotstafeln aufstellen und sich in ihren vergoldeten Jagdhütten das gemeine Volk vom Halse halten. Sie sind herzlich eingeladen, den Zugang in die Täler für alle zu organisieren. Auch durch eine progressive Grundsteuer sollen sie die Gelegenheit erhalten, dem Gemeinwohl ihren Möglichkeiten entsprechend zu dienen.

Die Wirkung von guter oder eben unguter Infrastruktur können wir auch im eigenen Lande gut verfolgen. Während im Nationalparkort Johnsbach die Einwohnerzahl in letzter Zeit leicht zugenommen hat, nimmt die Einwohnerzahl im Nachbarort Radmer stark ab. In Johnsbach zeigen Nationalpark-Ranger den Gästen die Schönheiten des Gesäuses und einheimische Bauern laden zu guter Jause auf die Almen ein. In der Radmer droht der Großgrundbesitz mit Besitzstörungsklagen und vertreibt nicht nur die Touristen, sondern auch die einheimische Bevölkerung von diesem schönen Ort.

Zentral oder dezentral, global oder regional?

Am Beispiel Straßenbau kann man sich gut die Problematik von Zuständigkeiten und von Mitsprache veranschaulichen. Beim Bau der Forststraße auf die Grabneralm sollte man weder der EU, dem Bundeskanzler, noch dem Landeshauptmann, ja nicht einmal dem lieben Gott ein Mitspracherecht einräumen. Das geht die aber schon so was von gar nichts an. Hier ist andererseits die Sicht des Grundeigentümers viel zu eng, aber die Einbeziehung aller Nachbarn und der Gemeinde muss reichen, um ein sinnvolles Wegenetz zum Nutzen aller zustande zu bringen. Im Sinne eines intelligenten Umgangs mit den allgemeinen Ressourcen, wie Grund und Boden, Landschaft und Infrastruktur, muss man auch den Umweltschutz und ein allgemeines Nutzungsrecht, insbesondere für den nichtmotorisierten Verkehr in die Verhandlungen hineinreklamieren. Benutzungsbeschränkungen dürfen ausschließlich von der Öffentlichkeit, den Gemeinden, Bezirken oder dem Staat erlassen werden.

Auf der anderen Seite des Zoom-Spektrums sollte beim Bau von transnationalen Eisenbahnrouten der Huberbauer eher nicht mitreden dürfen, er sollte eine faire Ablöse für sein Grundstück erhalten, wenn die Trasse durch sein Gebiet führt. Dringend notwendig ist aber eine gute Kooperation mit den Nachbarländern, aber auch mit der EU. Sonst endet womöglich die Eisenbahn an der Grenze zum Nichts. Der Ruf nach Souveränität und das Heimholen der Kompetenzen von Brüssel nach Weissenbach an der Enns bekommen da einen gewaltigen provinziellen Anstrich. Mit dem Nachbarn sich abzusprechen, könnte von beiderseitigem Vorteil sein, im Kleinen wie im Großen, regional und transnational. Auf die richtige Entscheidungsebene und auf Kooperation kommt es an.

Gefragt sind höchst verantwortungsvolle Planer und Politiker, die dem Gemeinwohl und nicht irgendwelchen Eigeninteressen verpflichtet sind. Gefragt sind Demokratie und die uneingeschränkte Möglichkeit, dass Kooperation entstehen kann und sich Betroffene verantwortlich beteiligen können und das nicht nur beim Bau von Straßen.

Kapitel 28

Die digitale Infrastruktur

Digitale Marktplätze

Die Digitalisierung bringt wahrlich große Veränderungen mit sich, sie hat unser Leben stark beeinflusst und die Möglichkeiten stark erweitert. Viele Entwicklungen beruhen nicht auf neuen Ideen, sondern setzen alte Gewohnheiten mit neuen Mitteln um. Wir hatten schon immer einen Postdienst oder ein Konferenzzentrum, um Wissen, Erfahrung und Information auszutauschen. Wir hatten schon immer ein „schwarzes Brett", um Neuheiten bekannt zu machen oder Veranstaltungen anzukündigen. Wir hatten schon immer große Lager für Waren und Lager für Information, die Bibliotheken. Wir hatten schon immer Waren verkauft, Hotels gebucht und Rechnungen bezahlt. All das musste nicht wirklich neu erfunden werden, sondern es wurde mit digitalen Mitteln eben bequemer und schneller, vielleicht auch besser umgesetzt. Für all diese Annehmlichkeiten braucht es eine digitale Infrastruktur. Sieht man einmal von den notwendigen Datenleitungen ab, haben die Staaten sträflich versäumt, digitale Infrastruktur selber zu schaffen. Es sind mehr oder minder rechtsfreie digitale Marktplätze entstanden, die das zivilisierte Wirtschaften massiv stören und verzerren können.

Digitale Monopole

Die meisten dieser digitalen Errungenschaften haben in sich einen Monopolcharakter. Ob es sich um Betriebssysteme für Computer oder Smartphones handelt, um eine Buchungsplattform, einen realen oder digitalen Postdienst, einen digitalen Einkaufsladen, ein Textbearbeitungssystem, einen Bezahldienst oder eine Suchmaschine oder worum auch immer, stets ist es praktischer und einfacher, nur jeweils eine einzige Version zu verwenden. Es ist effizienter, nur für ein einziges Betriebssystem Software zu entwickeln, auf einer einzigen Buchungsplattform oder auf einem einzigen, schwarzem Brett alle Informationen zur Verfügung zu haben, nur einen einzigen Briefträger durch die Gegend zu schicken, in einem einzigen Laden einzukaufen, eine einzige Suchmaschine zu verwenden, die alles weiß. Das führt zwangsläufig zu unkontrollierbaren und zerstörerischen Monopolstellungen, die jeden wirklich freien Markt zerstören können. Gerade neoliberale Ökonomen und Politiker und Wettbewerbsfanatiker müssten aufschreien und alle Anstrengungen unternehmen, um diese Entwicklung zu bremsen. Wenn schon Monopole, dann staatliche Monopole. Nicht Monopole eines totalen Staates, der alles besser weiß, sondern Monopole eines demokratisch legitimierten Gemeinwesens. Die Menschen eines Landes müssen in einer Art Rütli-Schwur zusammenstehen und erklären: Das machen wir selber! Eine solche Infrastruktur ist dann in Wirklichkeit gar nicht staatlich, falls das jemanden stören sollte. Von den Bürgern aufgefordert, wirft der Staat gelegentlich ein Auge auf die selbstverwaltete Organisation, damit alles mit rechten Dingen zugeht. Der Staat muss ganz gewiss nicht Autos bauen, Erdäpfel ansetzen oder Bier brauen, aber jegliche Infrastruktur, ob real oder digital ist von uns allen zu kontrollieren und zu verantworten. Infrastruktur darf man keinesfalls der Geschäftemacherei überlassen. Dann kann sich Wohlstand entwickeln, die Abwanderung von tausenden Milliarden an Kapital in die Hände von wenigen Menschen verhindert und die Erpressung von Staat und Bürgern eingedämmt werden.

Selbermachen oder hoch besteuern

Während jede Bäuerin auf dem Kaiser-Josef-Platz Standgebühr zu zahlen hat, errichten Online-Händler auf unseren Bildschirmen und Smartphones ihre digitalen Krämerläden gebührenfrei. Sie benützen kostenlos unsere Datenleitungen. Sie dürfen ungestört in unsere Privatsphäre eindringen und uns mit ständigen Kaufaufforderungen belästigen. Während jeder Wirt seine Steuern zu zahlen hat, verschieben digitale Geschäftemacher ihre Gewinne mit Hilfe von fragwürdigen Lizenzgebühren in die Steuerparadiese und zahlen praktisch kaum

Steuer. Sogenannter Beratungsklau ruiniert die örtliche Infrastruktur.

Es ist dringend notwendig, Internetkonzerne zu besteuern und eine digitale Standgebühr für den Onlinehandel einzuführen, deren Höhe von der Größe des Kaufangebotes abhängig ist. Mit einer kräftigen Besteuerung kann man zweifellos eine offensichtliche Wettbewerbsverzerrung etwas ausgleichen und Fairness gegenüber den lokalen Unternehmen schaffen. Und wir müssen dann nicht mehr so viel Lohnsteuer zahlen. Viele Produkte werden viel billiger, weil die Gewinne der Internetkonzerne wegfallen, die sie auf unsere Kosten jetzt machen. Mindestens ebenso dringend wie die gerechte Besteuerung ist jedoch die Schaffung von eigener, von uns selber kontrollierter digitaler Infrastruktur, finanziert durch relativ wenig Steuergeld. Und Sie müssen nicht ständig die ganze Propaganda über sich ergehen lassen. Das spart zusätzlich Zeit. Sie können dann viel öfter auf die Grabneralm gehen und die Seele baumeln lassen oder Musik der Broadlahn hören. Wir können schon morgen beginnen, eine gute digitale Infrastruktur zu schaffen. Im Folgenden finden Sie ein paar Beispiele.

Der digitale Postdienst

Die Idee von Postdiensten ist schon Jahrtausende alt und keineswegs eine Erfindung des Silicon Valley. Einen Brief aufzugeben verlangt uns großes Vertrauen ab. Wird er bei der richtigen Empfängerin ankommen? Gerät er in falsche Hände? Plaudert der digitale Postbote meine Geheimnisse aus? Gibt es ein digitales Briefgeheimnis? Ist es wirklich klug, diesen äußerst kritischen Dienst des Versendens von Botschaften den gewinnorientierten Konzernen anzuvertrauen? Unsere Briefe landen auf elektronischen Servern der Großkonzerne. Wir speichern in der Cloud von Google und Co. unsere geheimsten Daten. Wir wissen, dass das Geschäftsmodell der großen Internetkonzerne auf dem Verkauf und dem Handel von Daten und auf alles dominierender Werbung basiert. Dabei ist gar nicht so interessant, was wir der Tante Mizzi so alles schreiben, sondern Metadaten sind viel spannender. Dass wir der Tante Mizzi schreiben, dass wir bei Billa einkaufen und vielleicht vierteljährlich nach London zum Shoppen fliegen und dass wir gute Freunde in Usbekistan haben. Auf derartige Daten sind die Internetgiganten scharf, um uns mit individualisierter Werbung zu belästigen. Statt Blauäugigkeit wäre Selbstvertrauen und ein eigener Postdienst die klügere Option. Die schwarz-blaue Regierung Schüssel hat den Postdienst privatisiert und ihn zum Gegenstand von Geschäftemacherei gemacht. Wie nicht anders zu erwarten, verkauft die privatisierte Post die von ihr gesammelten privaten Daten von uns Menschen, um Gewinn zu maximieren.

Schluss mit diesem Unsinn von gewinnorientierten Postdiensten! Nur der demokratisch legitimierte Staat, also wir selber können das Briefgeheimnis und Zustellsicherheit garantieren. Wir selber können halbwegs sicherstellen, dass unsere Daten nicht in falsche Hände geraten. Wir selber können uns vor Werbemüll schützen. Einem öffentlichen Postdienst können wir abverlangen, das Briefgeheimnis strengstens einzuhalten und unsere Daten nicht zu verkaufen. Von uns gesandte Experten wachen mit Argusaugen, damit unsere Daten geheim bleiben und nicht weiterverkauft werden. Es ist technisch ein Leichtes, einen digitalen Postdienst einzurichten. Sogar Schülerinnen der HTL Kaindorf können einen Mailserver in Java programmieren.

MailServer meinPostamt = new MailServer()

Und schon existiert ein neues staatlich geschütztes Postamt ohne unerträgliche Werbung für alle Österreicherinnen, gratis für alle und mit ein paar Steuereuro finanziert. Ein wenig konfigurieren muss man einen solchen Server schon und alle Österreicherinnen als Benutzerinnen einrichten. Aber dann kanns losgehen. Wir müssen dann nicht mehr Microsoft, Apple oder Google unsere geheimsten Briefe anvertrauen. Kurze und schnelle Postdienste wie SMS oder WhatsApp sind mindestens ebenso leicht umzusetzen. Und mit ein bisschen internationaler Verständigung können wir kurze oder lange Briefe höchst geheim an ebenfalls von dortigen Menschen geschützte Plattformen im Ausland weitersenden. Jede natürliche und juridische Person erhält eine elektronische Postadresse und kann sehr einfach gesetzlich geschützte Briefe nach Belieben verschicken, die nur der Adressat lesen kann. Als belästigend empfundene Briefe gehen an den Absender zurück. Bestimmte Absender können gesperrt werden. Wir können schon morgen beginnen, den ÖDPD, den *Österreichischen*

Digitalen Postdienst einzurichten und die Post verstaatlichen.

Die öffentliche Wolke

Es ist ganz gewiss sehr, sehr komfortabel, von verschiedenen Positionen aus auf die eigenen Daten zugreifen zu können. Man erspart sich, die Daten in Koffer zu packen und mitzuschleppen. Internetkonzerne, die besonders heiß auf unsere Daten sind, bieten liebend gerne sogenannte Cloud-Dienste an und speichern ziemlich viele Bits auf ihren Servern, die wir gerne als Geheimnis gehütet wissen möchten. Leider sind wir auf derartige Angebote angewiesen, weil es kaum öffentliche Cloud-Dienste gibt. Wir sollten uns dringend aus dieser selbstverschuldeten Abhängigkeit befreien und einen eigenen öffentlichen Wolkendienst (ÖWD) schaffen. Der ÖWD ist garantiert werbefrei und zuverlässig, hinreichend geheim und datengeschützt. Wir können schon morgen beginnen, den ÖWD, den *Österreichischen Wolkendienst* einzurichten. Schon wieder eine werbefreie App!

Die öffentliche Buchungsplattform

Dann wäre noch eine staatliche, öffentliche *Österreichische Buchungsplattform (ÖBPF)* zu erwähnen. Jedes Hotel, jede Frühstückspension, jede Zimmervermieterin kann kostenfrei Zimmer auf die Plattform stellen. Die Gemeinde oder der Fremdenverkehrsverein hilft gerne, falls ein Zimmervermieter nicht mit der Software zurechtkommt. Sie beraten auch anfragende Kunden gerne objektiv und freundlich. Die Preise möge sich jeder Beherbergungsbetrieb für eine Saison gut überlegen und sie am besten fixieren. Wenn man alle Fremdenverkehrsbetriebe überzeugen kann, nur über diese Plattform oder ein eigenes Buchungssystem buchen zu lassen, ersparen sich alle die Vermittlungsgebühren von Booking.com, AirBnB oder sonstigen Vermittlern. Das sind allein in Österreich viele Millionen. Diese Millionen zahlen Sie jetzt als Kundin, es zahlt das Hotelgewerbe und die Zimmervermieterin.

Wenn Sie jetzt hören, dass AirBnB Milliardengewinne macht – Sie können stolz sein, es ist Ihr Geld! Aber vielleicht wollen Sie das gerade nicht. Mit der ÖBPF können die Vermieter höhere Preise erzielen und die Kunden billiger Urlaub machen. Die Urlauberinnen haben mit der ÖBPF völlig werbefreie vollständige Information über alle freien Hotelzimmer im jeweiligen Gebiet und nicht nur über die, die über den betreffenden Vermittler gebucht werden können. Sie werden nicht belästigt von „Nur mehr ein Zimmer zu vergeben" oder „Ihr Reiseziel ist gerade sehr gefragt, seien Sie schnell". Wir können schon morgen beginnen die ÖBPF, die *Österreichische Buchungsplattform* einzurichten. Dann müssen wir uns auch keine Gedanken über die Besteuerung von Booking.com oder AirBnB machen. Den null Cent Gewinn können sie dann gerne unversteuert ins Ausland transferieren.

Kapitel 29

Hausieren verboten!

Menschen zuerst

Geht's der Wirtschaft gut, dann kommt sie zu Euch. Verkehrte Welt! Nicht wir entscheiden frei und selbständig, wann und auf welchen Markt wir gehen wollen, sondern der Markt kommt zu uns und erdrückt uns mit seiner Geschäftemacherei. Früher hat man das „Hausieren" genannt. Heutzutage dringt die Wirtschaft noch viel frecher in unsere Privatsphäre ein. Wir müssen die wirtschaftsfreien Räume zurückerobern! Wir wollen wieder selber bestimmen, was auf unseren Plätzen, in den öffentlichen Verkehrsmitteln passiert. Wir wollen selber bestimmen, was in unseren realen und elektronischen Briefkästen landet. Wir wollen selber bestimmen, was auf unseren großen und kleinen Bildschirmen flimmern darf und was nicht. Wie kommen wir dazu, eine Zeitung zu abonnieren und mühsam zwischen all dem Werbemüll Information herauszufiltern? Das ist unsere Zeit und kostet zusätzlich unser Geld. Wie kommen wir dazu, im digitalen Netz einen interessanten Artikel zu lesen und gleichzeitig aufgefordert zu werden, doch endlich ein Hotel in Bukarest zu buchen? Wie kommen wir dazu, stundenlang unsere Mailbox zu säubern und gefinkelte Filter auszutüfteln? Das alles sind unsere Zeit und unser Geld. Sie können ganz sicher sein, all diesen Werbemüll im Postkasten, in der abonnierten Zeitung, in der Gratiszeitung, in der U-Bahn, in Rundfunk und Fernsehen, im Internet bezahlen wir selber. Das sind weltweit tausende Milliarden, die wir finanzieren, indem wir die beworbenen Produkte sehr teuer kaufen.

Ich bin ganz sicher, dass die Menschheit nicht zugrunde geht, wenn die Werbeflut eingedämmt wird. Jeder findet ein Geschäft, wo er Brot kaufen kann, eine lange Hose oder einen knappen Bikini. Jeder findet das richtige Waschpulver ohne Werbung. Jede und jeder findet heraus, wo es gerade ein neues Produkt und ein besonderes Angebot gibt. Jede findet das richtige reale und virtuelle Reisebüro. Wir suchen und finden das richtige Geschäft und nicht das Geschäft sucht und findet uns. Gratiszeitungen und billige Angebote sind nicht gratis bzw. billig. Postwurfsendungen sind nicht gratis. Wir bezahlen mit Geld, mit unserer Zeit und mit unseren Daten. Nicht alles muss gleich erledigt werden. Fangen wir mit der Befreiung des Briefkastens an.

Die Befreiung des Briefkastens

▷ Im realen und elektronischen Briefkasten landet ausschließlich voll adressierte Post von eindeutig identifizierbaren Absendern.

▷ Post oder Pakete von nicht identifizierbaren Absendern wird nicht zugestellt, die Urheber sollen ausgeforscht werden.

▷ Jeder Bürger hat das Recht, die Anzahl der Werbezusendungen eines Geschäftspartners auf eine bestimmte Zahl festzulegen, um nach Wunsch z. B. dreimal im Jahr von einem Sonderangebot zu erfahren.

▷ Jeder Geschäftsfrau ist es freigestellt, im eigenen realen oder virtuellen Geschäftslokal beliebig viele Werbebroschüren zur freien Entnahme aufzulegen. Sie darf die Kunden auf Sonderangebote hinweisen, kompetent beraten, auf einen Tee einladen und beste kooperative Geschäftsbeziehungen zur Zufriedenheit aller aufbauen. Aber der Kunde kommt ins Geschäft und nicht das Geschäft zum Kunden.

▷ Von Werbemüll verseuchte Gratiszeitungen dürfen nicht im öffentlichen Raum angeboten werden, sondern ausschließlich in Geschäftslokalen.

Sollten solche und ähnliche Maßnahmen vermutlich gegen den Willen der Geschäftemacher politisch durchgesetzt werden, dürfen wir uns freuen: Das Waschpulver wird billiger! Und wir werden gewiss das richtige Waschpulver finden.

Die Befreiung der Information von Geschäftemacherei

In einer Gesellschaft, die der Kooperation und dem Gemeinwohl verpflichtet ist, trennen Medien aller Art die Werbung strikt von Information. Ob Zeitung, Radio, Fernsehen oder digitale Medien, wer immer öffentlichen Raum oder unsere Bildschirme beansprucht, muss eine Möglichkeit bieten, eine werbefreie Version zu liefern. Eine werbefreie Zeitung, werbefreies Radio und Fernsehen, werbefreies Internet! Und wir bestimmen selber, wann wir aufs Klo gehen. Wir bestimmen, ob und wann wir ein reales oder digitales Geschäftslokal aufsuchen. Und das Geschäftslokal kommt nicht ohne Aufforderung zu uns. Wir bestimmen, ob wir Werbung anschauen wollen oder nicht.

Stellen Sie sich vor: Eine Zeitungsherausgeberin liefert werbefreie Information. Meinetwegen kann auf der vorletzten Seite Werbung vorkommen. Keine Beilagen, keine Sonderangebote, sondern nur Meinungen und gut recherchierte Artikel. Die Zeitung schrumpft auf ein Drittel der Größe oder noch weniger. Freilich: Information gibt es nicht als Schnäppchen. Information kostet. Gut recherchierte Artikel kommen teuer. Aber die gewonnene Freiheit sollte es uns wert sein. Der Staat, also wir alle, heben eine hohe Werbesteuer ein. Werbung der Art „kauft bei mir" ist steuerlich nicht absetzbar. Mit diesen Steuereinnahmen kann der Staat eine freie, vom Staat und von Geschäftemacherei unabhängige Presse fördern, damit unabhängige Journalisten für ihre schwere Arbeit eine respektable Entlohnung erhalten. Wir machen die Presse unabhängig von Quote und Geschäftemacherei.

Und wir Menschen freuen uns über ein billiges, weil wenig beworbenes Waschmittel. Ein solches Szenario ist keine Utopie, wir müssen es nur wollen und umsetzen und die Wirtschaft wird gewiss nicht zugrunde gehen.

Abbildung 35: Grabnerstein, Blick Richtung Buchstein und Samarkand

Kapitel 30

Die Zusammenarbeitspartei: ZAP

Wer rettet die Welt?

Man müsste etwas tun. Jetzt sind Sie dran, geschätzte Leserin! Wenn Sie diese Zeilen lesen, dann verrät dies Ausdauer, Geduld und Durchhaltevermögen, auch wenn Sie etliche Seiten überblättert haben. Aber keine Angst. Sie müssen nicht gleich die ganze Welt retten. Ich kann nicht versprechen, dass Sie als Retter der Welt gefeiert werden. Das sicher nicht, aber das wird man wohl von niemandem sagen können. Vielleicht ist gerade Ihr Beitrag der Flügelschlag des Schmetterlings in Texas, der den erlösenden Regen über das durstige Land bringt. Vielleicht ist Ihr Tun der Windhauch, der den Regentropfen am Piz Lunghin im oberen Engadin vom Einzugsgebiet des Rheins in den Bereich des Inns lenkt und damit der Donau zuführt. Vielleicht gehören auch Sie zu jener Spezies von Menschen, die wie ich auf die Butterseite des Lebens gefallen sind und recht viele freie Kapazitäten und Talente vom Schicksal mitbekommen haben. Diese Talente sollten Sie nicht verkommen lassen, sondern sie zielgerichtet zum Aufbau einer friedlichen, freien, kooperativen, demokratischen und den Menschenrechten dienenden Gesellschaft einsetzen.

Es braucht viele Menschen, viel Energie und Willen, damit wir einen friedlichen Übergang finden von der Welt des Neoliberalismus, des gegenseitigen Augenauskratzens, des Hasses, des Neides, der Gier, des Geizes, der Lüge, der Angst, der Verfolgung und der Kriege in eine Welt der Kooperation, des gegenseitigen Respektes, des Wohlwollens, des gegenseitigen Verstehens, des Vertrauens und des friedlichen Zusammenlebens. Und ein bisschen Liebe kann auch nicht schaden. Ich bin überzeugt, dass es in jedem Land genügend Menschen gibt, die bereit und in der Lage sind, an einem solchen Übergang mitzuarbeiten und auch jene Mitmenschen mitnehmen und begleiten, die eben nicht auf die Butterseite des Lebens gefallen sind. Es gibt Superreiche, die eine Vermögensbesteuerung befürworten, um einen sozialen Ausgleich zu schaffen. Es gibt viele Manager, Forscher, Entwickler, Politiker, Frauen und Männer, NGOs und Künstlerinnen, die viel Energie aufwenden für eine bessere Welt. Und das nicht nur bei uns, sondern in Syrien, in Usbekistan, der Elfenbeinküste, in Mali, Russland, China und Amerika. Wahrscheinlich auch auf dem Nordpol. Man müsste die Kräfte halt bündeln.

ZAP

Gründen wir die Zusammenarbeitspartei, die ZAP! Und Sie sind vielleicht der Kassier der ZAPENNST, der regionalen Ennstaler Zusammenarbeitspartei. Oder wollen Sie überregional tätig sein? Auch bestes Marketing wäre sehr wichtig, gute Leute sind gesucht. ZAP kann man gut aussprechen. Das Wort klingt irgendwie nach Entschlossenheit und Klarheit. ZAP kann auch als eigenständiges Wort genommen werden, ohne an eine Abkürzung zu denken. Auf englisch spricht man es wie „Sepp" aus. Da fühlen sich alle unsere Seppen angesprochen. ZAP soll zur Marke werden. ZAP ist kein Fleckputzmittel, aber es wirkt demokratisierend. ZAP kann man nicht kaufen, ZAP ist unbestechlich. Aber ZAP muss man wählen können und irgendwer muss ZAP als Partei gründen.

ZAP-Mitglieder haben ein klares Ziel: Regionale und überregionale Zusammenarbeit zum Wohle aller Menschen. Die Basis von ZAP sind die Menschenrechte. Alle Menschen sind frei und gleich an Würde und Rechten geboren. Sie sind mit Vernunft und Gewissen begabt und sollen einander im Geiste der Geschwisterlichkeit begegnen. Weitere zentrale Pfeiler sind ein starker Rechtsstaat, Freiheit für alle, eine sich weiter entwickelnde Demokratie, eine freie Wissenschaft, Gleichbehandlung von allen, soziale Gerechtigkeit, Solidarität, Meinungs- und Pressefreiheit und was man sich noch alles wünschen möge.

ZAP steht aber auch für die Fähigkeit, sich weiter zu entwickeln, ZAP steht für fehlertolerante, lernfähige Politik, die nicht immer alles besser weiß. ZAP fragt die Menschen, was ihnen guttut. ZAP steht auch für Offenheit. Man kann unzählige Endsilben anhängen und schon entsteht wieder etwas Neues. ZAPST etwa kann man im Deutschen noch immer gut aussprechen und steht für die steirische Version der ZAP. Oder ZAPÖ, ZAPEU, ZAPCHIN steht dann für die österreichische, die europäische und die chinesische Zusammenarbeitspartei. Das „EU" in ZAPEU erinnert an das griechische „EU" und bedeutet „gut". ZAP überwindet aber auch die liebgewordene Einteilung der Welt nach regionalen, geographischen, sprachlichen, oder gar nationalen Gesichtspunkten oder nach dem Geschlecht. Mit ZAP lässt sich eine andere Partitionierung der Menschen und der Welt nach anderen Kriterien verwirklichen. Schließlich sind wir ja nicht nur deutsch sprechende männliche Steirer mit österreichischer Nationalität, sondern auch Straßenbahnfahrerin, Radfahrer, Musikerin, Künstlerin, Intellektuelle, Schwammerlsucherin, Mindestsicherungsbezieherin, Hacklerin, Unternehmerin, hellhäutige Halbschuhträgerin, Europäerin und Weltbürger. Aus diesen Überlegungen könnte eine europäische ZAPKÜ, ZAPUNT oder ZAPHACK entstehen.

ZAP kann Grenzen überschreiten, ohne regionale Gegebenheiten oder sexuelle Neigungen außer Acht zu lassen. ZAP kann Menschen zusammenbringen. ZAP kann dazu animieren, die geistige, die regionale oder nationale Enge zu verlassen und uns helfen zu erkennen, dass wir Menschen im gemeinsamen Boot Erde leben und auf diese Erde aufpassen sollen. Und das zum Wohle aller. ZAP kann keine Wunder wirken und Jahrtausende alte Probleme ratzfatz lösen. ZAP weiß, dass sowas länger dauert, auch wenn wir es uns noch so sehr wünschen. ZAP verspricht nicht in populistischer Weise das Blaue vom Himmel. ZAP informiert sich gewissenhaft selber und informiert andere. ZAP versucht irreale Ängste abzubauen und reale Ängste ernst zu nehmen. ZAP richtet sich gegen niemanden, sondern verfolgt unverdrossen das Ziel, dass es möglichst allen in ihrer Weise gut gehen möge. ZAP sorgt für Gemeinwohl. ZAP ist auch offen. Man kann die Ideen von ZAP auch in andere Parteien integrieren.

ZAP entsteht nicht von selber. ZAP muss man mögen und sich dafür einsetzen. Für ZAP muss man viel Werbung machen. ZAP kann auch Feste feiern und in aller Ruhe vor- und nachdenken. Mit ZAP kann man auch auf die Grabneralm gehen und einen Jodler anstimmen. So, wie es sich gehört, würde meine Tante Mizzi sagen.

Kapitel 31

Dank

Mein herzlicher Dank gilt John Gaisbacher, Gerhard Reiweger und Stefan Schulmeister. Sie haben mit ihren wertvollen Anregungen, Kommentaren und Kürzungsvorschlägen dazu beigetragen, dass das Buch lesbarer und fokussierter geworden ist. Hubert Wolf hat die Bilder aus dem Nationalpark Gesäuse und den Ennstaler Alpen zur Verfügung gestellt. Wolf Steinhuber hat mit viel Kleinarbeit, großem Können und Empathie das Buch zu einem runden Ganzen gestaltet. Meine Frau Judith hat durch aufmerksames Lesen viele Fehler entdeckt. Für die verbleibenden übernehme ich die Verantwortung. In vielen langen Gesprächen hat sie wesentlich zu mehr Klarheit beigetragen. Ganz besonders dankbar bin ich meinem Schicksal. In einer wohlwollenden Umgebung, in einer Zeit des Friedens und in einem demokratischen Land mit Meinungsfreiheit zu leben ist ein Privileg, welches nur vergleichbar wenigen Menschen zuteil wurde und wird.

LITERATUR

Agenda Austria, *Mind the Gap*, 2017.

Agenda Austria: *Was bringt der Mindestlohn?* 2015.

Agenda Austria: *Lehrer – ein anspruchsvoller Beruf mit respektablen Gehältern*, 2015.

Axelrod, Robert: The Evolution of Cooperation, Basic Books, New York 1984, ISBN 0-465-00564-0.

BEIGEWUM: *Mythen der Ökonomie. Anleitung zur geistigen Selbstverteidigung in Wirtschaftsfragen*. VSA, Hamburg 2005, ISBN 3-89965-119-7.

BEIGEWUM: *Mythos Nulldefizit. Alternativen zum Sparkurs*. Mandelbaum, Wien 2000, ISBN 3-85476-042-6.

Felber, Christian: *Die Gemeinwohl-Ökonomie – Das Wirtschaftsmodell der Zukunft*. 2010, ISBN 978-3-552-06137-8.

Felber, Christian: *Kooperation statt Konkurrenz – 10 Schritte aus der Krise*. 2009, ISBN 978-3-552-06111-8.

Felber, Christian: *Freihandelsabkommen TTIP – Alle Macht den Konzernen?* Hanser, München 2014, ISBN 978-3-446-24801-4.

Gøtzsche, Peter C.: *Tödliche Medizin und organisierte Kriminalität: Wie die Pharmaindustrie unser Gesundheitswesen korrumpiert* Riva, München 2014, ISBN 978-3-86883-438-3.

Hartmann, Michael: *Die globale Wirtschaftselite. Eine Legende*. Campus Verlag, Frankfurt am Main u.a. 2016, ISBN 978-3-593-50610-4.

Heitzmann, Wolfgang: *Ennstaler Alpen, Zauber und Landschaft um das Gesäuse*. OLV, Linz 1983.

Herrmann, Ulrike: *Der Sieg des Kapitals. Wie der Reichtum in die Welt kam. Die Geschichte von Wachstum, Geld und Krisen*, Westend Verlag, Frankfurt am Main 2013, ISBN 978-3-86489-044-4.

Herrmann, Ulrike: *Kein Kapitalismus ist auch keine Lösung. Die Krise der heutigen Ökonomie oder Was wir von Smith, Marx und Keynes lernen können.* Westend Verlag, Frankfurt am Main 2016, ISBN 978-3-86489-141-0.

Hofstadter, Douglas R.: *Gödel, Escher, Bach, An eternal golden Braid*, Penguin Books, 1979.

Langbein, Kurt: *Landraub*, Ecowin, 2015.

Mandelbrot, Benoît B.: *The Fractal Geometry of Nature.* W.H. Freeman Company, New York, N.Y. 1977 (englisch).

Mandelbrot, Benoît B / Hudson, Richard.: *Fraktale und Finanzen: Märkte zwischen Risiko, Rendite und Ruin.* Piper, 2007.

Mandelbrot, Benoît: *The Variation of Certain Speculative Prices.* IBM Research Report NC-87, 1962.

Manning, Alan: *The Elusive Employment Effect of the Minimum Wage*, Center for economic performance, London, 2016, ISSN 2042-2695.

Ötsch, Walter Otto: *Mythos Markt - Mythos Neoklassik. Das Elend des Marktfundamentalismus.* Marburg: Metropolis, 2019.

Piketty, Thomas: *Das Kapital im 21. Jahrhundert.* C.H.Beck, München 2014.

Ricardo, David: *On the Principles of Political Economy and Taxation*, 1817.

Sandel, Michael J.: *Gerechtigkeit - wie wir das Richtige tun*, Berlin: Ullstein 2013, ISBN 978-3-550-08009-8.

Schellhorn, Franz: *Wohlstand für alle: eine gescheiterte Idee*, Agenda Austria, 2016.

Schulmeister, Stefan: *Der Weg zur Prosperität*, Ecowin, München 2018, ISBN 978-3-7110-0148-1.

Schulmeister, Stefan: *Die neue Weltwirtschaftskrise. Ursachen, Folgen, Gegenstrategien.* AK, Wien 2009, ISBN 978-3-7063-0375-0 (PDF; 1,42 MB).

Schulmeister, Stefan: *Geld als Mittel zum (Selbst)Zweck.* In: Konrad Paul Liessmann (Hrsg.): *Geld. Was die Welt im Innersten zusammenhält?* Zsolnay, Wien 2009, ISBN 978-3-552-05458-5 (PDF; 258 KB).

Smith, Adam: *An Inquiry into the Nature and Causes of the Wealth of Nations*, Indianapolis, 1976.

Smith, Adam: *Untersuchung über Wesen und Ursachen des Reichtums der Völker*, UTB, 2005.

Stiglitz, Joseph: *Der Preis der Ungleichheit. Wie die Spaltung der Gesellschaft unsere Zukunft bedroht*, Siedler Verlag, 2012

Sturn, Simon: *Führen Mindestlöhne zu höheren Löhnen auf Kosten steigender Arbeitslosigkeit?* Blog Arbeit und Wirtschaft, 2016, ISSN 2519-5492.

Transatlantic Trade and Investment Partnership (TTIP) *Who benefits from a free trade deal?* GED, Bertelsmann Stiftung.

Wagenhofer, Erwin: *Let's Make Money*. Österreichischer Dokumentarfilm, 2008.

Waldert, Helmut: *Geld frisst Welt*, Radiokollegreihe des ORF, 1996.

Wehling, Elisabeth: *Politisches Framing. Wie eine Nation sich ihr Denken einredet – und daraus Politik macht.* Herbert von Halem Verlag, Köln 2016, ISBN 978-3-86962-208-8. (Taschenbuchausgabe im Ullstein-Verlag, Berlin 2018, ISBN 978-3-548-37776-6).

Weiss, Hans: *Schwarzbuch Landwirtschaft*, Deutike, Wien 2010.

Von Westphalen, Andreas: *Die Wiederentdeckung des Menschen erläutert, warum Egoismus, Gier und Konkurrenz nicht unserer Natur entsprechen*, Westend Verlag, 2019.

Wilkinson, Richard G.: *The impact of inequality*. Routledge, London 2005.

Winkler, Gabriele: *Care Revolution. Schritte in eine solidarische Gesellschaft*, Transcript Verlag 2015.

Wolf, Hubert/Hasitschka, Josef: *Nationalpark Gesäuse*, Styria, 2002.

BILDQUELLEN

Fotos:

Hubert Wolf:
Umschlagbild: Blick vom Natterriegel ins Gesäuse,
Abb. 3:   Grabneralm vom Grabnerstein,
Abb. 5:   Buchstein-Südwand,
Abb. 6:   Oberhalb vom Admonterhaus,
Abb. 9:   Grabneralm mit Buchstein,
Abb. 10: Auf dem Buchsteingipfel,
Abb. 11: Grabnerstein am Abend,
Abb. 14: In der Buchstein-Südwand,
Abb. 19: Wengerbankerl auf dem Grabnerstein,
Abb. 20: Natterriegel,
Abb. 27: Großboden zwischen Grabneralm und Admonterhaus,
Abb. 30: In der Buchstein Südwand,
Abb. 32: Natur am Grabnerstein,
Abb. 33: Buchstein-Südwand,
Abb. 34: Buchstein-Südwand,
Abb. 35: Blumen am Grabnerstein

Hans Hagauer:
Abb. 2:   Samaniden-Mausoleum in Buchara,
Abb. 24: Vor der Grabneralm,
Abb. 28: Grabneralm.

Mandelbrotgrafiken:

Wolfgang Beyer, Wikipedia, Abbildungen 1, 4, 13, 25, 26, 29, 31

Grafiken:

Hans Hagauer, Abbildungen 7, 8, 12, 15, 16, 17, 18, 21, 22, 23